CAIO PRADO JÚNIOR

NA CULTURA
POLÍTICA BRASILEIRA

CAIO PRADO JÚNIOR

NA CULTURA POLÍTICA BRASILEIRA

Raimundo Santos

MAUAD

FAPERJ

Direitos desta edição reservados à
MAUAD Editora Ltda.
Av. Treze de Maio, 13, grupo 507 a 509 – Centro
CEP 20031-000 – Rio de Janeiro – RJ
Tel.: (21) 533.7422 – Fax: (21) 220.4451
mauad@uninet.com.br

em co-edição com

FAPERJ – Fundação de Amparo à Pesquisa do Estado do Rio de Janeiro
Av. Erasmo Braga, 118, 6º andar – Centro
CEP 20020-000 – Rio de Janeiro - RJ
Tel.: (21) 533.0161 – Fax: (21) 533.4453
www.faperj.br

Foto da Capa:
Arquivo da Família de Caio Prado Jr.

Agradecimentos a instituições:
À FAPERJ, pelos seus novos programas
Ao PRONEX, por financiar o
grupo de pesquisa Questão Agrária e Política no Brasil/CPDA

Obra premiada pela Fundação Biblioteca Nacional no Programa de Bolsas Escritores Brasileiros.

CATALOGAÇÃO NA FONTE
DEPARTAMENTO NACIONAL DO LIVRO

S237c

Santos, Raimundo.
Caio Prado Jr. na cultura política brasileira / Raimundo Santos - Rio de Janeiro : Mauad : FAPERJ, 2001.
328p. ; 14cm x 21cm

ISBN 85-7478-029-4

1.Prado Júnior, Caio, 1907 – 2. Brasil – Vida Intelectual
I. Título.

CDD – 928.69

Para
Maria de Lourdes Costa

Agradecimentos a

Adriana de Almeida, pela inestimável convivência
Carlos Nelson Coutinho em seu ensaio caiopradiano de 1989
Francisco Carlos Teixeira da Silva, leitor interessado do meu primeiro texto agrarista
Isabel Mauad, muito atenciosa neste livro
Juliana Santos, pelo carinho
Luiz Sérgio Henriques e suas opiniões generosas
Santiago Santos, a quem devo a paciência indispensável
Sônia Cruz, pelo apoio na hora certa

Mas é sol: espanta
Os fantasmas, e as sombras
Fogem de sob as coisas
Como ao meio-dia

(João Cabral de Mello Neto)

Sumário

NOTA PRÉVIA

Há tempo venho me interessando por Caio Prado Jr.. Sempre me chamou a atenção a sua conduta de comunista derrotado no PCB na mais completa disciplina, exceto na interpretação de Brasil, por onde passam todas as controvérsias que ele oferece ao seu partido por quase meio século, pelo menos desde a época da articulação da Aliança Nacional Libertadora (ANL), em 1935.

Nos anos 40, foi quadro partidário influente e militante editorialístico por vocação. Abandonada a política de alianças com os liberais em seu partido, em 1945, inscreveu-se na frente parlamentar, primeiro como candidato sem êxito à Assembléia Nacional Constituinte, logo eleito para a Constituinte do Estado de São Paulo. Deputado comunista até a cassação do registro do PCB, depois voltaria com a *Revista Brasiliense* a partir de 1955. Por suas análises políticas dos anos 50, chegara às vésperas de 1964 como voz bastante isolada. Após o golpe militar, enquanto o seu livro sobre a cultura política da esquerda o punha em certa evidência, a alternativa desenhada nas páginas de *A Revolução Brasileira* para a nova situação extremava aquela sua solidão.

Aos poucos fui procurando entender o autor pecebista, buscando-lhe sentido na sua circunstância. Três pessoas, em épocas diferentes, ajudaram-me nesse rumo. O mais antigo e decisivo deles foi o velho "Ferro" (Manuel Batista Cavalcante), de quem me tornei amigo lá no começo de 1981, em Campina Grande, ele, já com os seus 80 anos, escrevendo as memórias que vinham com os seus passos à época da Revolução de 1930, no Recife, em 1935 e no tempo da reativação do PCB no início dos anos 40... particularmente, contando-me a história de um PCB do ocaso do Estado Novo chamado de "Comitê de Ação", que logo estimei como o "partido" de Caio Prado Jr.. O segundo nome é José Antonio Segatto, que me contou episódios de quando esteve por perto nos últimos tempos do historiador comunista, em São Paulo, no final dos anos 70.

A terceira pessoa, Danda Prado, deu-me a indicação instigante. Em uma ocasião recente, quando lhe comentava a reserva do historiador ante a radicalização agrarista do pré-64, ela me disse, sem mais, que seu pai era um *legalista*. Eu já vinha associando a moderação ao modo caiopradiano de tratar o tema agrário como *questão geral* da formação social brasileira. Mas fui ver aquele sinal em indícios deixados pelos escritos de Elias Chaves Neto.

Quanto ao presente livro, dois dos seus capítulos têm origem em textos publicados anteriormente e foram reformulados. Assim é que o primeiro deles, "O Destino do Agrarismo Sindical", originariamente apresentado no livro coletivo *Política e Reforma Agrária* (Mauad, 1998) como "O Agrarismo Brasileiro na Interpelação de Caio Prado Jr.", reaparece com várias modificações e acréscimos. "O Marxismo Estranho de Caio Prado Jr." também foi incluído noutra coletânea como uma recensão sobre a presença de Lênin e Keynes em alguns textos caiopradianos (*Mundo Rural e Tempo Presente*, Mauad, 1999). Aqui repensado e igualmente acrescido, esse ensaio tem inclusive uma parte servindo de base para um capítulo específico, "O Socialismo de Reformas Capitalistas". Os capítulos "A Transição de 1945 como Emblema de Ciência Política" e "As Análises Políticas do Pré-64" nasceram de tópicos do artigo "Uma Ciência Política em Caio Prado Jr.?", publicado na revista *Estudos Sociedade e Agricultura*. A

"Introdução", "A Leitura da Obra Caiopradiana de Elias Chaves Neto", "Interpretações de *A Revolução Brasileira*" e "O lugar de Caio Prado Jr. no Pecebismo Contemporâneo" foram escritos para compor este volume.

Por este caminho, talvez eu tenha me afastado do padrão dos estudos sobre o pensamento social brasileiro. Ainda estou muito envolto pelo problema lembrado por Luiz Werneck Vianna, em 1992, em simpósio na USP: seria possível, no Brasil, uma esquerda que desconsiderasse a memória do PCB? Devo admitir que achei, na retomada desta proposição, mais um alento para continuar minhas antigas incursões na história das idéias pecebistas, ainda como um trabalho preliminar de reconstituição.

Esta monografia examina particularmente uma tradição intelectual - e espero que o leitor encontre, aqui, elementos suficientes para situar Caio Prado Jr. na cultura política do pecebismo contemporâneo, o que já seria um modo de qualificá-la como uma instigante área do pensamento marxista brasileiro.

INTRODUÇÃO

É possível obter melhores resultados na recensão do pensamento marxista brasileiro se o pesquisador não se deixar levar pela compulsão da bibliografia a desqualificá-lo pelo seu limitado estoque de conceitos e se puser de lado a idéia corrente de que o marxismo propriamente dito, pelas rupturas epistemológicas que teria trazido em relação aos grandes ensaístas, aqui nascera, no final dos anos 50, na universidade.

O "primeiro marxismo brasileiro", o marxismo dos comunistas do PCB, já teve apontado, repetidas vezes, os seus dois exemplos de irrelevância no opúsculo *Agrarismo e Industrialismo*, de Octavio Brandão, e na obra de Nelson Werneck Sodré. A eles, mais dos anos 80 para cá, também vem se agregando Caio Prado Jr., o qual, pelo tema da Colônia, continua respeitável na estante da historiografia e ainda é citado como referência para a discussão agrária, como uma literatura, em todo caso, tida como obra datada.

Isso não deveria aquietar o historiador, mas levá-lo a buscar outras pistas que diversifiquem a interpelação desse marxismo político brasileiro. Poder-se-ia trabalhar, por exemplo, com a idéia de que, pelo menos naqueles dois autores marxistas, os recursos teóricos que eles mobilizam não ocultam o interesse pelas suas dissertações sobre o país. Na forma, o seu marxismo é o mesmo que se difundiu e também foi reivindicado como uma verdadeira mentalidade além do PCB. Inclusive, salvo a dos comunistas, não se conheceu uma práxis política – de certa gravitação – marcantemente orientada por um referencial ideológico-analítico. Além disso, ainda é possível fazer um tipo de correlação proveitosa: comparar aqueles autores, especialmente o segundo, com os ensaístas das interpretações clássicas de Brasil *vis-à-vis* de outros *constructos* de esquerda, que até mesmo aparecem nas ciências sociais mais contemporâneas.

É fato da história das idéias que tanto Nelson Werneck Sodré quanto Caio Prado Jr. construíram imagens de Brasil tendo em mente o socialismo, no contexto do "pequeno mundo" (Sartre) pecebista. O primeiro guardou maior proximidade com a orientação oficial, enquanto o segundo será militante dissidente em relação aos paradigmas da sua tradição. A versão de modernização brasileira de Werneck Sodré, como se sabe, leva-o à tática de frente única, a ponto de a bibliografia considerá-lo o autor mais expressivo, senão o "teórico", da política dos comunistas no pré-64. Ao contrário, as dissertações de Caio Prado Jr. sobre a "formação do Brasil contemporâneo" desde cedo o põem em conflito com o seu partido, justamente em torno da questão que ele chamava de falta de "fundamentos" da política comunista no Brasil. Aliás, homem de partido, o historiador vive a história de um intelectual *outsider* que não pode ser descentrada quando se percorre a trajetória das idéias comunistas no Brasil.

No campo da centro-esquerda, que ia do Iseb ao PCB, Nelson Werneck Sodré evoca como principal marca das suas teses sobre a "revolução brasileira" – como ele chamava as transformações do pós-30 – um modo "pecebista" (a sua filiação ao PCB continua ponto discreto) de enfatizar o pretérito aqui particularizante de uma ordem moderna ascendente; uma referência a um pretérito em declínio, numa lógica que requeria supressão do atraso transverso à formação social. Era o tema da "contemporaneidade do não-coetâneo" (conceito de um historiador de música chamado Pinder, sempre citado por alguns isebianos). Em Sodré, o "feudalismo" brasileiro consiste em um processo de "regressão feudal" à hora da formação do mercado de trabalho livre.[1] Assim como o PCB associava crescimento econômico e revolução, Sodré também via os movimentos da sociedade guiados pelo que então se chamavam as contradições fundamentais, a principal delas, aquela "entre a Nação e o imperialismo e seus agentes internos, que se desenvolve paralela e intimamente associada à contradição entre as forças produtivas em desenvolvimento e o monopólio da terra que as entrava" (Sodré, 1962: 401). Pensava-se que essa lógica sobredeterminante impactava toda a estrutura social, definia o sentido das movimentações sociopolíticas e orientava os passos dos protagonistas da "revolução nacional" (expressão isebiana), opondo novos grupos sociais ("burguesia nacional", proletariado) a velhas classes, o "povo" (proletariado, campesinato, parte da alta e média burguesia, a "burguesia nacional", a pequena burguesia) ao inimigo comum: o imperialismo e seus agentes internos.

Como se entendia no Iseb e no PCB, essas contradições estruturavam o campo da "política ideológica", valorizando-se a tendência democratizante então em curso no país, movimento estratégico que, em opinião contracorrente, Werneck Sodré dizia ser uma mobilização ainda muito fraca naquela passagem dos anos 50 para a década de 60. Embora não desenvolva a sociologia política com a qual o PCB então projetava o nacionalismo como lastro para um processo de reformas graduais sob governos pluriclassistas, Werneck Sodré não deixa de realçar daquele *constructo* a dimensão fundamental que a democratização política tinha para o desdobramento bem-sucedido desse

[1] Eis o argumento: sem uma estrutura que absorvesse a mão-de-obra, vastas áreas escravistas teriam regredido para um regime de servidão e semi-servidão, possível devido à disponibilidade de terras que eram ocupadas por uma "invasão formigueira" de milhares e milhares de pequenos lavradores e criadores que faziam suas *roças* de mera subsistência naqueles vazios, ausentes, porém, do mercado (Sodré, 1962). A longa vigência do escravismo onerara e retardara o assalariamento livre, com conseqüências culturais de toda ordem. Sodré realçava a subordinação pessoal como o elemento configurativo dessa incorporação débil (idem). Ao longo das páginas da primeira metade do livro de 1962, Sodré cita, para essa feudalidade, Mariátegui, sendo notável no resto da obra a referência a Furtado, para o industrialismo e o tempo contemporâneo.

processo. Aludindo, na época, à visão leniniana sobre o *conteúdo* da democracia,[2] deste modo o historiador militar concluía a sua obra de 1962: "A defesa do regime democrático, no processo da Revolução Brasileira, não se prende, assim, ao supersticioso respeito a uma legalidade formal, mas na sua compreensão de que a democracia é o caminho apropriado ao seu desenvolvimento. Não interessa ao povo, evidentemente, uma legalidade qualquer, mas o regime democrático efetivo cujo conteúdo esteja intimamente ligado ao desenvolvimento de alterações econômicas, políticas e sociais, capazes de afetar profundamente o país e corresponder ao avanço das forças produtivas que impõem modificações radicais nas relações de produção" (idem).

Werneck Sodré manterá as suas teses controversas, sobretudo a da "regressão feudal", por mais de trinta anos, durante os quais, exceto ao interior do Iseb, e afora o PCB, elas nunca teriam acolhida expressiva, nem os seus escritos iriam servir como pontos de partida para investigações posteriores, como ocorre um pouco com Caio Prado Jr. (por exemplo, Fernando Novaes). Pelo contrário, com o tempo, o autor de *Formação Histórica do Brasil* admite que elas lhe teriam tributado adversidade. Depois, o próprio historiador militar reclamaria da reação ideológico-política a suas proposições, em função de ele ter sido partidário da resistência gradualística ao regime de 64 (Sodré, 1990).

No caso do autor de *Formação do Brasil Contemporâneo*, quase toda a bibliografia tende a vê-lo em um sentido que não alude às possibilidades da sua presença na cultura política brasileira.[3] O modo mais consensualizado nessas interpretações é o da

[2] Ele se refere a um "mestre" que aconselhava a não ver a liberdade e a democracia abstratamente, como valores universais, mas, sim, na sua dimensão "relativa" das circunstâncias específicas (idem: 403).

[3] No seu prefácio a *Raízes do Brasil*, Antonio Candido, sim, lembra a mentalidade de pensamento social da esquerda brasileira da época da transição de 1945 como uma "mentalidade ligada ao sôpro de radicalismo intelectual e análise social" (um modo de "refletir e se interessar pelo Brasil sobretudo em termos do passado e em função de três livros: *Casa-Grande & Senzala*, de Gilberto Freire, publicado quando estávamos no ginásio; *Raízes do Brasil*, de Sérgio Buarque de Holanda, publicado quando estávamos no curso complementar; *Formação do Brasil Contemporâneo*, de Caio Prado Júnior, publicado quando estávamos na escola superior" (Candido, 1967; 1977).

valorização historiográfica que define como centralidade da obra caiopradiana a dissertação sobre a "colônia de produção", ali onde o historiador desenvolve o argumento segundo o qual não se formara, nos "grandes domínios rurais", uma ordem baseada na sobreposição de uma classe a uma estrutura social, o país não enveredando, depois, para se modernizar, por uma via de revolução burguesa clássica. Por esse tipo de realce, desde os primeiros livros, a tematização caiopradiana da particularidade do país chama a atenção para o fato de haver aqui uma grande mobilização de recursos e mão-de-obra vindos de fora para levar adiante uma grande empresa orientada pelo mercado mundial, a enfeudação não encontrando amparo na agricultura, a "colônia de produção" tornando-se a matriz da contemporaneidade brasileira.[4]

Quanto ao mundo mais contemporâneo e urbano, a bibliografia não tem visto maior utilidade nas dissertações de Caio Prado Jr.. Já foi observado que o autor se recusava a reconhecer o avanço do capitalismo industrial brasileiro do pós 30 e era avesso a conferir importância à fase desenvolvimentista da "internacionalização do mercado interno". Inclusive a bibliografia menciona, como exemplo da ênfase no atraso que marcaria a obra caiopradiana, as referências feitas no segundo apêndice de *A Revolução Brasileira*, de 1977. Também já foi notado que toda a sua teorização sobre a contemporaneidade brasileira se resumiria em apontar a contradição entre aquilo que Caio Prado Jr. sempre está chamando, em seus textos, de formas remanescentes do antigo Estatuto colonial, e a construção de "uma economia voltada para as necessidades do país e da população", através de um Estado verdadeiramente nacional (Sousa Freitas, 1993), cuja or-

[4] À margem registre-se que, discípulo de Roberto Simonsen, Caio Prado Jr. continuaria do seu mestre não apenas o tema da mentalidade mercantilista dos "homens da colonização", como ainda seguiria com a busca daquilo que o autor da *História Econômica do Brasil – 1500 a 1820* chamava de "novo conceito" de economia brasileira ("verificado na história") que lhe desse uma "sociogenia brasileira" para tirar partido das "possibilidades" da nação, em lugar da submissão ao determinismo dos meios" (Simonsen, 1937).

ganização não se concluíra no momento da Independência e que continuara após a Abolição, processo sobre o qual o historiador ainda punha as vistas em seu tempo.

Para Bresser Pereira, um dos intérpretes que aponta mais incisivamente esse que seria o "calcanhar-de-Aquiles" de Caio Prado Jr., a raiz da resistência em reconhecer a modernização brasileira provinha do próprio marxismo do autor, especialmente do uso que ele fazia, em *Formação do Brasil Contemporâneo*, da categoria de circulação como critério definidor do capitalismo.[5] Este mesmo intérprete diz ainda que, se tal marxismo circulacionista lhe havia permitido elaborar, naquela hora juvenil, a teoria "definitiva" do Brasil Colônia, a ênfase no atraso a que ele induzia não deixara, depois, o historiador divisar a diferenciação entre capital mercantil e capital industrial, segundo as lições do *Capítulo Sexto Inédito* de Marx, ficando desaparelhado para reconhecer o processo de constituição da ordem burguesa-industrial especificamente capitalista, nunca mais se afastando da imagem sombria de Brasil (Bresser Pereira, 1989).

Já Carlos Nelson Coutinho alarga o interesse pela descrição que Caio Prado Jr. faz da modernização da segunda metade do século passado em *A Evolução Política do Brasil*, como uma "revolução pelo alto", de modo parecido (e até da mesma época) ao de Gramsci. O intérprete também registra deficiência no instrumental teórico do historiador, chamando a atenção ainda para o fato de que a sua acentuação no tema do atraso seria, depois, responsável pela perda da brilhante "intuição gramsciana" da obra de 1933 (Coutinho, 1989a). Inclusive, teria sido esse viés que

[5] Esse circulacionalismo consistiria no "critério de interpretação" com o qual o historiador se propunha dissertar sobre a colônia de produção como formação social, anunciado no início do tópico "Comercio" da obra de 1942, logo após Caio Prado Jr. fechar a análise setorial da "Vida Material" e antes de começar o último capítulo, "Vida Social", onde se lê: "A análise da estrutura comercial de um país revela sempre, melhor que a de qualquer um dos setores particulares da produção, o caracter de uma economia, sua natureza e organização. O estudo que vamos empreender do comercio colonial em princípios do século passado virá assim como coroamento e conclusão de tudo quanto se tratou acima." (Prado Jr., 1942: 226).

levara Caio Prado Jr. a não entender a "questão democrática" (idem), tal como esta iria se apresentar como tema da esquerda, a partir da segunda metade do pós-64 (Santos, 1999b). Naquele comentário, ficava a sugestão para se ler tal circulacionismo como um "erro fecundo" que, como o de Gramsci, também no historiador "minimizara" o econômico, ambos o percebendo, segundo os fins das suas dissertações, de modo diverso ao da tradição marxista-leninista (ver Gramsci, 2000 e Buzzi, 1969).

No caso do brasileiro, o deslize terminaria num marxismo que, por um lado, viria lhe permitir dar conta da lógica de um "país sem povo", uma sociedade colonial "mais externamente determinada", uma economia sem "centro dinâmico", como diria Furtado (Santos, 1996a); mas que, por outro, sempre lhe valerá a cobrança de marxistas brasileiros contemporâneos seus como uma limitação em si e inespecífica, sem outras correlações. Havia quem procurasse enxergar nesse *equívoco* caiopradiano a impossibilidade de o autor dar seqüência às suas "originalidades" de 1933, ao se transfigurar o marxismo juvenil em uma espécie de simetria economicista para conceituar o Brasil urbano-industrial, na hora em que o econômico "esquecido" no critério de interpretação de 1942 tivesse de ser reposto na obra madura. Com isso se queria sugerir então que, pelo caminho da ortodoxia, sem ampliar o quadro dos seus autores, Caio Prado Jr. "não conseguiria" converter as primeiras intuições em uma teorização sobre a "modernização conservadora" do país, no sentido que essa problematização terá depois em alguns dos chamados intelectuais "eurocomunistas" de meados dos anos 70, os quais justamente iriam mobilizar o tema das revoluções pelo alto do "marxismo esquecido" (idem).

Noutra ponta, há ainda quem, radical, veja em Caio Prado Jr. profunda defasagem teórica, da qual iria resultar não apenas a descrença na modernização, como também a própria esterilização do autor, com a passagem do tempo erodindo progressivamente o brilhantismo dos primeiros livros e tornando os últimos textos repetições de velhas teses. Ainda se dizia que essa defasagem deixava que a questão da circulação terminasse subsumindo toda a obra, levando-o, afinal, a uma idéia "consumista" de socialismo brasileiro (Carneiro Leão, 1994). Aqui o circulacionismo era considerado "em geral", Caio Prado Jr. desatendendo a bibliografia marxiana, não se divisando neste comentário a tematização que dele o historiador fazia para descrever a "colônia de produção".

Por outro lado, Caio Prado Jr. não teve maior audiência no comunismo brasileiro. Como tem registrado a bibliografia, a vida do historiador em seu PC, além dos atavismos obreristas que em certa época lhe aferiam origem de elite (depois, por ser paulista), quase sempre transcorreu como um grande desencontro, fundado não só na diversidade das imagens de Brasil, como também nas leituras diferentes que ele e o seu PCB faziam das conjunturas das suas vidas. Caio Prado Jr. não teve maior recepção tanto no tempo nacional-desenvolvimentista, época em que, em crescentes ambientes e camadas da opinião pública, a idéia de revolução se convertera numa sociologia mobilizadora, quanto no pós-64, quando, sem atualidade social, ela todavia permanece como forte identidade para os militantes de esquerda, mas em um sentido diverso daquele que tem para o historiador comunista.

No entanto, há quem veja pontos de contato entre Caio Prado Jr. e áreas bem distantes da tradição pecebista, como, por exemplo, os escritos de André Gunder Frank, um autor que chegou a publicar nas páginas da *Revista Brasiliense* um longo artigo sobre agricultura e feudalismo e que exerceria influência em alguns ensaístas brasileiros. Existem, porém, os que atribuem essas coincidências mais a circunstâncias fortuitas, como no caso do uso que grupos radicalizados faziam da interpelação caiopradiana à teoria dos "restos feudais" e à política de frente única do pré-64;[6] ou ainda aqueles que, lendo a bibliografia

[6] Acrescente-se que Carlos Nelson Coutinho observa que a argumentação do historiador paulista não só tem outras raízes como a aproximação daqueles setores à sua obra foi meramente instrumental (Coutinho, 1989a).

sobre a singularidade de Caio Prado Jr., divisavam esse contingenciamento em razão de o historiador compartilhar, com aquele e outros autores, o mesmo horizonte estagnacionista a que alimentava um único marxismo (Santos, 1996a). Como que resumindo o ponto desse tipo de aproximação e alheamento, Marco Aurélio Garcia observa que, se até 1964, Caio Prado Jr. ia contra a corrente, depois da derrota, subitamente, as suas teses viram-se revalorizadas pelo desfecho dos acontecimentos que fragilizaram as políticas hegemônicas no interior das esquerdas (Garcia, 1988).

Sugestivas, essas interpretações ainda são parciais. A acentuação de alguns intérpretes na tematização colonial-agrária certamente aumenta o contraste entre a obra de Caio Prado Jr. e os paradigmas cepalino-desenvolvimentistas dos anos 50. Já a ênfase na sua reserva ante a modernização do país logo viria a realçar as dificuldades que o teriam impedido de transcender as teses agrárias modernistas em uma dissertação congruente para o conjunto da formação social. Ao não trazerem à tona, com a principalidade que, para ele, tem o tema do caráter não-homogeneizador do "industrialismo artificial", essas leituras tendem a apresentar um Caio Prado Jr. impossibilitado de formular um programa de reformas de alcance nacional, alguns achando possível dizer (dizia-se, repetindo autores bem mais antigos) que o historiador só chegava, no máximo, a propor a generalização da lei trabalhista, seguindo a lógica do sistema de grande empresa, como meio de erradicar as relações de subordinação pessoal do mundo agrário (entre outros, Santos, 1996a).

Tampouco a aproximação *mais política* dos críticos do PCB à interpelação do historiador a seu partido contribuiria para a compreensão do sentido da recusa ao antiimperialismo à Oriente que ele lhe atribuía. Por sua vez, a própria crítica dos comunistas a *A Revolução Brasileira*, à época achando abstrato todo o livro, só deixaria na penumbra o modo como o historiador correlacionava o tema da baixa incorporação social do capitalismo com a natureza da vida política brasileira (estéril, débil, etc.).[7] Em suma, o marxismo estranho de Caio Prado Jr. parece ser um traço que, em registros vários, percorre as apropriações e as recusas, sem que os seus autores conjeturem um pouco mais sobre os motivos que levaram o publicista, homem *ortodoxo* que era, a violá-lo em sua própria ontologia e a adotar o circulacionismo como referência.

Chama a atenção o fato de que nessas interpretações não se use tanto o mote do "sentido de totalidade" em relação ao conjunto dos textos caiopradianos, com o fim particular de caracterizá-los como uma obra destinada à práxis política, incluída a própria militância de um homem que era – e este será um traço básico na sua biografia intelectual – extremamente *legalista* (Prado, 1999), aqui se valorizando a indicação para um argumento a ser referido em outra parte desta monografia, por mais impreciso que seja aquele termo para conotar um ensaísta guiado pelo "ponto de vista do proletariado", como diria Adolfo Sánchez Vázquez (Vázquez 1978).

Vendo o autor no interior do movimento de política e de idéias que foi o PCB, impecável, a sua trajetória pecebista mostra um publicista já nos anos 30 e um intelectual-referência para os comunistas nos anos 40 e no fim da guerra. Um analista político à frente da *Revista Brasiliense* (1955-64), após a morte de Getúlio, quando, a par do "clima intelectual" da revista, tem lugar no PCB a discussão sobre o XX Congresso do PC soviético; aliás, um debate assaz vigoroso para os padrões da es-

[7] Por ser o pré-64 um período de regime aberto, a "política brasileira" será propriamente objeto da ensaística daquela época, diferentemente do texto de 1966. De qualquer modo, estes são os adjetivos da "crítica social" caiopradiana que aparecem profusamente ao longo da obra, em particular em *A Revolução Brasileira*: a) por exemplo, para economia e capitalismo industrial: desconexo, desestruturado, inorgânico, sem bases, desordenado, superficial, informe, artificial, medíocre, ocasional, heterogêneo, deformado, desequilibrado, especulativo, marginal, etc.; e b) para a vida política, entre outros termos: vazio, pseudo, caótico, precário, inconsistente, vago, falso, incongruente, medíocre, espúrio, decrépito, insuficiente, inepto, agitativo, improvisado, etc.

querda, que abala aquele "pequeno mundo" pecebista entre os anos 1956/57. Ao longo do tempo, Caio Prado Jr. interpela o seu partido, publicando textos e interferindo nos IV e V Congressos: no primeiro, na época da sua convocatória de 1947, e no último, em 1960. E ainda estará ativo publicista no imediato pré-64, aparentemente apenas militando na *Revista Brasiliense*. O historiador não participara dos debates do PCB sobre o estalinismo e, inclusive, assistira à margem ao movimento de idéias animado por Ênio Silveira e suas revista e editora *Civilização Brasileira* que, dois anos depois de 1964, voltava a envolver, senão o PCB, pelo menos áreas dele, numa espécie de arejamento do marxismo brasileiro.

Publicado quando começaram as divisões do PCB e tiveram início os preparativos do seu VI Congresso que se realizaria logo depois, em 1967, o livro *A Revolução Brasileira* (1966) se voltava para a teoria pecebista naquilo que Caio Prado Jr. via de mais danoso: de um lado, o agrarismo campesinista, e, de outro, a política de frente única à Oriente, ao modo da revolução de libertação nacional dos países asiáticos. Segundo o historiador, essas marcas continuavam conferindo à política comunista caráter "improvisado", como aquele erratismo que ele vivera em 1945 e sobre o qual novamente tornara a alertar, às vésperas de 1964, nos últimos textos que escreveria para a *Revista Brasiliense*.

À primeira vista chama a atenção uma espécie de *imbróglio* que é o fato de Caio Prado Jr. não conferir centralidade, naquela última obra, ao movimento de oposição ao novo regime que se ensaiava desde 1965. Esse Caio Prado Jr., que não se deixara seduzir pela proximidade do poder no aceno queremista em 1945 e que fora um dos poucos publicistas a não se paralisar nos últimos dias do pré-64 ante o processo de radicalização que se tornava bem visível nas Ligas Camponesas, teria ele cedido ao catastrofismo do pós-64, na hora em que o componente nacional-popular, que tanto o afastara das frentes únicas do PCB, havia sido alijado da configuração de governo? Por que lhe passara sem interesse o fato de o seu partido ter de praticar a "tática de frente única" num novo quadro sociopolítico, manobrando num terreno em que a política se lhe aparecia autonomizada, compelindo-o a buscar aliados em áreas além das esferas classistas e dos grupos que já não giravam à órbita do poder público? Por que ainda Caio Prado Jr. insistia em achá-la "improvisada" e apenas moldada pela força de decalques que era preciso desconstruir? Por que ele não trazia à tona a moderação dos comunistas, a qual pedira e à qual se alinhara em outras ocasiões?

Esse *imbróglio* do pós-64 serviria então para redimensionar a controvérsia de Caio Prado Jr. com o seu partido, exibindo, afinal mais claramente, os seus termos? Por um lado, era fato que o PCB iria viver o tema da relação entre economia e política – de difícil solução e que exigia abandonar a velha fórmula "crise e revolução" – ao custo da própria cultura política, como revelam as suas numerosas divisões. Mas, por outro, texto lido que era naquela hora por uma geração de estudantes rebeldes e no qual Caio Prado Jr. apresentava a sua versão da "revolução brasileira", *A Revolução Brasileira* (1966) continuava sem esclarecer a sua ciência política, apresentando-a até mesmo mais implicitada que nos artigos da *Revista Brasiliense*. O historiador viveria, naquele tempo de cisões, em estrita (até a morte em novembro de 1990) fidelidade que ele mantém a seu PC como um verdadeiro paradoxo intelectual-publicístico.

Sem recorrer à memorialística e à bibliografia não-convencional, resulta difícil acompanhar os passos do último Caio Prado Jr. no pós-64. Na sua falta, pelo menos seria conveniente fazer algumas comparações entre os "domínios da política", tal como os entendiam o historiador e principalmente o PCB. Para se aferir o sentido mais geral da crítica caiopradiana ao seu partido, será bem mais útil evocar não tanto os clichês já enfraquecidos, com os quais, em muitas de suas passagens, *A Revolução Brasileira* dialoga, mas a evolução do PCB, atentando para as suas elaborações produzidas após o golpe militar.

Nada melhor para situar Caio Prado Jr. e o PCB no pós-64 do que lembrar a problematização daquilo que Daniel Pécaut alude como clima de "retificação ortodoxa", que se espalhara em áreas de esquerda e de centro-esquerda nos três anos que vão do golpe até o Ato 5; clima que, diga-se ainda, ou já expressava, ou lhe será favorável, a união do marxismo com o estruturalismo, como se nota em alguns textos das vésperas dos anos de chumbo, um dado a ser levado na devida conta ao se relembrar aquela época (Santos, 1996a).

Segundo o autor de *Os Intelectuais e a Política no Brasil*, naqueles meios políticos e intelectuais havia uma espécie de conversão da economia (após a derrota da política em 1964) em "fator máximo" da trama sociopolítica, alcançando várias das versões dependentistas que aqui circulavam. A idéia do brasilianista francês é a de que, sob os efeitos do golpe militar, ocorrera uma *reversão paradigmática* no modo de pensar a política, notando-se um abandono do modelo dos "obstáculos ao desenvolvimento" que estava por trás da sociologia das contradições (como lógica do social) que consubstanciava tanto as teorias cepalinas quanto as imagens de Brasil isebiano-pecebistas. Observe-se que a ideologia reformística anterior, mesmo que redutivamente, sempre remetia à idéia de remoção dos entraves estruturais – atraso agrário, dependência, ou, na percepção intuitiva mas astuta, a mistura deles naquilo que às vezes se chamava "reação política" às mudanças —; remoção sempre pensada a partir de uma ação pública guiada por uma "política ideológica" (Iseb) e em contexto de governos pluriclassistas (bem nítido no PCB).

Fazendo o contraste, Daniel Pécaut observa que, depois do golpe, sem o Estado *agens movens* da cultura política industrialista, o clima tornava-se propício para as "teorias" sublinhadoras radicais do espectro da estagnação, recobrindo a natureza específica da política. Em áreas daqueles meios se teria começado a aceitar o paradigma da "causalidade dependentista-estrutural" das "novas" teorias, abrindo caminho para uma estranha mudança no modo de percepção do plano da política. Se a política já era criticada por ser *indevidamente* sobredeterminada pela economia (no caso da frente única "economicista" do PCB), paradoxalmente, no pós-64, a política iria desaparecer por completo por trás do "estrutural", passando este último a ser a nova força a dominar a compreensão dos processos históricos, a orientar a leitura da conjuntura, enfim, a governar a própria ação política. À medida que o dependentismo de grandes interpretações se tornava hegemônico naquela cena intelectual desses anos, a política iria se subsumir totalmente ao plano da economia (Pécaut, 1990).

O autor diz ainda que esse novo modo de ver as coisas se iniciara pelo exame dos acontecimentos que haviam levado ao revés de 1964 (compreensão indispensável para quem se achava em retirada), perdendo-se de vista as raízes políticas que envolveram o processo janguista na polarização que então levara o governo ao impasse (idem). Nesse "novo horizonte" intelectual, "não-tradicional" – no sentido de que 1964 descontinuava o que se dizia ser o pacto populista e convertia a previsão política num exercício de ortodoxia –, toda a trama da conjuntura se "esclareceria" (assim descreve Pécaut esse modo de pensar a política). A argumentação alude a um clima que trazia ao ator político certezas que já não se mediam no longo termo nem advinham de compreensão mais sistemática dos processos. Seguindo esse tipo de sociologia, ao ator político também se lhe poderia parecer que o caminho estava aberto tanto para o uso do critério da máxima decisão, autorizadas as ações de elevado grau de independência em relação às limitações impostas pelas circunstâncias, quanto para as previsões que se faziam sobre o esgotamento e a queda do regime com base na idéia da inviabilidade do modelo econômico de 64, o qual, condenado à estagnação, já estaria às voltas com contradições insolúveis que o levariam a um colapso, ou provocariam uma mudança de governo no curto prazo.

Ao invés de chegar ao impasse dessa desqualificação da política a que induzia a erosão do paradigma nacional-popular, o PCB se voltou para o exame das possibilidades de a resistência ao regime militar se articular numa mobilização de frente única que, pela política, levasse à *derrota* do regime de 64. Em lugar de enveredar pelo caminho da *derrubada* da ditadura, aqueles comunistas seguiam a reação da classe política derrotada, retomando da sua trajetória energias para se integrar, mesmo submersos, numa operação (nem sempre intelectualmente conhecida) de reabilitação da política, sobremaneira da política institucional, logo entendida por eles como chave para a montagem da frente ampla contra os militares. Já tendo experimentado uma "sociologia de modernização" meio às avessas entre 1958 e 1964, o PCB vai tentar entender a associação entre economia e política no novo quadro, valorizando, agora mais ainda, arenas onde os atores sociais e políticos não seguiam lógicas simples e logo ele definiria as liberdades como o eixo principal da oposição ao governo (PCB, 1965), centralidade que não era tão óbvia para o ânimo de muitas outras áreas.

A apenas três anos do golpe, quando o novo "modelo econômico" ainda não se perfilara de todo, pela intuição, os comunistas já registravam algumas mudanças do pós-64 que, segundo eles, o ator democrático devia considerar em seus cálculos. O "Informe de Balanço do Comitê Central ao VI Congresso" de 1967, por exemplo, sugeria ser melhor, em lugar de se trabalhar com a idéia de estagnação, pôr atenção no novo ciclo de crescimento das forças produtivas nacionais já em curso (PCB, 1967 in Nogueira, 1980). Isso parecia indicar que estava em andamento uma revisão da estratégia anterior de polarização com base no par estagnacionista *status quo* agrário/imperialismo *versus* grupos moderno-industrialistas (historicamente minoritários) e que também se percebia que o projeto autonomista de substituição de importações cedia o passo a uma outra via modernizadora, de resolução no campo da política.

Depois do Ato 5, outro texto revela para onde já evoluía essa sociologia política. Agora (ele é de março de 1970), em uma reflexão sobre a natureza do regime (dizia-se, no PCB, que 1964 não fora uma simples mudança de governo, mas uma alteração na configuração estatal), propunha-se correlacionar o "curto termo" – as marchas e contramarchas na montagem do Estado autoritário (cassações, repressão, etc., no imediato pós-68 com a iniciativa nas mãos do regime) – com o "médio prazo", ou seja, primeiro, a paralisação do projeto autoritário e, depois, o esgotamento das potencialidades de expansão da ditadura, para cujos sintomas o analista devia estar atento, a fim de aferir o valor dos passos imediatos. A noção de "processo de fascistização", com que trabalhava esse documento, intuitivamente próxima ao conceito de "fascismo pelo alto".[8] Mais do que mera expressão de cautela *ad hoc* para referir tendência inconclusa naquele processo político, era uma conceituação para captar o sentido dos traços não-clássicos do regime de 64 – apoio na corporação militar e na tecnocracia, atomização das massas, Congresso consentido, etc. –, divisando sentido político "em última instância" para as ações oposicionistas do curto e médio termos. Lê-se um ponto deveras interessante no documento: a questão política consistia em abandonar o "primarismo" (sic) do cálculo centrado "unicamente no caos e na catástrofe da política econômica das classes dominantes" (PCB, 1970 in Guedes, 1981). Sugeria-se que, de conseqüências

[8] É Carlos Nelson Coutinho quem relembra o conceito de "fascismo pelo alto" de Barrington Moore para explicar o "paradoxo aparente" de uma contra-revolução que, como o Japão pré-bélico do exemplo desse último autor, aqui também vai liderar o desenvolvimento das forças produtivas (Coutinho, 1986; 1989b).

plurais, a modernização que o regime de 64 impunha ao país estava induzindo uma lógica do social de efeito multiplicador dos "focos políticos de resistência", criando bases que fortaleceriam a tendência de ruptura com a passividade do pós-68, abrindo caminho, para mais adiante, se "passar da defensiva à ofensiva".

Nessa arquitetura, a prática da política de resistência se alicerçaria no cotidiano, a partir de uma valorização estratégica tanto das miudezas e das ações parciais, quanto das eleições (elas tinham significado de "momentos altos de luta") e dos acordos de cúpula, orientando a combinação dessas "formas de lutas" na perspectiva de tudo fazer, como se dizia naquela resolução, para que "aquele sentimento passivo (após o Ato 5) vá (fosse) tomando forma, pouco a pouco, até se transformar num grande movimento nacional, em frente única, que englobe os sindicatos, o movimento estudantil, a Igreja Católica, os partidos e os políticos da Oposição..." (idem). Não é um exagero dizer que a política delineada nesse texto lembrava aquele tipo de combinação sugerida por Gramsci, de análise de conjuntura (a descrição do endurecimento político depois de 13 de dezembro de 1968) com uma consideração dos "fatores de tipo mais permanente" (a previsão de dificuldades, crises, conflitos na base política do regime, etc.), desenhando-se inclusive cenários para se pensar o "fim último" da resistência e desenvolver iniciativas adequadas no curto e médio prazos em sua direção.[9]

Em certo sentido, o exercício apontava para a reclamação caiopradiana contra o erratismo, ao definir a política como

[9] Os cenários do fim da ditadura, imaginados da perspectiva do segundo daqueles anos de chumbo, seriam: a) o regime poderia ser *derrotado* no contexto de uma ampla mobilização de opinião pública que galvanizasse parte das FFAA, mediante um levantamento nacional (com maior ou menor recurso à violência); b) após um processo de desagregação interna do poder, sob pressão popular, forçando uma área do governo a facilitar uma abertura democrática; e c) poderia haver ainda uma saída protagonizada pelo setor militar nacionalista, hipótese que exigiria novos esforços para então "desmontar os restos do regime e democratizar a vida política nacional" (PCB, 1970 in Guedes, 1981).

previsão e perspectiva, postas, no PCB, porém, numa chave de leitura em muito diferente da de Caio Prado Jr.. Enquanto aquele PCB concebia o mundo efetivo do pós-64 como um mundo, antes de tudo, político, e se balizava por um imaginário revolucionário, embora em processo de mutação, o historiador via a circunstância da ditadura através de uma interpretação da formação social que era a única baliza que, afinal, lhe dava inteligibilidade histórica de longo prazo. Ou seja, sua visão do pós-64 resultava de uma teoria de Brasil centrada nos conceitos de "economia" e "população", trabalhados pelo seu marxismo num exercício para definir uma revolução sem feudalidade nem capitalismo "clássico", sem burguesia produtiva nem camponeses. Na obra de 1966, a "teoria da revolução brasileira" de Caio Prado Jr. ainda permanecia indecifrável. A sua ciência política "sem frente única" de nítido embasamento interclassista não conseguia abrir caminho para um entendimento constituinte de um pensamento político teoricamente fundamentado entre os comunistas do PCB.

De idéias reativas, vivendo circunstâncias imperativas, o comunismo brasileiro não teve pensadores oficiais. À margem, ou com dificuldade para se integrar ao comando partidário, mas em interlocução permanente com ele, os "grandes" elaboradores do partido não são nem "orgânicos" (o PCB não é legatário de uma herança intelectual singular) nem de *intelligentsia* (como se sabe, o seu grupo "gravitante histórico" não é formado por intelectuais *stricto sensu*, mas, em sua maioria, por ex-militares), aliás, os seus quadros intelectuais exibem com freqüência a "dupla face" de publicistas que também falam para fora ao tempo que militam quase como dissidentes, ou permanecem à margem do "núcleo dirigente" e dos seus "militantes preferenciais" (Peralva, 1960).

O historiador de idéias teria de atentar para o fato de que o Partido – apesar da impressão de um "grande coletivo" que o centralismo-democrático passa – é um cadinho de lutas periódicas entre correntes e saída de militantes, pequeno mundo que volta à normalidade após as sínteses de "colaborações" diversas que o grupo majoritário sempre consegue consolidar em uma linha política, para garantir, primeiro, referencial organizativo aos militantes em momentos críticos, depois, eficácia na conjuntura e se reproduzir como partido.

Aliás, os exemplos de afastamento de intelectuais vêm de longe: do próprio Astrojildo Pereira, na época da fundação, e também de Octavio Brandão por conta da idéia de "revolução democrático-pequeno burguesa" com que ele pensava o tenentismo (Zaidán, 1988). Do mesmo Caio Prado Jr., na experiência do seu "partido-Comitê de Ação", em fins do Estado Novo; nos conflitos por ocasião da Assembléia Constituinte de São Paulo em 1947; na indiferença do PCB ao seu conceito de "revolução agrária não-camponesa", nos anos 60; e, ainda, na reação às suas teses de reestruturação da vida política no pré-64 e no desconhecimento da sua idéia-chave de *produtivismo* em *A Revolução Brasileira*. Por fim, mais contemporâneo, o caso dos jovens intelectuais da última transição política, com o seu "eurocomunismo" de fundo leninista.

No entanto, vendo as coisas em perspectiva, esses desencontros, ao mesmo tempo, podem ser tidos como pontos distintivos das idéias do PCB. Assim, por exemplo, aquele Astrojildo, em lugar de gesto culturalista, representará o símbolo das "reivindicações operárias", de certo modo retomado, em 1945, pelo próprio Caio Prado Jr., também lembrado por Elias Chaves Neto em 1960 e, ainda, aludido no começo dos anos 80, nas páginas do jornal *Voz da Unidade*. Ao leitor das passagens dissertativas de Nelson Werneck Sodré sobre as classes médias urbanas certamente lembrará aquela categoria de revolução de Octavio Brandão, em seu sentido diverso ao do mero recrutamento de ex-tenentes pelo PCB, inclusive a ela mais se parecendo a definição da pequena burguesia urbana como "aliado fundamental" (ao mesmo nível dos camponeses) que se faz no VI Congresso de 1967. O "Comitê de Ação", a forma PC de Caio Prado Jr. em "1945", lembra, com a sua idéia de "compromisso histórico" com os liberais da UDN, uma frente única concebida, como depois será o MDB, a partir mais da política do que da simples inerência de interesses "estrutural-políticos" (Vacca, 1992). O agrarismo de grande empresa de Caio Prado Jr., inspirado na Abolição, ao invés de socialização, serviria não só para conformar o sindicalismo agrário do PCB como também constituiria emblema da visão *propositiva* que o historiador tinha de revolução (nas condições da ditadura militar, pois, por assim dizer, no pré-64, a conotação era mais *legalista*), e não mero desprezo do autor pela política, como chegou a se afirmar. O "eurocomunismo" brasileiro, em lugar de cópia, vai representar um *aggiornamento* da própria estratégia pecebista de reformismo pluriclassista centrado na democracia política, como se fará alusão mais detalhada oportunamente.

Se em boa medida a isso se opôs, o grupo que, após a crise de 1956/57, lidera o Comitê Central também incorporava as "contribuições" das áreas renovadoras do partido, embora rebaixando as rupturas em pontos sensíveis, principalmente na questão organizativa e na crítica ao socialismo real, para acomodar a ortodoxia ao seu centro. Aliás, esse perfil pode ser visto nos sinais e em pontos deixados por aquelas elaborações *dissidentes* em passagens de textos que melhor espelham aquilo que vai ser o pecebismo, em direção as quais, após 1954, o PCB evoluiu (PCB, 1958, 1982; 1960; 1967 in Nogueira, 1980); caminhando, depois, durante o regime militar, com altos (PCB, 1970 in Guedes,1981) e baixos (PCB, 1973, 1976), rumo a uma "via democrática ao socialismo" à medida que radicalizava a valorização das liberdades políticas (ver documentos do Comitê Central de 1977 e de 1978, in Nogueira, 1980); demonstrando virtudes, especialmente, as duas mais conhecidas de todas: a moderação e a responsabilidade política.

Exemplar da relação dos PCs com os intelectuais, aquela "síndrome comunista" se mostra uma relação sempre inconclusa no PCB: à medida que recusa os seus intelectuais como publicistas, deles se aproxima como escritores, não lhes deixando dar curso, no partido, a novos debates em linha de continuidade e precisão da sua própria práxis. O emblema mais completo dessa relação difícil é, sem dúvida, Caio Prado Jr., sobre o qual já dizia Hélio Jaguaribe em um texto do começo de 1954, comentando a participação do historiador no IV Congresso do PCB de 1947: "Entre os debates travados em torno das citadas teses (daquele congresso), cumpre ressaltar, pela inegável autoridade intelectual do seu autor, o levantado pelo Sr. Caio Prado Júnior sobre a questão da reforma agrária. O Sr. Caio Prado Júnior, que é talvez o único teórico marxista do Partido Comunista Brasileiro, e que por isso mesmo mantém sua autonomia intelectual, não se deixando levar pela mera repetição mecânica de chavões de propaganda, levantou uma questao que conduziria provavelmente ao único debate interessante do Congresso, se lhe dessem oportunidades de defender o seu pensamento" (Jaguaribe, 1954). Um *grande intelectual* que dispôs ao seu partido, senão desde o livro de 1933, pelo menos a partir de *Formação do Brasil Contemporâneo* (1942), uma teoria de Brasil que vai constituir o *substractum* de todas as controvérsias que ele termina animando no PCB (1945, 1947, 1954, 1955-64, 1960, 1966), mas não recebe sinais de aceitação expressiva aberta.

Nesse sentido, a obra caiopradiana não é um evento singular que possa se isolar numa prateleira, já que ela também existe como um "grupo", no PCB; isto é, um grupo formado pelo historiador (a editora e revista) e o seu diretor-responsável da *Revista Brasiliense*, Elias Chaves Neto.[10] Hoje, este ponto

[10] Nos anos 40, a livraria e a editora Brasiliense constituíam importante espaço de sociabilidade política como lugar de "reunião" dos comunistas com intelectuais e artistas "das mais diversas gerações, liberais, socialistas ou simpatizantes do comunismo", alguns dos quais ali tinham suas obras publicadas, sendo marcante a presença de Monteiro Lobato, não só no movimento

vem se tornando nítido à medida que, com a distância do tempo, mostram-se mais visíveis as interações da sua obra historiográfica com os textos propriamente partidários – os exemplos: "Os Fundamentos Econômicos da Revolução Brasileira" (1947) e os sete artigos da série "As Teses e a Revolução Brasileira" (escritos para o V Congresso de 1960), sobremaneira *A Revolução Brasileira*, todos eles escritos em ocasiões precedidas de intensa militância, direta ou publicística, do autor.[11]

Nessas controvérsias, as interpelações de Caio Prado Jr. não se resumem a reação a contingências nem refletem uma espécie de "amargura" ante o seu próprio partido, como já disse o mesmo Bresser Pereira, referindo-se ao livro de 1966, no qual, como é sabido, o historiador aponta de modo bastante áspero a responsabilidade dos comunistas no "desastre de 64" (Bresser Pereira, 1989). Ao contrário, nelas se poderia ver: a) o outro sentido da resistência à virada "nacional-popular" em 1945, quando o PCB, com o apoio de Prestes, se deslocou da conexão que os comunistas do "Comitê de Ação" vinham tecendo com os liberais da UDN e passou a procurar Getúlio; b) que, ao invés de alheamento, tanto a "ida à academia" em 1954 para divulgar a monografia sobre a política econômica como revolução quanto a fundação da *Revista Brasiliense*, naqueles tempos de "extremismo teórico", constituem uma saída para frente de *compromisso* e *diálogo*, a partir de fora, com o seu partido; c) que a reserva ante JK é uma atitude que sobrevém após o historiador também ter tido simpatia ao novo governo, passados os primeiros tempos em que ele parecia sintonizado com o "clima de reforma" que

editorialístico, mas também como político, tendo sido inclusive indicado candidato a deputado federal pelo PCB, em junho de 1945 (Iumatti, 1998: 83). Nesse papel de impacto para fora, a *Revista Brasiliense* vai cumprir, entre meados dos 50 até 1964, o que Sirinelli chama de microclima intelectual, nada desprezível (Sirinelli, 1988; 1996).

[11] O "insucesso político" de Caio Prado Jr. revela como o seu marxismo acadêmico, "por obra do destino", bem menor do que o de outros autores, confirma a tradição do pensamento brasileiro de se gerar basicamente fora da universidade. Inclusive o texto com o qual ele disputou uma cátedra na USP, em 1954, *Diretrizes para uma Política Econômica Brasileira*, fora escrito como ato de intervenção (Chaves Neto, 1977).

envolvera o processo da sua eleição); e, por fim, d) que não era aleatória a recusa à "aventura" janguista (sic), um processo "sem alicerces políticos", em que embarcava o PCB, mas espelhava a experiência de Caio Prado Jr. na primeira grande democratização com o fim do Estado Novo. Anote-se inclusive que "1945" vai se constituir no emblema – construído como um desencontro entre economia e sociedade (Iumatti, 1998; ver também Prado Jr., 1942) – com o qual o historiador orienta a sua ciência política, mais visivelmente a do pré-64.

No melhor estilo da sua tradição, todas essas querelas versam sobre a formulação da "teoria da revolução brasileira" como desdobramento de um esforço publicístico para entender os fundamentos da formação social. A historiografia de Caio Prado Jr. se constrói para balizar a política comunista no Brasil a partir de alguns termos pares que afloram e sempre voltam em seus textos, colorindo a obra com problematizações estratégicas no seu pensamento – mercantilismo e miserabilidade, campesinismo e generalidade (mercado interno nacional), vida política (tradicionalmente à base de agitações e estéril) e estruturação partidária. O autor sempre está procurando pôr à mão do seu partido elementos de teoria política para um socialismo definido de acordo com um programa de grandes reestruturações que as dissertações sobre a contemporaneidade brasileira lhe indicavam. Um parêntese: talvez isso explique a solidão em que, como publicista, o historiador viverá em seu partido, à medida que resiste ao ecletismo e não se deixa levar pelo "patriotismo de partido" (Matthias, 1957; 1978), em nenhum momento abrindo mão do sentido de "tese de Feuerbach" que ele conferia à sua interpretação de Brasil como baliza para a práxis política.

A trajetória caiopradiana é "emblematicamente estranha": ao mesmo tempo em que o autor se mantém fiel ao comunismo oficial, permanece à margem das principais clivagens que experimenta o Movimento Comunista Internacional, sugerindo que, mais do que a postura ideológica que ele sempre guarda, o que lhe confere sentido de tanta certeza, quando fala das coisas brasileiras, são as suas teses sobre a formação social que ele repete, ao longo do tempo. Elas também ajudam a esclarecer a estranheza de muitos quanto ao conteúdo das posições de Caio Prado Jr. em relação à política de resultados imediatos que tanto ocupava o seu partido leninista, especialmente as suas posturas em 1964 e em 1966 (contracorrente, falando de "estruturação partidária" no primeiro caso, e de um certo *produtivismo*, no outro), às vezes parecendo aos leitores mais intelectualizados tratar-se de um autor "idealista" e "abstrato", colocado ante os seus pares como um "revolucionário confuso". Nesse sentido são expressivos o artigo de Prestes na *Voz Operária* de 28/04/56 comentando o primeiro número da *Revista Brasiliense* e o texto de Assis Tavares, publicado na *Revista Civilização Brasileira*, em 1967, recenseando a ciência política de *A Revolução Brasileira.*

Caio Prado Jr. era um publicista posto diante de um partido, como o PCB, que não dispunha de meios intelectuais como os seus – comparáveis ao melhor do pensamento social brasileiro e trabalhados num marxismo adequado ao reconhecimento do "terreno nacional" –, meios que lhes permitissem aos dois – ao PCB e a seu intelectual – compartilhar formulações da política segundo os parâmetros de uma teoria bem precisa para aquilo que o historiador só chamará em seus textos de a "Revolução Brasileira".

***

Uma palavra sobre o motivo mais imediato desta monografia. Ela surgiu da indagação de se, a dez anos do seu desaparecimento em novembro de 1990 e a mais de vinte do último apêndice a *A Revolução Brasileira*, era possível singularizar o lugar de Caio Prado Jr. no seu próprio partido, acolhendo-se a proposição de que o historiador, como o PCB do tempo contemporâneo, em meio à linguagem marxista-leninista e a autodefinições socialista-revolucionárias, também tinha em mente uma reforma radical do capitalismo brasileiro em moldes gradualistas e democráticos. Ele, mais atento à reestruturação do padrão da economia e da vida política como um todo, pensando, como um clássico, na formação da nacionalidade; enquanto o segundo, sem interpretação de Brasil, notabilizar-se-á como hábil operador de uma política de certo modo influente em duas das três grandes transições da contemporaneidade brasileira deste século.

A hipótese da contigüidade pressupunha considerar o historiador como um "clássico" pecebista, um *outsider* – marxista em relação ao pensamento social[12] e um estranho na esquerda –, que, do ponto de vista político, só é aceito no PCB, e apenas em parte, no que se refere à dissertação agrária de grande empresa, útil para conferir consistência ao agrarismo sindical. Embora tenha sido, na tradição, o primeiro que lhe desenhou, de modo claro, uma política econômica fundada na *valorização do trabalho no capitalismo brasileiro* e, quem sabe, aquele que trouxe para dentro do PCB o "tema ocidental", ou, pelo menos, aquele que teria inspirado o reformismo pecebista, a partir de meados dos anos 50, com a sua insistência em um socialismo de reformas capitalistas.[13]

Imaginada a presente monografia como uma releitura de Caio Prado Jr. sob a chave da "formulação" da política pecebista, logo no começo do exercício deparou-se com duas correlações entre as dissertações caiopradianas que apareciam estimulantes para uma problematização que pudesse ir além dos pontos

[12] Ao invés de apenas se demarcar Caio Prado Jr. pelo seu marxismo e isolá-lo dos demais clássicos, seria proveitoso comparar o historiador com autores não-marxistas no mesmo sentido de abertura interpretativa, como se tem procurado fazer em relação a outros ensaístas.

[13] A tese acadêmica de 1954, se não influenciara áreas do PCB, pelo menos lhes teria deixado posta a idéia de "política econômica" de reestruturação do capitalismo existente como parte de uma nova concepção, gradualística, de socialismo. Aquela monografia tinha serventia para o PCB participar, com autonomia, daquele início dos tempos cepalinos e nacional-desenvolvimentistas.

das avaliações sobre o autor indicadas no início desta introdução. Lembrando um americanismo à Monteiro Lobato, a primeira seria uma espécie de "assimetria" entre a idéia caiopradiana de revolução agrária ao modo do *West* americano (Santos, 1999a) e a descrença na modernização brasileira em curso, uma vez que, no horizonte das transformações estratégicas para o país, ele punha as vistas num capitalismo (e na sua institucionalidade) de estruturação clássica. E a outra, também aparentando ser uma relação "irregular", era justamente aquela associação entre o sentido "keynesiano" da fórmula caiopradiana, não-cepalina, de pensar a "reestruturação da economia em bases nacionais para atender às necessidades da maioria da população" e a sua tematização da "reestruturação da vida política nacional" (Santos, 2000a).

Em relação à primeira, agora se poderia propor que, no *constructo* caiopradiano, há elementos de uma relação bem mais congruente que infirma ponto de vista anterior que estranhava no autor um estagnacionismo sobreposto à tese ocidentalista do "capitalismo agrário" (Santos, 1996a). Em Caio Prado Jr. esse estagnacionismo seria mais diagnóstico e resultado da interpretação que ele faz da dualidade da economia aqui nos trópicos, um dualismo que se perpetua até se perder de vista na história brasileira. Quanto à segunda correlação, sugere-se que Caio Prado Jr. não trabalha o tema da reorganização da "vida política nacional" como um processo naturalístico ou *ex-post*, obra de um socialismo a ser instalado no país, mas a partir de uma apreensão da relação sociedade/política mediada pela conexão opinião pública/partidos no contexto de uma nacionalidade ainda em construção.

Obtendo-se êxito nessas associações, poder-se-ia dizer, de modo mais seguro, que fora o seu marxismo político que levara Caio Prado Jr. ao realismo de chamar a atenção das esquerdas para a aparência de radicalização política e dos movimentos sociais, sindical e especialmente camponês, às vésperas de 1964, e, depois, o fazia falar tanto em "integração nacional", *produtivismo* e nacionalidade, em *A Revolução Brasileira* e em seus dois apêndices.

Não é pouco se, após esse tipo de leitura, pensada, afinal, para qualificar Caio Prado Jr. como um dos três agrupamentos mais relevantes do comunismo do PCB, ao menos se chegue a ver o lugar onde melhor estaria a obra do historiador, isto é, ver a *vertente* caiopradiana como uma marca ao lado (desde sempre ele o acompanha em paralelo) do "grupo pragmático" do Comitê Central, no sentido, *mutatis mutandis*, que a presença deste grupo dominante modela a cultura pecebista do tempo contemporâneo. O historiador também cumpriria o mesmo papel de substantivação da política comunista que desempenharia o terceiro grupo do "pecebismo contemporâneo": a intelectualidade "eurocomunista" que também exerceria certa influência no PCB da última fase do pós-64.

Esses últimos intelectuais pecebistas compartilham com Caio Prado Jr. duas qualidades importantes: a) a propensão a oferecer a seu partido uma teorização da contemporaneidade da formação social; e b) serem parecidos a outros militantes intelectualizados, de aparecimento tempestivo por entre os poros do partido (dois exemplos: Alberto Passos Guimarães e Armênio Guedes) e serem abertos ao mundo externo (à época se disse que os jovens "eurocomunistas" lembravam uma espécie de "sociedade civil" do partido, militantes que o PCB costumou a ter, diferenciados dos quadros do aparelho partidário subsumidos à lógica interna).

Ademais, para realçar o sentido político-intelectual da tradição pecebista a que serve a obra caiopradiana, poder-se-iam realçar contrapontos entre o historiador e aquela intelectualidade, fazendo alusão particular ao fato de que, enquanto a ensaística desta última vertente radicaliza a própria prática do PCB então em curso (Konder, 1980a), a publicística do historiador se processa interpelando-lhe os seus fundamentos ao longo dos anos, sem o autor ter ampliado formalmente os referenciais do seu marxismo, diferentemente daqueles.

Aliás, esse tipo de associação entre as idéias dos velhos (não só Caio Prado Jr., mas também Werneck Sodré) e novos intelectuais pecebistas, remontando a seus *constructos* primordiais, poderá vir evidenciar outros equacionamentos úteis para se aferir as ciências políticas que eles sugerem. Por exemplo, uma equação que prescreva algo do tipo: assim como o emblema "1945" ("inteligível" a partir do livro de 1942) está para as análises políticas de Caio Prado Jr. no pré-64, o "MDB" estaria para a "obsessão pela política" do "grupo pragmático" a partir dos anos de chumbo e também para o *aggionarmento* do comunismo brasileiro entre os intelectuais da parte final do período do pós-64, embora nem sempre resulte clara para a cultura política a herança que fica das igualdades dos produtos que se obtêm – se obtêm? – entre qualidades tais como a "imagem de Brasil" do primeiro, as habilidades do segundo e a tese do "prussianismo" brasileiro e o valor da democracia política (particularmente, mas não só) para os últimos. Todos têm em comum uma relação não-extrínseca com o mundo da política brasileira, sendo bem mais forte a recusa ao cosmopolitismo em Caio Prado Jr. e nos "eurocomunistas", pois aqui, eles achavam, as coisas da política deviam ser pensadas a partir de um ensaio de interpretação do Brasil.

I PARTE

A Reestruturação da Economia

CAPÍTULO 1:

O DESTINO DO AGRARISMO SINDICAL

Em seu já famoso balanço do século, Eric Hobsbawm confirmou na "fatalidade histórica" dos camponeses a predição de *O Manifesto Comunista*, segundo a qual o antigo mundo agrário, como tudo que parecia sólido no *ancien régime*, também haveria de desaparecer com a universalização da modernidade.[14] A bibliografia da história comparada já descreveu em três grandes modalidades a trajetória dos camponeses nos processos de "construção do mundo moderno": ora eles seriam o grande entulho a ser removido ao longo do tempo para a vinda do capitalismo liberal ("classes empedernidas" durante a Revolução Francesa, domesticadas somente após dois impérios); ora classes subjugadas pela violência

[14] "A mudança social mais impressionante e de mais longo alcance da segunda metade deste século, e que nos isola para sempre do mundo do passado, é a morte do campesinato" (Hobsbawnm, 1995 : 284).

como nas experiências de modernização conservadora alemã e japonesa; ou ainda grupos disponíveis para a mobilização das revoluções comunistas como um outro tipo de processo modernizador (Moore Jr., 1983).

O marxismo tomou o destino dessas classes agrárias tanto como objeto sociológico quanto como tema relevante da sua ciência política. Em sua sociologia, ele sempre as visualizou como coadjuvantes de uma história realizável por uma classe universal de definição moderna e vocação à urbe. São clássicos o paradigma da expropriação camponesa de *O Capital* e os escritos de Marx sobre a dominação britânica na Índia, o texto engelsiano sobre os camponeses na França e na Alemanha, sendo especialmente emblemático o argumento que Lênin opôs à tese comunitarista com a qual os populistas russos da sua época pensavam evitar a desintegração do mundo rural invadido pelo mercado.

Numa perspectiva de Ocidente, o líder bolchevique imaginou um trânsito do tradicional para o moderno menos doloroso e que trouxesse ganhos emancipatórios para as classes camponesas, potenciais aliados de um movimento político que ele esperava fizesse aquela passagem, constituindo uma nova ordem social. Lênin iniciava a sua compreensão da questão agrária a partir da teoria social (confrontava o tema da "penetração do capitalismo na Rússia" contra o que ele também chamava de "romanticismo econômico"), procurando chegar a uma ciência política "aplicada" – "governos provisórios" de universalização da democracia política, conceito de aliança operário-camponesa como hegemonia – que apontasse solução para o caso especial de uma modernização conduzida por grupos diversos da classe industrial, posto ali onde era débil o impulso burguês, como já haviam notado Marx e Engels no último capítulo de *O Manifesto Comunista*. Lembre-se que num texto em que expõe o modelo, *As Duas Táticas da Social-democracia Russa*, o seu autor recusara a utopia comunitarista dos populistas russos, opondo-lhe a idéia de uma mobilização agrária associada a uma coligação de poder, pluriclassista mas de centralidade popular, de onde poderia advir o impulso suficiente para conduzir os camponeses a um nível mais elevado de civilização, à vida urbana plena generalizável no mundo agrário, como, depois, sinalizam os escritos leninianos sobre a eletrificação rural e a Nova Política Econômica (NEP) das concessões à pequena produção, de 1918/21, já no tempo da construção do socialismo na Rússia.

O próprio marxismo chinês, por ideologia, não haveria de reivindicar superioridade para o campesinato. O Partido Comunista de Mao Tsé Tung teve tanto que conciliar a tensão que lhe trazia a práxis de Oriente com a sua inspiração no marxismo-leninismo oficial pós-17, quanto ainda acomodar o conceito de classes sociais como componentes antagônicos da sociedade em mutação que recolhia de Marx, com a teorização leniniana do partido, numa síntese proveitosa, concebendo o ator político revolucionário como uma força por excelência de ruptura com o mundo dos camponeses e dos intelectuais-administradores-guardiães da ordem feudalista e colonial (Pishel, 1986). Contido pela bolchevização que a Internacional Comunista (IC) impunha aos PCs, como se sabe, Mao terminaria radicando o seu cálculo estratégico numa fórmula tripartite que associava *intelligentsia*, operários e campesinato, numa criação propriamente chinesa – o Exército-Partido Comunista –, lócus de formulação política e agente difusor de um marxismo que será muito mais uma ideologia de sentido racionalizante. Durante a revolução cultural, bem depois, quando da crise de legitimidade do novo sistema institucional, é que o maoísmo como tal teria se notabilizado como força de alto componente ético-educativo e exibido traços utópicos, embora as suas inspirações agrárias, de fundas raízes sociais, já não fossem tão visíveis e estivessem muito matizadas pelos novos significados que lhe imprimiram a modernização socialista.

De qualquer modo, nessa tradição marxista comunista, o problema camponês se definia a partir de uma metodologia que buscava o deciframento da formação social segundo uma leitura da lógica da modernização que lhe era específica (os conceitos variam: modo de produção, num grau mais alto de abstração; formação econômico-social e Estado-PC, no marxismo mais nacional). As classes do pretérito passam a ter os seus movimentos considerados como estratégicos, mas imaginados dependentes da interpelação que se lhes fizesse desde a ponta moderna e urbana dos grupos subalternos.

Consolidado o poder revolucionário de 1917, o novo *corpus* marxista-leninista da IC vai alterar a compreensão que Lênin tinha da política como auto-aprendizado a ser feito numa interação entre "todas as classes" e na experiência do geral, ou seja, nos negócios do Estado. Estatizado o leninismo no socialismo real, a idéia da sua função disciplinadora dos valores artesanais e da dispersão próprios aos camponeses, que havia sido desenvolvida em *Que Fazer?* para fins de ação política, vai se converter em ideologia do novo sistema social. Concebidos como grupo instrumental, sem o atributo produtivo que confere à outra classe a possibilidade de construir a história, os camponeses estariam condenados a perder importância na saga universalista da classe operária.

Stalin teorizou para a tradição o critério de alianças contingenciais e concêntricas segundo a confiabilidade – a princípio, unidade até com os estratos ricos; mais adiante, conforme avançasse a revolução, com os estratos médios e pobres; e, afinal, a aliança com os grupos de semi-assalariados e assalariados, afastada nessa filosofia social qualquer veleidade utópica da vida rural. Depois, como ideologia da nova sociedade socialista, o marxismo-leninismo se converteria em ideologia mobilizável para sedimentar, no auge da política de concentração produtiva forçada que se segue à "política econômica" de Lênin (NEP), um processo de aculturação política e de "intelectualização comunista" das classes pretéritas em transformação em laboratório de homogeneização social, presidido pela política a partir do aparato de poder e do partido (Stalin, 1941).

E na memória brasileira, há algo parecido com essa tradição da qual, de bem longe, descende o PCB, e que espelhe no mundo intelectual e político das esquerdas brasileiras um caminhar dos camponeses como o descrito naquela sociologia histórica? É grande o consenso em reconhecer nas Ligas Camponesas e nos sindicatos comunistas do pré-64 o marco de uma verdadeira mobilização agrária, interpretada, se não como expressão de uma revolução, pelo menos como movimentos sociais propriamente ditos, por onde grandes grupos agrários, pela primeira vez, pediam passagem para o sistema político no começo dos anos 50. Até que não seria difícil reconhecer na controvérsia do PCB com Julião o primeiro "grande debate" agrarista brasileiro, como um bom registro da concorrência entre as duas articulações sociopolíticas principais daquela época. Reconhecê-la como versão brasileira daquelas percepções sobre o papel histórico dos camponeses, porém, já seria bem mais difícil, seja porque não é boa a qualidade do material que forma os *constructos* – peças orais, em geral publicações de imprensa –, seja por que muitas delas são textos políticos de pouca estruturação que não permitem por si mesmos remontar àquela temática como problema de uma tradição intelectual a que pertenceriam o PCB e o próprio Julião.[15]

Caio Prado Jr., sim, pode ter a sua obra proposta para ser considerado autor emblemático de uma querela com foros para ser a discussão brasileira "clássica" sobre o tema das relaçoes do campesinato com a política numa ordem liberal-democráti-

[15] No final da década de 40 e primeiros anos 50, quando já era advogado de camponeses, Francisco Julião teria exercido (ainda não foi possível confirmar de todo, com fontes documentais, esse registro feito por veteranos militantes) um papel moderador diante do campesinismo radicalizado do próprio PCB naquela época.

ca. Derivando a sua tese sobre o mundo agrário da dissertação sobre o "capitalismo colonial", Caio Prado Jr. precocemente adiantou o argumento com o qual ele irá negar, por muitos anos, como é sabido, caráter estrutural aos "restos feudais" da formação social, cuja superação os comunistas imaginavam ser obra de uma revolução agrária e antifeudal, a qual, transformada em "teoria", o historiador aferia como a " grande viseira" do seu partido. Assim, ao se colocar, desde cedo, contracorrente da própria tradição, inclusive dos críticos desta, Caio Prado Jr. desenvolve ao longo do tempo uma argumentação que, de fato, constitui uma expressão daqueles tempos e daquelas discussões mais político-partidárias. E que, inclusive, ainda vai estar presente depois, no pós-64, quando ocorre uma espécie de segunda discussão agrarista, que tem lugar no início da transição democrática a partir de 1979 (Santos, 1998).

O que se segue não constitui mera reprise de um passado, com clichês e imagens sobre o comunismo brasileiro, mas um exercício de história intelectual a partir de um (grande) texto, tomado como referência de leitura de outros menores e do material não-convencional, aqui habilitado como peças valiosas para retratar as intenções dos protagonistas (Skinner, 1995). De um lado, estaria a obra de Caio Prado Jr. "pressionando" para levar o seu partido a considerar a verdadeira "dialética econômica" do campo brasileiro – grande empresa, assalariamento – como o dado estratégico ao qual todos os aspectos da questão agrária deveriam se referenciar na "generalidade do país". De outro, o movimento "reativo" do PCB, recusando-se a ouvir o seu militante, preferindo viver as vicissitudes a que o levava a tese feudalista por largo tempo.

Com tal pano de fundo, se poderia revisitar aqueles dois agrarismos do final dos anos 50 e começo da década de 60, o camponês, de Julião e o "sindical", do PCB (se visto a *grosso modo* segundo a tese do historiador), como um debate que, ainda hoje, exibe interfaces de um emblema que não esmaeceu na memória brasileira, continuando inclusive a marcar a cultura política da esquerda brasileira dos dias atuais.

Lido o anticampesinismo caiopradiano como uma interpelação de atores políticos para lhes potenciar a ação, ele se torna bastante qualificador do modo como se problematizava a questão agrária, tanto no discurso comunista quanto nas verbalizações de Julião e de outros setores de esquerda, alguns autores nacional-desenvolvimentistas incluídos. Naquela época de irrupção dos camponeses na cena pública, a interpelação de Caio Prado Jr. ao PCB pode ser reconstituída a partir de duas dimensões que se recobrem na definição do agrarismo do autor: a da argüição historiográfica (e mais sociológica nos artigos dos anos 60) da tese feudalista (a mais conhecida) e a dimensão da crítica à práxis centrada no tema da terra, uma priorização que Caio Prado Jr. sustentava não ter correspondência estratégica na "dialética econômica" do mundo rural brasileiro, desenvolvendo uma argüição que vai singularizar o seu pensamento político.

Desde logo, Caio Prado Jr. interpelava o PCB por uma conduta política que para ele só fazia subestimar, se não muitas vezes até mesmo "oblitera(r) por completo o que realmente se apresenta(va) na realidade do campo brasileiro. A saber, a profundidade e extensão da luta reivindicatória da massa trabalhadora rural por melhores condições de trabalho e emprego" (Prado Jr., 1966; 1978: 53). Em relação às Ligas Camponesas, o historiador não fazia propriamente uma crítica ao seu agrarismo, mas inúmeras vezes aludiu aos riscos de elas estarem reproduzindo o estilo de "agitação estéril" da velha política brasileira, ponto este de muito relevo na historiografia dedicada ao Segundo Império e à República, e com o qual Caio Prado Jr. caracterizava a vida nacional nos períodos políticos abertos, como no último ano do Estado Novo, no imediato pós-guerra e durante o decênio do pré-64.[16]

O SENTIDO DE UMA REVOLUÇÃO AGRÁRIA NÃO-CAMPONESA

O destino da teorização agrária de Caio Prado Jr. no interior do PCB ainda constitui ponto pouco trabalhado. Já presente no livro de 1933, afirmada em *Formação do Brasil Contemporâneo* (capítulo "Grande Lavoura"), exceto em pequenos artigos e no ensaio "O Problema de Povoamento e Divisão da Propriedade Rural" (1946), incluído o *affaire* da Assembléia Constituinte do Estado de São Paulo, exceto nestas ocasiões, onde aflora a questão da pequena produção, não se pôde ainda localizar adequadamente a dissidência caiopradiana a partir do seu agrarismo de grande empresa, para o período anterior a 1947.[17] Ela vai estar nas Tribunas de Debates do IV e V Congressos, de 1947 e 1960, respectivamente, e irá ganhar corpo nos textos que são publicados na *Revista Brasiliense*, especialmente em *A Revolução Brasileira* que, como se sabe, o historiador dedica ao VI Congresso, de 1967. Em uma larga experimentação, desde o lançamento dos seus fundamentos nas primeiras obras, o *constructo* da "revolução agrária não-camponesa" caiopradiano, ao longo do tempo, vai tornando cada vez mais incisivo o seu argumento.

[16] Caio Prado Jr. via a radicalização das Ligas Camponesas mais como exemplo – cite-se o próprio autor – de "estéril agitação por objetivos no mais das vêzes, na situação que atravessamos, muito além e mesmo inteiramente fora do realizável" (Prado Jr., 1964). Sem o fundamento da visão estratégica do historiador, Fragmon Borges também alertara para aquela mudança de orientação no comando das Ligas Camponesas a partir de 1960 (Borges, 1962; in Santos, 1996b).

[17] Em sua pesquisa, Paulo Iumatti recolheu da revista *Ilustração*, entre outros, os artigos "Mercado Interno e Reforma Agrária" (janeiro de 1944) e "O Trabalho Rural no Brasil" (março de 1944). Quanto ao *affaire* da Assembléia Constituinte de São Paulo, trata-se do conflito entre o PCB e Caio Prado Jr., por este ter proposto, como deputado, uma "medida parcial de reforma agrária" (remanejando o sistema tributário) (Chaves Neto, 1977). O próprio historiador registra que a bancada comunista constituinte tivera a sua atuação sabotada pela direção do seu partido (Prado Jr., 1947).

Com efeito, no texto publicado na Tribuna de Debates do IV Congresso de 1947 (adiado e só realizado em 1954), Caio Prado Jr. voltava ao tema da origem da economia agrária, aqui estruturada para o sistema produtor da grande empresa mercantil, a fazenda brasileira mais se parecendo com a fazenda de escravos romana do que com qualquer formação social representativa do feudalismo. Lê-se, no segundo dos seus sete textos escritos para a Tribuna de Debates do V Congresso de 1960, uma problematização da questão agrária a partir de um recorte que seria "mais diretamente político". Por conta da apreciação que fazia da correlação de forças presentes naquela conjuntura, dizendo não ser possível avançar mais o processo de transformação agrária, Caio Prado Jr. reapresentava a tese do agrarismo de grande empresa mediada pelo problema da tributação como mecanismo generalizador da disponibilização da terra (liberta das travas à "livre mercantilização") (Prado Jr., 1960b; *in* Santos, 1996b). O historiador entendia que esse seria um "passo inicial e preliminar" (*mutadis mutandis*, como a nacionalização em Lênin) de uma reforma (aqui o ponto a destacar) que tanto favoreceria a massas de sem-terra quanto estimularia a economia agrária, melhorando tanto a oferta de empregos quanto as condições de trabalho para o grupo social que ele considerava estratégico (diferente do seu partido: os assalariados e semi-assalariados). Aí já estava perfilada a sua idéia de "reforma agrária mista" e fundamentalmente de revitalização da economia agrária de grande empresa, incluída por certo nesta reestruturação maior a questão camponesa propriamente dita.

Por fim, na obra de 1966, Caio Prado Jr. retomaria a teorização já desenvolvida como pesquisa nos dois ensaios publicados na *Revista Brasiliense* (março/abril de 1960 e setembro/outubro de 1962), e completaria o argumento. Do ponto de vista da formulação geral, ele entendia decisivo denunciar o "apriorismo conceitual" da "teoria" pecebista (que levara o PCB a importar os modelos da IC para construir a sua imagem de

Brasil) e que, segundo ele, havia se convertido em mentalidade e viseira. Agora, ele mobilizava a conceituação leniniana de feudalismo, cujos pressupostos – economia camponesa, extração não-econômica do excedente, ocupação efetiva da terra, empresariamento da produção, etc. – não tinham correspondência significativa na agropecuária brasileira. O que se pareceria mais com a economia camponesa – a pequena produção – restringia-se a áreas de pouco peso econômico e importância secundária (a região das Ligas Camponesas, entre a zona da mata e o agreste, no Nordeste; o Oeste do Paraná, o Centro-Norte de Goiás e o "alto interior do país"; os sertões do Nordeste, da Bahia e de Minas Gerais). Aí residia a questão política: segundo o autor, tal concentração esparsa não haveria de sustentar um processo de reforma agrária de tipo camponês. Daí o ponto sempre reiterado na crítica ao erro que o PCB não queria ver: parcela esmagadora do trabalhador rural vinculava-se aos principais setores produtivos como vendedora de força de trabalho, conformando o único grupo social em condições de protagonizar mobilizações que haveriam de suscitar um processo de mudanças no mundo rural (Prado Jr., 1966; 1978).

Caio Prado Jr. fará da desatenção para com o tema do assalariamento a debilidade política do agrarismo do seu partido. Eis aqui a interpelação: "No que se refere à questão agrária, o Programa de 1961 (sic) inclui dois itens, um relativo à 'reforma agrária', consistente na desapropriação das grandes propriedades incultas ou pouco cultivadas, abolição da meia e terça, entrega de títulos de propriedade aos posseiros, estímulo ao cooperativismo, assistência, etc.; e outro item, colocado em passagem largamente apartada da primeira e com o mais variado sortimento de assuntos de permeio, referente à extensão da legislação trabalhista para o campo" (idem). Comentando o texto, o historiador assim revelava a raiz do problema: "A proposição dessas medidas não se apresenta, contudo, de forma sistematizada, ligada e articulada em conjunto que inspire uma interpretação adequada da realidade brasileira". (Idem).

A debilidade da teoria pecebista levava à duplicidade de orientação a que Caio Prado Jr. aludia, citando esta outra passagem da referida resolução do V Congresso (na verdade, de 1960): "A fim de impulsionar a organização das massas do campo é necessário dar atenção principal aos assalariados e semiassalariados agrícolas. Sua organização em sindicatos deve constituir a base para a mobilização das massas camponesas" (idem). Para Caio Prado Jr., essa proposição não passava de um "cochilo" em relação à ortodoxia antifeudalista, de uma "réstia de bom senso" que logo se desfazia no tópico daquele mesmo texto chamado "Normas de Ação Prática", do qual ele voltava a citar esta outra passagem ("incoerente"): "A organização dos camponeses deve partir das reivindicações mais imediatas e viáveis como a baixa das taxas de arrendamento, a prorrogação dos contratos, a garantia contra os despejos, a permanência dos posseiros na terra e a legitimação das posses, etc." (idem). Com o cotejo, Caio Prado Jr. queria mostrar que a ambigüidade da orientação oficial do PCB provinha de uma compreensão do problema agrário e como ela terminava priorizando o tema da luta pela terra, definindo uma concentração para a práxis agrária em função de uma valorização desmedida dos camponeses, o qual "só freiava" a mobilização do grupo estratégico radicado na ponta moderna da agricultura.

Essa interlocução de Caio Prado Jr. com o seu partido ganha maiores contornos quando se a associa à solução que o núcleo dirigente que sobrevive à crise do estalinismo de 1956/57 deu ao problema agrário na hora de redigir o texto final do V Congresso de 1960, combinando as principais linhas que haviam atravessado os debates desse congresso. Incluída a argüição do próprio historiador (e também de Elias Chaves Neto) que, fazendo correlações várias (questão agrária/mercado interno, conflito capital/trabalho, revolução/política econômica), conferia colorido temático diverso aos argumentos terceiro-internacionalistas que circulavam naquele congresso com maior gravitação.

Uma maneira de se ver a presença do "grupo de Caio Prado Jr." no evento seria olhar para além da disputa que se travava entre a maioria do Comitê Central e a chamada "oposição de esquerda", atentando para outros textos da Tribuna de Debates, por onde transcorriam discussões pouco realçadas pela bibliografia. A hipótese aqui é que, muito mais do que se imagina, ali radicavam demarcações que sugerem, de certo modo até mais propriamente, os traços que ia adquirindo o pecebismo contemporâneo. Por exemplo, a controvérsia entre aqueles que, alinhados com as teses oficiais do congresso, se batiam pelo espírito original da Declaração de Março de 1958, como Alberto Passos Guimarães, o qual inclusive teria sido um dos seus redatores, e aqueles outros que, também aliados ao centro, procuravam monitorar a "nova política", reforçando as cores da sua definição revolucionária, considerada excessivamente débil pelo grupo que, pela esquerda, fazia oposição ao "centro pragmático".

Alberto Passos Guimarães escreveu três artigos para a Tribuna de Debates do V Congresso, procurando, junto com outros articulistas, se interpor àquela conciliação que se armava entre o "centro pragmático" e a ala de esquerda, a qual, ao fim e ao cabo, vai exercer uma influência que terminará impedindo um maior aprofundamento do caminho aberto em conseqüência dos debates sobre o estalinismo.[18] Como aqui não é lugar para tratar daquele debate, apenas se comenta o artigo

[18] Os artigos são: "A Questão das Etapas da Revolução Brasileira", "As Três Frentes da Luta de Classes no Campo Brasileiro" e "Uma Falsificação e Erros Crassos na Questão das Etapas". O primeiro e o último são comentados por Jacob Gorender no seu artigo "Uma Teoria Direitista das Etapas da Revolução". Ao mesmo tempo, interpretando, a seu modo, a nova política de 1958, Gorender dedica ao grupo esquerdista os artigos: "A Oposição 'Esquerdista' e a Contradição Principal" e "Algumas Lições da Vida Prática".

"Uma Falsificação e Erros Crassos na Questão das Etapas", para se ver como nele Alberto Passos Guimarães buscava fundamentar a práxis mista *sindical-camponesa* do seu partido. Expondo o argumento que será, depois, recolhido naquela formulação da Resolução do V Congresso que tanto desagradara a Caio Prado Jr., Alberto Passos Guimarães deixava indicada, no seu artigo para o debate, uma chave de interpretação bem interessante, não só para se qualificar a idéia de revolução agrária não-camponesa caiopradiana, como ainda para se colocar a questão do significado da correlação entre agrarismo e industrialismo, que é tema levado na devida conta pelo Iseb, pelo PCB e também por Ignacio Rangel (Rangel, 1962; 2000) e, bem depois, por aqueles que se voltariam para a conceituação da reforma agrária ampliada (ver, especialmente, Graziano da Silva, 1996; 1998).

Submerso em ícones e temas do V Congresso de 1960 (etapismo, contradições, caráter da revolução e hegemonia proletária, burguesia nacional, antiimperialismo e frente única, democratização e via pacífica, etc.), Alberto Passos Guimarães trazia para o debate o argumento leniniano desenvolvido em *O Programa Agrário da Social-democracia Russa* (1907), opúsculo que em vários outros textos do V Congresso recebe menções no ponto das duas vias de transformação agrária previstas por Lênin – a revolucionária e a de adaptações reformistas –, sem contudo projetar, nos próprios temas da revolução e da política, as dimensões analíticas que serão notadas depois, em meados dos anos 70. Por exemplo, João Amazonas assim aludia ao capitalismo brasileiro: "O capitalismo, seguindo o caminho prussiano, pode se desenvolver no campo, conservando o latifúndio. Pode também o capitalismo crescer, subsistindo a dependência do país ao imperialismo. Um exemplo significativo é o caso do Canadá... Não é o crescimento do capitalismo que leva à independência e às transformações democráticas como se afirma implicitamente nas Teses (nº 25)". Criticando a proposição-chave da Declaração de Março de 1958 que associava desenvolvimento e democratização (e que as Teses do V Congresso repetiam), Amazonas chegava a citar os exemplos de Nasser e, no caso brasileiro, o Estado Novo, quando, "em anos de dura reação", o capitalismo avançou no país (Amazonas, 1960).

Um outro autor, que apenas se assina "Mola", comentava em seu texto para a Tribuna de Debates que essa referência de Amazonas à via prussiana visava tirar "conclusões esquerdistas" do conceito. Em suas palavras: "O caminho prussiano na agricultura de leste da Alemanha fêz época entre os estudiosos da questão agrária na Europa, e nos socialistas (hoje comunistas) de então. Parece-me, entretanto, que aqui o desenvolvimento das grandes fazendas, sobretudo do sul e centro do país, estão seguindo um caminho algo parecido com o sul dos Estados Unidos, nas três últimas décadas do século passado". O autor desconhecido ainda fazia menção ao processo protagonizado pelo *homestead* de Lincoln, ao final da guerra civil de 1864, como política de incorporação do Oeste e recomposição e modernização das grandes plantações após a libertação dos escravos ("Afirma-se que foi essa lei de Lincoln que fêz a grandeza capitalista dos Estados Unidos"). O autor arredondava esse argumento divisando no Brasil um quadro de modernização dos grandes setores econômicos que por si não cancelava a importância da reforma agrária e da agricultura familiar (como ele dizia, os "camponeses independentes"), pensando especialmente no sul do país (Mola, 1960).

Alberto Passos Guimarães também aludia às formas americana e prussiana de evolução agrária, mas se valia de uma passagem menos citada daquele opúsculo, na qual Lênin distinguia as "duas formas históricas da revolução agrária" – a revolução agrária camponesa e a revolução agrária não-camponesa. Com a diferenciação – assim o próprio Alberto Passos

Guimarães expunha em seu texto o subtema leniniano –, o autor russo sugeria haver uma variante de transformação agrária, com lógica e forma distintas em relação à revolução camponesa antifeudal, naqueles países dotados de agricultura totalmente capitalista, ou naqueles outros casos em que o seu "regime agrário" já se achava tão "amalgamado" com a "economia capitalista em geral" que "seria impossível destruir êste regime sem destruir o capitalismo" (Passos Guimarães, 1960c).

Esse tipo de revolução agrária não-camponesa poderia ser liderado por outras classes (no exemplo do próprio Lênin, burguesia industrial e proletariado) e teria por objetivo abrir passagem para o capitalismo na agricultura. Alberto Passos Guimarães retinha a questão para o que seria a (sua) solução do problema agrário colocado por Lênin, citando diretamente o opúsculo de 1907: "Em outras palavras, é possível um país burguês sem camponeses. É possível uma revolução burguesa em um país de considerável população camponesa e que, não obstante, essa revolução não seja camponesa, isto é, seja tal que não revolucione as relações agrárias que afetam em especial os camponeses e não destaque êstes entre as forças sociais, sequer ativas, executoras da revolução" (idem).

Diferente de Caio Prado Jr., Passos Guimarães não dava toda conseqüência à hipótese da primeira parte daquela observação de *O Programa Agrário da Social-democracia Russa*, mas trazia o argumento leniniano para um ponto diverso, sobre o qual queria chamar a atenção: o fato de o Brasil ser "um país de campesinato recente, de movimento camponês atrasado". Ou seja, também aqui ocorreria um tipo de revolução agrária (uma "reforma agrária", como ele prefere chamar) que, sem perder o seu caráter revolucionário (não esquecer o sentido desta qualificação), poderia vir "'revolucionar' várias relações agrárias que afetam os camponeses mas não os afetam em especial, tais como a destruição de muitos vestígios medievais, feudais, escravistas" (idem). Por esta outra hipótese de Passsos Guimarães, a brasileira seria uma revolução agrária que poderia ser iniciada pelos assalariados e semi-assalariados agrícolas, em aliança, desde logo, com os operários urbanos, aliás, a classe revolucionária que haveria de levá-los a participar e dirigi-los no conglomerado da frente única "nacional" e "democrática" das cidades (idem).

Alberto Passos Guimarães lembrava a distinção leniniana para fundamentar a definição do agrarismo de tipo *sindical-camponês* que vinha se impondo na práxis agrária pecebista e seria referendado em 1960 (pela semelhança da resolução aprovada no V Congresso com o seu artigo, ele teria influído na redação do seu texto), novo agrarismo expresso na fórmula: "Atenção primordial aos assalariados e semi-assalariados, afim de *impulsionar a organização das massas* do campo" (os grifos são do autor desta monografia). Ao se ler o próprio Alberto Passos Guimarães explicando o alcance *tático* daquela proposição agrarista, percebe-se ainda a figura de um campesinato revolucionário na mentalidade pecebista: "Enquanto, como está nas Teses, a reforma agrária não se transforma em bandeira dos próprios camponeses, é possível 'revolucionar' certas relações agrárias mediante uma reforma que não é, fundamentalmente, uma reforma agrária camponesa. E, à medida que os camponeses forem levados a participar do movimento agrário, conduzidos pelo proletariado em aliança com êste, a reforma agrária ainda não-camponesa se transformará numa reforma agrária camponesa, o que acontecerá na segunda etapa da revolução antiimperialista e antifeudal" (idem).

Aliás, essa idéia de "incompletude" do campesinato brasileiro – registrada em parte pela sociologia agrária da época, por outros equacionada ideologicamente – aparece em vários autores associada ao conceito de reforma agrária que afirmaria o camponês no mundo real; inclusive, de certo modo, ela reponta em

Caio Prado Jr., a despeito de a sua proposição principal se construir a partir da dissertação sobre a economia agrária como um sistema de grandes empresas e relações de emprego, de cuja dialética – o historiador sempre separava a sua preocupação com a pequena produção de qualquer campesinismo – se beneficiaria aquele campesinato que, em todos os textos caiopradianos, constitui grupo que não se estruturava na "generalidade do país".[19]

Mesmo sem maiores indícios que mostrem intercomunhão entre áreas comunistas e o historiador, é plausível supor que aquele *constructo* de Alberto Passos Guimarães estivesse refletindo a dissertação de Caio Prado Jr., eloqüente que é a sua tematização do "problema camponês" desenvolvida ao modo da tese de Lênin sobre os países sem experiência de feudalismo e de capitalismo agrário travado por óbices residuais; para o historiador de origem escravista, a serem extirpados, ou pela revolução (como no caso americano, pela guerra civil), ou pela política, hipótese na qual estaria pensando Caio Prado Jr..[20]

[19] Em *Diretrizes para uma Política Econômica Brasileira* (1954), Caio Prado Jr. se referia a um campesinato "já esboçado" "que encontrará numa reforma agrária o impulso de que necessita para se integrar na economia rural brasileira em relações puramente capitalistas de produção". Neste texto, ele mencionava "relações de trabalho que pouco se distinguem da servidão da gleba, como a dêsses trabalhadores rurais presos por dívidas a seus patrões, e por isso completamente à mercê dêles. Encontramos disso, quase juridicamente reconhecido, em muitas regiões do Brasil; e endêmico por toda parte, com exceção de raras zonas de maior progresso. Tal situação acha-se aliás pràticamente legalizada pelo Código Civil, cujo artigo 1230 dispõe que o locatário de serviços agrícolas responde pelos débitos do locador para com o locatário anterior" (Prado Jr., 1954: 8). Esse "feudalismo" nominalista não subsiste ao agrarismo de grande empresa do autor. Aliás, esse tema do uso instrumental dessa (e de outras) categorias "nacional-desenvolvimentistas" entre ensaístas dos anos 50/60 está a merecer um melhor exame (em relação a Nelson Werneck Sodré, ver, por exemplo, Oliveira Filho, 1999).

[20] Vale relembrar que, em Caio Prado Jr. e em Sodré, o atraso constitui algo pretérito, mas ainda *condicionante*. Bem depois, à luz das dissertações sobre as "revoluções pelo alto" (prussianismo, revolução passiva), Luiz Werneck Vianna discute para o contexto de 30 a correlação que Lênin fazia entre o tema agrário e o formato do político, operando a hipótese de que aquela relação (junto com o sentido de potência econômica das instituições corporativas e um poder público que crescera à proporção do seu particularismo) deixara, entre outras marcas, a debilidade da institucionalidade política (Vianna, 1976). Este autor alude àquela terceira variante das duas vias de evolução agrária notada por Lênin e também menciona a falta de um campesinato dinâmico no país. Trabalhando o modelo de Barrington Moore, Elisa Pereira Reis também chama a atenção para as conseqüências político-conservadoras do tipo de encaminhamento que a questão do trabalho rural teve no período pós-Abolição e para a precocidade da tutela do poder público em relação aos grupos sociais, marcando o sistema político brasileiro (Pereira Reis, 1982).

A interpelação caiopradiana da feudalidade faz extenso percurso até chegar a uma tematização diversa da revolução camponesa, afinal, concluindo-se como uma espécie de "ampliação" do conceito de reforma agrária – uma "renovação da economia agrária", como ele próprio chamava. Integrada à dissertação sobre o sistema de grande empresa e relações de emprego que se assentou na agropecuária ao largo do mundo rural, a formulação caiopradiana da revolução brasileira é a de uma revolução *agrária* e *nacional*. O primeiro termo alude tanto à origem de uma população que participa da economia apenas como uma "classe em si", e que ainda vivia longe dos padrões ocidentais, quanto à idéia de concluir a conformação da nacionalidade ao modo da Abolição; o segundo termo *nacional*, referindo-se à conotação de um capitalismo de desenvolvimento "regular" e sustentado, diferentemente do industrialismo pós-30, no sentido de instituinte de relações complexas e dinamizador da vida nacional.

Aquele *constructo* de Alberto Passos Guimarães também permitiria aferir o quanto eram fortes as resistências em alguns grupos e publicistas do PCB em conceber naquela época uma revolução agrária não-camponesa, conforme a hipótese de Lênin, sobremaneira se protagonizada, como queria Caio Prado Jr., *do princípio até o fim*, por um ator agrário diverso dos camponeses. Se a proposição caiopradiana não fazia sentido para a cultura política comunista, os círculos pragmáticos do PCB temiam as suas conseqüências práticas, seja porque achavam que ela implicava no esvaziamento do protagonismo camponês, peça (sem o exagero de Julião, como se verá na polêmica dos comunistas com as Ligas) considerada estratégica para o tipo de revolução que, pelo menos em algumas áreas pecebistas, ainda se tinha em mente; seja porque temiam que o realce na força de trabalho empregada significasse um programa de socialização na agropecuária, suscitando o redimensionamento da idéia de revolução de natureza antifeudal e antiimperialista (também chamada de "nacional e democrática") (Santos, 1996a).[21]

Mas esse tipo de reação à obra de Caio Prado Jr. não aparece no V Congresso sob a forma de um motivo para distanciar o núcleo dirigente do PCB do historiador. Tudo indica que a sua interpelação anticampesinista se perdera em meio à disputa acirrada que a corrente majoritária defensora do texto-guia do congresso travava com o grupo radicalizado que ainda resistia à nova política de 1958. Registre-se que Caio Prado Jr. convergia com os críticos das teses no ponto da "contradição principal nação/imperialismo", mas isso não significava que o historiador tenha se alinhado à esquerda, sendo até mesmo interessante fazer algumas observações sobre este ponto. Primeiro, observe-se que, nos artigos que Caio Prado Jr. escreve para a Tribuna de Debates do V Congresso, mesmo sem com ela polemizar, o historiador apresentava uma diferenciação em relação à "oposição de esquerda" ainda maior que a do "centro pragmático". Por qualquer dos lados, o agrarismo caiopradiano não teria passagem fácil, pois, heterodoxa, a sua concepção de reforma agrária não-camponesa não apenas significava privilegiar as demandas trabalhistas, como ainda até mesmo, em determinadas circunstâncias, valorizar a tributação como um mecanismo de pressão para generalizar o acesso à terra, como já se fez referência. Ademais: o seu pensamento político, e não apenas agrário-historiográfico, vale dizer, a política formulada pelo historiador tem muito pouco a ver com os grupos de esquerda que escrevem naquele congresso. O tipo de medidas que Caio Prado Jr. propunha para reformar a economia agrária *realmente existente* no país expressava mais uma associação com o que ele

[21] O próprio Alberto Passos Guimarães revelaria depois, até com mais ênfase do que no texto de 1960, esse tipo de reserva, ao dizer que "A negação ou mesmo a subestimação da substância feudal do latifundismo brasileiro retira da reforma agrária sua vinculação histórica, seu conteúdo dinâmico e revolucionário" (Passos Guimarães, 1964: 34; ver também Kageyama, 1993).

chamava, reiteradamente, de "reestruturação da economia nacional", lembrando o caminho do *West* americano, como um *take-off* para o capitalismo. Os pontos estratégicos da sua reforma agrária configuram-se mais como política econômica, anterior à revolução, e ostentam características assaz pouco doutrinário-revolucionárias, apesar da retórica bem acentuada destes textos mais partidistas de Caio Prado Jr..

VICISSITUDES DO AGRARISMO SINDICAL-CAMPONÊS

Em lugar de se arriscar em incursões de "marxismo nacional", o PCB fará outro percurso: abalado pelo XX Congresso do PCUS, irá por um caminho de pedras, procurando ultrapassar a "couraça ideológica" estalinista de que fala Moisés Vinhas (Vinhas, 1982). Seguindo o próprio faro que lhe dizia ser hora de abandonar a política "de revolução no curto prazo", cujas versões recorrentes de "golpismo" e de "pressa pequeno-burguesa" ele mesmo denunciava a si próprio, em inúmeros documentos, como um atavismo e ônus da tradição. Será muito lenta a superação do agrarismo instrumental que se havia consagrado no Manifesto de Agosto de 1950, texto no qual os conflitos agrários eram vistos como pontos para a montagem de uma Frente Democrática de Libertação Nacional, imaginada como uma coalizão a ser dirigida pela classe operária e o seu partido comunista (Santos, 1988), ao modo da experiência chinesa. Mas, desde os primeiros anos 50, notam-se no PCB passos em direção a uma política agrária mais aberta, como se pode ver na Resolução Sindical aprovada pelo Comitê Central em 1952 (PCB, 1952). Há toda uma movimentação no PCB que vai terminar na criação da União dos Lavradores e Trabalhadores na Agricultura Brasileira (ULTAB), em 1954, o trabalho agrário comunista se concentrando no Estado de São Paulo, para onde inclusive se deslocam algumas lideranças oriundas das mobilizações camponesas do começo da década (Sanches, 2000).

Durante as controvérsias de 1956/57, Agildo Barata iria converter num ponto de discussão o notável descompasso entre o chamado movimento camponês, muito pouco desenvolvido, e a mobilização nacionalista que ia em crescendo. Este seria um dado que indicava estar o processo revolucionário daquela época ainda em uma fase inicial de acumulação de forças, o que implicava, segundo ele, que se devia atentar para o problema da ampla frente única. O ponto para o qual Barata queria chamar a atenção era o de que somente o surgimento de um governo nacionalista e democrático, que introduzisse democratismo na vida política nacional, poderia criar condições para uma mobilização popular em grande escala (Barata, 1957).

Por fim, a Declaração de Março de 1958 veio trazer de volta a idéia de frente única, agora, pela experiência acumulada nos anos golpistas do pós-54, a ser exercitada de maneira duradoura – a partir da articulação pluriclassista do nacionalismo –, inaugurando o que passou a ser chamada no PCB de "nova política". É aí quando também começa a aparecer, usando expressão atual, uma tendência à *tática melhorista* da sociedade, isto é, uma percepção das coisas mais apegada ao velho aforismo segundo o qual "transformações de qualidade, sem as de quantidade", tornavam irreal o projeto de mudança social e levavam ao aventurismo político, como se pode ver em alguns textos do imediato pós-58, como, por exemplo, o de Marco Antonio Coelho chamado "A Tática das Soluções Positivas" (Coelho, 1960).[22]

[22] Esse texto chama a atenção pelo menos por duas passagens. Primeiro, a posição a favor da tese das reformas de estrutura com democracia como via alternativa a 1917, como vinha propondo o PCI desde o XX Congresso do PCUS. O autor concordava com essa *política de renovação democrática* (sic), chegando a citar Enrico Berlinguer para explicá-la: "A palavra de ordem de desenvolvimento econômico e político democrático e de reformas de estrutura nada têm em comum, pois, com uma política reformista que se propõe apenas introduzir, pela cúpula no sistema capitalista, determinadas correções de caráter paternalista. Para nós uma política de desenvolvimento democrático e de reformas de estrutura significa que, sobre a base do avanço do movimento de massas, podem ser levadas a efeito radicais transformações na esfera da produção, que constituam outros golpes contra as grandes concentrações da propriedade e do Poder". Em outra passagem, Marco Antonio Coelho observava que o novo caminho pressupunha "um clima de democracia, quando haja respeito pelos direitos inscritos na Constituição. Sendo assim a tática das soluções positivas determina que se trave a defesa das liberdades e o combate pelo aperfeiçoamento do regime democrático" (idem).

Em suma, era reagindo ao impacto ideológico que a crise do estalinismo provocava em suas fileiras, de onde o PCB veria caminho à frente para adequar o modo de fazer política ao contexto de "frente única permanente".

No entanto, a reorientação da práxis agrária seguirá um curso mais lento e sinuoso. Ao mesmo tempo em que se superava o velho campesinismo, a partir da idéia de superioridade da classe operária – na fórmula da aliança operário-camponesa –, aquele *constructo* de Passos Guimarães representava um passo à frente e equacionava a questão do campesinato revolucionário ainda débil no país. Aproximava-se do paradigma sindical de Caio Prado Jr., mas reafirmava o privilegiamento do aliado camponês como uma marca de "verdadeira política comunista" que algumas áreas a mobilizavam para contrarrestar os arroubos dos dissidentes de 1956/57 que, justamente, pediam revisão daquela fórmula, como condição para abrir passagem para a política de frente única.

Como já se aludiu anteriormente, trabalhando com uma teoria "possível", o "centro pragmático" do Comitê Central fora encontrar a "solução" da politização da questão agrária, ou seja, inscrevê-la na lógica de uma formação social sob impacto de um capitalismo nacional em expansão. O que, nesse enfoque, mais rompia com o marxismo estagnacionista anterior, era a centralidade da noção "nacional-desenvolvimentista" de "obstáculos estruturais", cuja conotação cepalina sofreria uma espécie de ressignificação à Mao Tsé Tung, transformando-se nas chamadas "contradições" fundamentais. Posto em alto relevo o avanço de um processo industrialista que opunha a nação ao imperialismo, o moderno urbano ao atraso rural e ao chamado "monopólio da terra", fazia-se agora uma leitura otimista da dinamização que o país vinha experimentando, tanto na sociedade civil quanto na vida política nacional, que evoluía no sentido da democratização. Teria sido esse processo democratizante que revivera entre os comunistas o interesse de pôr novamente em circulação os dois opúsculos leninianos emblemáticos: *As Duas Táticas da Social-democracia Russa* com o tema da autonomia do político em contexto de transição do tradicional para o moderno capitalista, e *O Programa Agrário da Social-democracia Russa*, monografia que também trazia proposições cruciais para o equacionamento da evolução do mundo rural, como já foi referido anteriormente.

A nova orientação da política havia levado a uma reproblematização, embora parcial, da questão camponesa. Em lugar de continuar preso à ortodoxia do passado recente, o PCB abria uma trilha em sua formulação política e redimensionava a hierarquia e os lugares dos atores sociopolíticos-chave na frente única pensada como instrumento estratégico da revolução. Além da burguesia nacional, proletariado, assalariados rurais, semi-assalariados e camponeses, o novo raciocínio procurava ampliar o campo popular, realçando o papel das classes médias urbanas, cujo protagonismo histórico Nelson Werneck Sodré havia realçado em seu livro de 1962, classes bem mais políticas que seriam valorizadas pelo PCB no VI Congresso de 1967 como "aliado fundamental", situadas no modelo pecebista a um mesmo nível de importância que o dos camponeses.

Essa redefinição do movimento camponês, a partir de um parâmetro desenvolvimentista, esvaziava a velha "teoria" da aliança operário-camponesa, mudando o modo de ver o tema agrário: de problema nacional-camponês, como na tese feudalista, ele passava a ter uma conotação de uma questão nacional-antiimperialista. Por esse tipo de caracterização cepalino-nacional-desenvolvimentista, tinha-se agora um "problema camponês" que significava administrar as dificuldades para estruturar aquela incorporação dos grupos agrários e levá-la a bom termo no contexto de modernização industrial e democratização ainda em curso. A questão da nacionalidade, como no pensamento social, era vista no PCB como industrialização e desenvolvimento (ver Declaração de Março, as Teses e na Resolução do V Congresso de 1960; e também Nelson Werneck Sodré).

É com esse tipo de percepção que, em conflito com o seu próprio terceiro-mundismo, o PCB do pós-54 vai reconhecer, como queria Barata, a debilidade e isolamento das lutas camponesas dos primeiros anos 50. Pela via intuitiva, a sua práxis agrária consistirá no estímulo a uma mobilização camponesa que importava em acesso à cidadania, ao sindicato e ao voto, e, desde logo, a ganhos reais; um pragmatismo que os comunistas chamavam de luta por "medidas parciais de reforma agrária", avanços só garantidos à medida que um (ou sucessivos) governo(s) "nacional e democrático(s)" afirmasse(m) programas de reformas estruturais.

Por certo, vista aos olhos de hoje, essa concepção de política revolucionária ainda se encontrava indefinida em muitos pontos, mas se pode dizer que o PCB já não tinha dúvida de que o processo reformador significava, quanto menos, uma etapa da revolução brasileira, de desenvolvimento industrial com democracia política; um curso histórico a se constituir no plano da política através de muitas mediações, descontinuidades e gradualismo, pela "via pacífica", isto é, sem a derrocada da ordem social.

Aliás, esse tema da impossibilidade de 1917 nunca aparece problematizado por completo, embora ele às vezes fique bem sugerido em algumas proposições de documentos pecebistas que parecem reunir várias proposições do tipo: desenvolvimento econômico e tendência permanente à democratização, gradualismo e sucessão de governos reformistas, democracia política, via pacífica e tática das soluções positivas, etc. Tem-se a impressão de que elas esboçam o que seria, no caso do PCB, uma espécie de "via política ao socialismo", como é claríssimo na elaboração, muitíssimo mais completa, sobremaneira intelectualmente, dos comunistas italianos.

Percebido o mundo rural menos como um mundo de completa feudalidade sob invasão de um capitalismo desintegrador das suas virtualidades autárquicas, aqui se propunha a questão dos camponeses como tema da incorporação de grandes contingentes à modernização nacional. Isso era bem diferente de uma "regeneração" social a partir de virtudes comunitárias e valores da tradição, como se pensou na ponta populista do debate russo, e de uma mobilização disruptiva ao modo das revoluções de 1848 e russa. Aquela incorporação dos contingentes agrários será vista ora como processo de integração à economia monetária em reforço ao impulso industrialista (Cepal, Iseb, etc.), ora simultaneamente como incorporação ao "mercado interno" e como extensão da cidadania e "substantivação" da democracia política, esperando-se do último processo um movimento capaz de viabilizar grandes mudanças.

A política agrária pecebista abrira passagem em meio à conciliação que o grupo pragmático do Comitê Central processava, como se viu na fórmula do V Congresso, entre a tradição operária e uma mobilização camponesa com base num ator moderno – os assalariados e semi-assalariados –, sem revestir tal formulação de consistência moderno-sindical, como queria Caio Prado Jr.. O relançamento recorrente no PCB do "fim último camponês" significava que a herança do velho agrarismo camponês fora mal resolvida. O realismo introduzido na práxis agrária a partir dos anos 50, sem ser uma adesão ao "Ocidente agrário" caiopradiano, convivia com um resíduo de ideologia campesinista, visível na Resolução do V Congresso de 1960, justamente ali onde não ficava claro se já se entendia plenamente que era o contigente dos "empregados rurais" aquele que abria passagem para os "camponeses", grupo este menos numeroso e de constituição não-generalizável, ou se ainda se esperava que estes últimos viessem, em última instância, "alavancar" o processo político, como ocorrera nas revoluções sociais que serviam de modelo. Nestes termos as coisas, quando o mundo real lhe dificultava o caminho para o sindicalismo mais puro e o compelia a disputar os camponeses com as Ligas, o PCB se envolvia com uma camada social (posseiros, arrendários, pequenos proprietários, eiteiros) tensionada por uma lógica de extrema conflitividade em torno da qual se formava um cenário camponês significante para operações de grande radicalidade, como se entendia em outras áreas da militância sociopolítica daquela época.

Sem a teorização agrária de Caio Prado Jr., o PCB "não tinha" como não terminar experimentando as pressões dos seus próprios setores "orientalistas". Às vezes o grupo dirigente lhes dava combate (Dias, 1962), noutras conciliava, especialmente quanto eles resistiam à tendência ao descentramento dos camponeses na frente única, tensionando a própria idéia de frente única, nessa época já concebida mais em torno de uma aliança com as classes urbanas.

Como está avaliado em documentos (PCB, 1967; 1980), às vésperas da derrota do governo Goulart, o PCB iria oscilar entre cumprir um papel decisivo e trabalhar por uma "frente ampla" que desse continuidade ao reformismo goulartiano, ou se deixar paralisar pelos resíduos da sua antiga cultura política de revolução. Inclusive a Declaração do Comitê Central de dezembro de 1962 (PCB, 1962) expressava a dúvida introduzida no gradualismo político, na "tática das soluções positivas" e de reformas parciais, abrindo a porta para o que, então, se chamava "combate à conciliação de direita" de Jango, acenando-se para a idéia da formação de um outro governo mais disposto a acelerar o tempo das reformas de base. O texto "O Povo Exige Reformas de Base" (PCB, 1963) também revelava como, à época, a direção partidária ainda tentava conciliar a orientação gradualística com as pressões radicalizantes, para que se priorizassem as "questões substantivas" e as soluções de curto prazo, como registra José Antonio Segatto, ao fazer o balanço dessas tendências entre dirigentes comunistas (Segatto, 1995). Essa variação na conduta política do PCB mostrava como a antiga mentalidade comunista ainda recobria a clarividência de outras áreas desse partido (que, como Santiago Dantas, também reclamavam prudência ante a marcha da conspiração golpista). Ela registrava a tensão de um partido que se debatia entre uma idéia de revolução como *renovação democrática* da sociedade, então ainda muito frágil, e a tradição terceiro-internacionalista, mais difusa no conjunto dos militantes, sem que o PCB dispusesse de uma "teoria da revolução brasileira" ao modo do esforço dissertativo de Caio Prado Jr..

Essa ausência de uma orientação básica na práxis política também pode ser aferida na última interpelação que Caio Prado Jr. faz às "forças populares e progressistas", às vésperas de 64. Justamente em um artigo dedicado ao tema agrário e publicado no último número da *Revista Brasiliense*, Caio Prado Jr. voltava a se queixar das correntes de esquerda (não só do PCB) por elas continuarem insistindo quase unicamente no aspecto da divisão de terras ("reforma agrária radical", "terra para quem nela trabalha").[23] Neste texto, o historiador paulista apóia o seu modelo de "renovação da economia agrária" no exemplo das greves canavieiras de Pernambuco que, durante o ano de 1963, haviam reivindicado o cumprimento da legislação trabalhista e obtido ganhos salariais expressivos. Em seu registro daquela época, Caio Prado Jr. chamava a atenção para o impac-

[23] Em nota apensada nesse texto, "já depois de impresso", como ele explicava, Caio Prado Jr. comenta três documentos das correntes de esquerda e centro-esquerda, às vésperas de 1964: a) uma nota conjunta da Frente de Mobilização Popular, CGT, UNE, Liga Feminina, UBES e Ação Popular; b) o texto "Sugestões Iniciais para um Programa de Govêrno que Faça as Reformas de Base", encaminhado por Santiago Dantas às entidades representativas para um debate de comprometimento de um novo ministério do governo Goulart; e c) o texto "Posição dos Comunistas", este publicado no jornal *Novos Rumos*, de 24-30/1/64. Caio Prado Jr. reclamava da "subestimação da efetivação e aperfeiçoamento da legislação rural-trabalhista", com a ressalva de que apenas o PCB fazia uma "ligeira e muita apagada referência à legislação do trabalho, sujeitando à desapropriação as propriedades que não a cumprirem"; "Os demais pronunciamentos silenciam inteiramente o assunto" (Prado Jr., 1964).

to da mobilização agrária na região de Palmares em três ordens de efeitos: a) elas provocaram uma "verdadeira transmutação" nas condições de vida dos seus trabalhadores rurais; b) a região dinamizara-se (maior movimento comercial em curto espaço de tempo, etc.); e c) ali também já estaria em curso aquilo que, em outros textos, ele chamava de "efeito econômico" da pressão que as lutas reivindicativas da força do trabalho exerciam para abrir ainda mais o acesso à terra.

Fazendo o contraste com a "agitação" da luta pela terra, Caio Prado Jr. avaliava aquela experiência como uma movimentação que descortinava "amplas perspectivas de reforma e renovação econômica e social e podemos até dizer política". Caio Prado Jr. via a luta pela terra restrita a regiões excepcionais e sem condição para ultrapassar o estágio de agitação, correndo o risco de servir a "projeto dos outros", como diria mais tarde José de Souza Martins, paradoxalmente se referindo à práxis agrária do PCB, em última instância, polemizando com o historiador por este se concentrar no tema da *exploração* e não no da *expropriação* (Martins, 1981; ver também Faria, 1990, e Santos, 1998). Ao invés de inclinar-se à radicalização das Ligas Camponesas, o historiador reclamava do desinteresse das "forças populares e progressistas" pela principal frente de luta, a dos trabalhadores rurais da zona canavieira do Nordeste, dos cafezais de São Paulo e Paraná, da zona cacaueira da Bahia, etc., isto é, pela questão agrária "na generalidade do país", onde ela marchava muito lentamente (Prado Jr., 1964). Para Caio Prado Jr., o "apressamento da transformação e da renovação da economia agrária" requeria que as esquerdas mudassem a sua mentalidade de luta pela terra e se concentrassem numa mobilização agrária, como aquela de Pernambuco – o modelo que voltará em *A Revolução Brasileira*.

No pós-64, após várias divisões, ao invés de radicalizarem os resíduos do seu agrarismo camponês, os comunistas que seguem no PCB iriam tornar mais intermitentes os "cochilos" (a expressão caiopradiana) na valorização do assalariamento e do sindicato (ver textos do VI Congresso de 1967). Em 1967, um credenciado publicista do PCB reconhecia o valor do agrarismo sindical de Caio Prado Jr.: "A verdade é que se notava, durante o governo Goulart, uma limitação da luta dos lavradores pela posse da terra ou por melhores condições de arrendamento. Contrastando com isso, destacou-se bastante a mobilização dos assalariados agrícolas em tôrno da aplicação das leis trabalhistas no campo (salário mínimo, férias, descanso semanal remunerado, etc.). (Tavares, 1967).

Ressalte-se ainda que a intelectualidade "eurocomunista" que, em meados dos anos 70, iria fazer uma releitura não-clássica da formação social, também lançaria um outro olhar sobre o papel das classes agrárias na constituição do capitalismo brasileiro (por exemplo, Ribeiro, 1975 e 1988; e Vianna, 1976). Sem ser uma retomada da antiga controvérsia agrarista, trabalhando a hipótese de um prussianismo brasileiro, os textos dessa vertente comunista não só sugerem pontos para uma nova explicação da formação social brasileira, como ainda, lembrando a problematização do último Engels, põem a discussão sobre a democracia política em uma raiz nacional, sugerindo pensar uma estratégia de reversão do elitismo da vida política brasileira como condição necessária para o desenvolvimento nacional com justiça social.

A ensaística de Ivan Ribeiro fornece vários daqueles pontos. Esse autor dizia que, com a evolução da agricultura, no pós-64, em direção oposta à estagnação que lhe prescreviam os dualismos nacional-desenvolvimentistas, tornava-se necessário equacionar a questão agrária de um modo novo. Primeiro, seria preciso reconhecer que o latifúndio não impedira o fortalecimento do capitalismo nem aguçara as contradições entre as frações industrial e comercial da burguesia urbana, como também observam outros autores. Segundo, era preciso atentar para o fato de que, pela modernização acelerada induzida pelo regime militar, a agricultura já deixara de ser o lócus dos setores mais atrasados da economia (Ribeiro, 1975). Ribeiro dirigia o seu ensaio para esse tema (bem caiopradiano) do capitalismo agrário sob a égide da grande propriedade, olhando, porém, para as transformações do pós-64, nas quais ele via um processo de modernização da agricultura – ao modo prussiano –, que ia substituindo gradualmente os procedimentos "feudais" por procedimentos burgueses, mas com *timing* e abrangência menores que os das mudanças no mundo urbano, onde os valores mercantis-capitalistas avançaram com mais impetuosidade na preparação do processo modernizante da segunda metade do século XIX em diante. Segundo o jovem autor, nessa contemporaneidade, em que "misérias modernas" coexistiam com "misérias antigas", a reforma agrária manteria o seu papel misto – ao mesmo tempo em que visava a liquidação dos anacronismos, a sua não-realização não significava necessariamente – aqui ele se distanciava da noção de "obstáculo estrutural" – a interdição do industrialismo, como se acreditou até bem entrados os anos 60.

O ponto do autor consistia em que não se devia subestimar a importância econômica de uma nova área criada com a reforma agrária, a qual, por sua vez, exerceria tanto a função de ampliar o setor de pequenas e médias propriedades produzindo bens alimentícios, quanto a de mecanismo para absorver mão-de-obra; mas sem cair no exagero do pré-64 e continuar concebendo a reforma agrária como premissa incontornável para o avanço do capitalismo nacional (idem). Pelo argumento de Ribeiro, já não se justificava uma reforma agrária apenas como um processo de tipo camponês ("a terra para quem nela trabalha") nem o estímulo à criação de uma economia camponesa no setor moderno da agricultura, onde se deveria ampliar a luta por melhores condições de trabalho, aplicar a legislação trabalhista e aumentar o associativismo. Isso, porém, não implicava menosprezo à economia familiar camponesa, a qual, lembrava o autor, por ainda não ser capitalista, poderia ter grandes benefícios com uma reforma agrária à americana e representar um progresso considerável para amplos contingentes (Ribeiro, 1983).

Pode-se observar ainda que, em certo sentido, o autor buscava ultrapassar a ambigüidade do seu PCB, quando o conceito de democracia foi introduzido para dar conta tanto da questão agrária camponesa quanto da "questão democrática" – numa formulação, até bem entrados os anos 70, ambígua –, sugerindo mais o tema da incorporação econômico-social que o da democracia política, tal como esta emerge da controvérsia sobre a crise do estalinismo. Ribeiro deslocava a problemática da reforma agrária do "estrutural", de como era na tradição nacional-desenvolvimentista, para o âmbito do "institucional", chegando a falar de uma maneira de "pensar politicamente a questão agrária", "com o objetivo de tornar possível aos camponeses e trabalhadores rurais entrar no jogo político enquanto força de classe e com individualidade", isto é, levá-los para dentro do sistema político (idem).

Quanto aos efeitos secularistas da extensão do capitalismo no mundo rural, Ivan Ribeiro observa a "modernização excludente" da agropecuária que estava levando a uma diferenciação "para baixo", com a dissolução das pequenas propriedades e a transformação dos camponeses em trabalhadores volantes e assalariados nos centros urbanos regionais, como então já descrevia a bibliografia, e ainda se mantém atento para o processo de fragmentação social. Ele também percebia que se os camponeses, com sua crescente desestruturação, cada vez mais perdiam a definição econômico-revolucionária que a tradição marxista-comunista lhes conferia, "eles" começavam a viver nos (ou em interação com) grupos sucedâneos, desenvolvendo um protagonismo de outro tipo.

Inclusive para aquele contexto de situações sociopolíticas novas, convergia a penetração da mídia no campo, verificando-se um outro processo de socialização à medida que acelerava ainda mais a erosão da ordem de mando oligárquica das sociedades "agrárias" local e regional (idem). Interrompido pela morte do seu autor em 1987, este argumento pecebista se singularizava como uma variante da confirmação pessimista da "morte do campesinato" que vaticinara Marx e agora vinha relembrar Erich Hobsbawm, dizendo que ele havia se concluído nas proximidades do fim do milênio. No caso do *constructo* agrarista de Ivan Ribeiro, o destino do mundo rural era visto filtrado pela vocação emancipatória do melhor da tradição marxista: a partir da idéia de que ele não tem porque deixar de se conciliar com a democracia política, com a modernidade econômico-social e com a cultura, como vêm fazendo há tempos as cidades.

Com o correr do tempo, o agrarismo de grande empresa e sindicato teria se consumado na Contag, na sua fundação pelo PCB, em 1963, e no pós-64. Inclusive, quando a própria Contag sai à superfície da redemocratização do país, as suas greves canavieiras desse tempo novo lembram que não fora por acaso que Caio Prado Jr. inspirara o seu modelo de "revolução agrária" naquelas outras greves rurais de 1963. Todavia, anos depois, no final da década de 70, à hora do término da influência pecebista remanescente no sindicalismo rural, o agrarismo caiopradiano ainda permanece com os seus elementos de subcultura política – acrisolados a partir de toda uma tradição intelectual e política e postos em prática, *malgrée tout*, pelo PCB, pelo menos desde 1952, até àquela época do início da segunda fase da grande transição, ainda em curso, na passagem para os anos 80. Ainda a *interpelar* a nova tendência de valorizar os camponeses pelos seus modos de ser, que se difunde através do *aggiornamento* da práxis agrária da Igreja, inclusive alcançando uma publicística de ciências sociais que vai tematizar a questão da terra e da expropriação do pós-64 (Santos, 1998). A dissertação caiopradiana não tem serventia para essa ressignificação das lutas camponesas que então "pontilhavam o país". Ela não é alheia à denúncia do economicismo e ao avanço da "territorialização do capital" dos tempos do regime militar. Muito pelo contrário. A sua idéia de "revolução agrária não-camponesa" de grande empresa, empregados, sindicatos e universalização da lei, trazendo experiências de composição do direito a núcleos importantes de cidadãos, alude a uma "grande transformação" do mundo rural. Dificilmente Caio Prado Jr. seria incluído em qualquer postura de instrumentalização dos camponeses, que é o que então se criticava no PCB como cultura "leninista" e "operária", tal como a descreve a bibliografia, principalmente a sua parte vitoriosa que vai protagonizar o segundo debate agrarista daqueles primeiros anos 80 (idem).

CAPÍTULO 2:

O MARXISMO ESTRANHO DE CAIO PRADO JR.

Coloque-se agora uma referência que, como aquela de Alberto Passos Guimarães, alude a um outro tema de Caio Prado Jr.: o "sentido keynesianista" da sua Economia Política. Antes, porém, registre-se que, por coincidência, também foi um pecebista, bem menos conhecido, Calvino Filho, quem fez a primeira menção ao marxismo "estranho" de Caio Prado Jr., em dois artigos, "O Revisionismo Econômico que Revive..." e "O Sr. Caio Prado Jr. e a Falsa Tese dos 'Capitalistas Sóbrios'", publicados, em 1957, em *Novos Tempos*, a revista de seis números que circulou logo após o encerramento dos debates sobre o estalinismo no PCB. No primeiro texto, o articulista reagia a uma recensão crítica que, à época, Caio Prado Jr. fizera a uma reedição modificada do Manual de Economia Política de Lapidus e Ostrovitiánov e identificava a raiz do comentário ("não-marxista") caiopradiano na superestimação que o historiador conferia em seu texto à categoria do consumo (Filho,

1957a). No outro, Calvino Filho também aludia ao viés circulacionista do autor de *Formação do Brasil Contemporâneo* (Filho, 1957b), mas também sem fazer menção ao livro no qual o historiador o propõe como critério de interpretação da sua historiografia nem à monografia de 1954 sobre a política econômica, que ocupará boa parte deste capítulo.

Persistente, essa argüição do marxismo estranho de Caio Prado Jr. vai reaparecer em textos de Assis Tavares (1967), Florestan Fernandes (1968), de Bresser Pereira (1989) e, bem mais recentemente, na tese de doutoramento de Igor Zanoni C. Carneiro Leão, *A Matriz Teórica de Caio Prado Jr.: a Nação Inconclusa* (Carneiro Leão, 1994).[24]

Como já se mencionou anteriormente, este autor procura demonstrar que há em Caio Prado Jr. um empobrecimento ao longo do tempo. Pelo utopismo cada vez maior nos últimos textos, faltara ao historiador o vigor analítico que se mantém, por exemplo, em outro clássico, como Celso Furtado, cuja vitalidade não se perdera à medida que ia este chegando à obra madura (Carneiro Leão, 1994). Segundo Carneiro Leão, por conta daquele viés consumista, a Caio Prado Jr. "escapa aspectos" marcantes da evolução da formação social, especialmente os do pós-64, não apresentando o historiador a perspicácia de outras teorizações, como as que iriam descrever os traços da industrialização tardia brasileira (idem). Até mesmo em relação à própria tradição intelectual, Caio Prado Jr. exibia uma "visão pequena" a respeito da teoria de Marx sobre o significado das forças produtivas, da endogenização, da acumulação e do ciclo econômico.

Aquele intérprete diria ainda que, à medida que o historiador escreve novos textos, o seu projeto vai se tornando cada vez mais irrealista e atribui a tendência ao fato de, diversamen-

[24] Ainda sobre o marxismo caiopradiano, consultem-se dois outros trabalhos mais recentes: "Caio Prado Jr.: o Primeiro Marxista Brasileiro", de Bernardo Ricupero (Ricupero, 1998; e também 2000), e "Caio Prado Jr.: Sentimento do Brasil" , de Rubem Murilo Leão Rêgo (Leão Rêgo, 1998).

te do "marxismo crítico pós-Cepal" (sobremaneira aquele que nos anos 70 reavalia Keynes e Kalecki), ele não se atualizara, mantendo imutável o seu conceito dos anos 30 e 40 de "economia nacional" como núcleo da obra mais recente, chegando até mesmo a desconhecer a abertura do país às transnacionais no pós-64. Ancorado na sua categoria de consumo, sobretudo na acepção de consumo dos assalariados ("potenciais"), Caio Prado Jr. continuaria associando *crise de subconsumo-necessidades/satisfação das necessidades da população*, comprometendo toda a sua elaboração, que assim não passaria de uma construção distante da teoria marxiana da economia madura.[25] Na opinião de Carneiro Leão, a proposição caiopradiana da "reestruturação de uma economia voltada para o consumo da população", não teria outro significado que a de uma "mera proposição abstrata", de tipo socialista, igualmente utópica (idem).

Radicais, Calvino Filho e Carneiro Leão chamam a atenção tanto para o sentido "neomarxista" das teses caiopradianas sobre o Brasil, apontando o deslize circulacionista, quanto para o tema do "marxismo estranho", sem atinar, porém, para o modo como o historiador equacionava o estudo de uma sociedade "historicamente determinada", como a brasileira, que o levava a ajustar o "marxismo teórico", objetivando visualizar a "dialética" da sua conformação e evolução com vistas a fundamentar a práxis sociopolítica.

PENSANDO A REVOLUÇÃO PELOS FUNDAMENTOS DA FORMAÇÃO SOCIAL

Para os padrões do mundo comunista brasileiro daquela época, é curioso que Caio Prado Jr. aponha aos seus comentários

[25] Registre-se que, no contexto da novidade da "teoria da dependência" da segunda metade dos anos 60, foi Fernando Henrique Cardoso um dos primeiros a desconstruir o imaginário do pré-64, procurando tanto erodir a noção de "obstáculos estruturais" quanto revelar o voluntarismo político de fundo estruturalista das teorias catastrofistas sobre a inviabilidade do capitalismo no Brasil. O autor de *Autoritarismo e Democratização* fazia do modelo marxiano acima referido o núcleo do argumento da sua dissertação sobre a economia do pós-64 (Cardoso, 1973; 1974).

das Teses preparatórias do IV Congresso de 1947 o título de "Os Fundamentos Econômicos da Revolução Brasileira". Ali ele não só recusava a tese da feudalidade como já imprimia à formulação política alguns traços da sua dissertação sobre a formação social brasileira. Valendo-se da distinção "clássica" de Leroy-Boilieu (ver Leonídio, 1999), a sua teorização versará sobre uma "colônia de produção" que aqui se estruturara como obra de "uma vasta empresa comercial, mais complexa que a antiga feitoria", destinada a explorar os recursos naturais em função das demandas do comércio internacional.[26] Em suma, neste texto de 1947, Caio Prado Jr. repete o conhecido trecho de *Formação do Brasil Contemporâneo*: "Tudo se disporá naquele sentido: a estrutura social bem como as atividades do país" (Prado Jr., 1947).

Segundo Caio Prado Jr., diferentemente do que prescrevia a Internacional Comunista, os traços da economia colonial *realmente organizada* no Brasil incluíam: a) a grande propriedade monocultora explorada em larga escala (e não a exploração camponesa) com base no trabalho escravo; b) outros processos constitutivos da sua contemporaneidade pelos quais passara a formação social, como a Independência e a "desagregação" (sic) daquele sistema em 1888, quando se substituíra o escravismo pelo trabalho juridicamente livre; e c) desde o final do século XIX, tivera a experiência da modernização trazida pelo capital financeiro internacional, que já se havia instalado no país sem resistência, "automaticamente" (sic). O autor reconhece que se esse vínculo "para fora" acrescia a dependência, mas também aportara "um grande estímulo para a vida econômica do país (...). O aparelhamento moderno de base com

[26] "Se quiséssemos estabelecer um paralelo com a economia brasileira, deveríamos buscar no mundo antigo; é o que fêz o próprio Marx, comparando nosso tipo de exploração agrária (o "sistema de plantação", como é designado), com as explorações agrícolas de Cartago e Roma (*O Capital*, Livro III, cap. XVII)" (Prado Jr., 1947). "Não é assim uma economia feudal nem 'relações feudais de produção' que representam a primeira etapa da evolução histórica brasileira". Caio Prado Jr. definia a economia colonial brasileira como formação "colonial" fundada (em seu setor agrícola, que era o principal) no sistema de plantação, isto é, "num tipo de exploração em larga escala, que emprega o trabalhador escravo" (idem).

que conta a economia brasileira é quase todo ele fruto do capital financeiro internacional. E não é apenas sua contribuição material que conta; com ela vêm o espírito de iniciativa, os padrões, o exemplo e a técnica de países altamente desenvolvidos, que trouxeram assim para o Brasil alguns dos fatôres essenciais com que contamos para o nosso progresso econômico" (idem). Depois, a economia evoluíra em moldes industriais, mas só se desenvolvera parcialmente, formando uma indústria "muitas vezes defeituosa, freqüentemente apenas como expediente oportunista frente a embaraços de momento que iam surgindo". O autor está sempre dizendo que o industrialismo teve aqui caráter ocasional e que daí resultara a indústria "precária e incompleta que possuímos, mal aparelhada e onerosa para o país, que representa com sua produção cara e de qualidade medíocre um pesado tributo imposto ao consumidor nacional" (idem).

A revolução brasileira – de curso longo, como a que Marx define no prefácio de 1859 – consistia num processo de soerguimento das forças produtivas nacionais, de continuidade àqueles "primeiros passos" (sic) de modernização, chamada a reestruturar a economia com base numa mobilização dos recursos naturais e do trabalho "em função perspícua da existência dos indivíduos e da comunidade nela enquadrados; e, não servir em primeiro lugar interesses estranhos" (idem). Segundo Caio Prado Jr., para romper com o "longo passado colonial", esta revolução brasileira à Abolição teria de realizar: a) reformas destinadas, antes de tudo, a "completar a transição do regime de trabalho escravo para o trabalho juridicamente livre há mais de meio século, mas ainda submetido, mais ou menos disfarçadamente em um sem número de casos, para um novo regime de trabalho efetivo e completamente livre" (por sua dimensão agrária *lato sensu*,[27] a revolução brasileira precisaria

[27] Usa-se a expressão para aludir ao sentido de constituição da força de trabalho nacional, processo pensado por Caio Prado Jr. a partir de uma ampla reestruturação ao modo do movimento de 1888.

de políticas econômicas e administrativas "de vulto, que não podem ser uniformes para todo o país, dada a variedade das relações de trabalho vigentes em suas diferentes partes") (idem); b) "paralelamente", fazia-se necessária uma reorganização da produção, da circulação e demais elementos do sistema produtivo "em função das exigências do consumo da população brasileira tomada em conjunto. Começando-se por atender às necessidades mais elementares da grande maioria do país que se acham longe de uma satisfação conveniente: alimentação, saúde, vestuário, habitação" (idem).

Ainda sem todos os contornos da alternativa que parece já ter em mente, Caio Prado Jr. então dizia que a revolução brasileira não era uma revolução para remover as "sobrevivências feudais" e abrir "perspectivas amplas para o progresso do regime capitalista". Já aí o historiador adiantava um tipo de diferenciação que depois irá manter em relação ao reformismo que ele atribui ao seu partido: "Não é a debilidade do nosso capitalismo o responsável pelo atual estado de coisas no país e o atraso de nossa economia" (idem).

Há outros indícios nesse texto dessa "formulação das tarefas da revolução brasileira" a partir da singularidade da formação social. Mencione-se a comparação que Caio Prado Jr. faz do capitalismo europeu e americano com o atraso econômico e a miserabilidade da população brasileira. O historiador argumentava que os fundamentos daquele capitalismo bem-sucedido – a livre concorrência e a iniciativa privada – não viriam abrir no Brasil a rota de progresso, porque, além de não se dispor dos mesmos recursos que lhes deram êxito, tinha-se aqui uma população "rarefeita" e "dispersa", inclusive com uma "história de formação caótica e (que) sofrera as contingências de um multissecular desconforto tanto material como moral". E dizia mais: "Não é comparável por isso aos povos da Europa e da América do Norte", sendo impossível, nesse quadro, repetir aqui aquele capitalismo movido por um "enérgico individualismo e o forte estímulo da iniciativa privada". O autor de *Formação do Brasil Contemporâneo* voltava a dizer, no texto de 1947, que, no Brasil, a iniciativa privada ainda poderia ser mobilizada – "tem muito a realizar aqui"–, se não deixada "a seu alvitre e livre", mas "estrictamente regularizada", direcionada, "até mesmo substituída", "sempre que convir, pela ação direta do Estado" (idem). Ele tinha em mente uma grande transformação: "Em suma, tratase de aproveitar o capitalismo naquilo que ele ainda oferece de positivo nas condições atuais do Brasil e contê-lo e o suprimir mesmo no que possa se opôr às reformas que o país necessita. E, ao mesmo tempo, ir preparando os elementos necessários para a futura construção do socialismo brasileiro" (idem).

O fato de os excursos sobre a economia urbana, exceto em algumas descrições de *História Econômica do Brasil*, não terem a mesma visibilidade da dissertação do capitalismo agrário, os vem mantendo fora do interesse do historiador de idéias. Só ultimamente começam a surgir observações sobre as associações que, em seus artigos políticos da *Revista Brasiliense*, notadamente em *A Revolução Brasileira* e seus apêndices, Caio Prado Jr. fazia entre a natureza do industrialismo brasileiro – de formação "ocasional" e "empirista" – e a estruturação – inadequada da vida política nacional. Vem-se atentando para a presença de alguns pontos da "dissertação" sobre a vida política nacional que aparece nas análises de conjuntura, avançandose hipóteses sobre a importância de algumas categorias mobilizadas pelo historiador. Essas ocasiões da sua publicística, em que há interseção da teoria de Brasil com a percepção do militante, mostram não só o *substractum* que o afastava do seu partido como chamam a atenção para a importância da relação entre vida intelectual e práxis política em Caio Prado Jr.. Não é mero acaso que, por entre as dimensões de marxismo e de pensamento social, ele defina o "sentido" da revolução brasileira como uma espécie de continuação da obra de 1888 – esse "fatôr máximo de transformação econômica e social ora em curso" que "devemos revolucionariamente levar a seu termo" (Prado Jr., 1947) –, e que, para além da linguagem formal da sua tradição, ele realize ajustes em seu Materialismo Histórico adotando um ponto de vista matizado no domínio da Economia Política.

TRUÍSMO E TAUTOLOGIA NA LEITURA DE KEYNES

É neste sentido que o texto de 1954 traz todo um argumento sugerindo que Caio Prado Jr. – dele aparentemente distante – pertence ao mesmo mundo do pecebismo. Enquanto o conjunto do PCB se envolvia, durante todo o ano de 1954, numa nova tentativa de realizar o IV Congresso, "alheio" a essa atividade excessivamente intramuros, Caio Prado Jr. aparece disputando a cátedra de Economia Política da Faculdade de Direito da USP. Segundo relata Elias Chaves Neto, para este concurso público o historiador apresentou a monografia *Diretrizes para uma Política Econômica Brasileira*, ensaiando uma explicação formal da responsabilidade que o imperialismo tivera no atraso e na miséria de amplas camadas da população brasileira. A finalidade política da operação era usar o evento intelectual para romper com o simplismo puramente denuncista ("pobre e apenas denuncista") com o qual o PCB via o movimento nacionalista, conferindo-lhe "um novo sentido". O espaço acadêmico não só lhe valeria como meio de intervenção mas também como oportunidade para publicar, no mesmo ano de 1954, a tese do concurso.[28]

Enquanto o IV Congresso reafirmava as linhas gerais do Manifesto de Agosto – como é sabido, um marxismo-leninismo da IC para países coloniais e dependentes que induzia à caracterização do Brasil como um país estagnado[29] –, Caio Prado Jr.

[28] Como lhe pediam alguns dos seus companheiros de partido. Aquela ação intelectual, revela em suas memórias o mesmo Elias Chaves Neto, expressava a origem e a plataforma programática do projeto da *Revista Brasiliense* (Chaves Neto, 1977). Não por acaso o livro foi publicado pela própria Editora Urupês.

[29] A revista *Problemas* divulgou no nº 64 de dez. de 1954/jan. de 1955 um relato sobre esse congresso, no qual as resoluções aparecem aprovadas por unanimidade (in Vinhas, 1982; Santos, 1988).

retomava em seu texto os temas da formação do país como nação e das relações de trabalho no mundo rural. Reunia-os agora para constituir uma "nova" teoria da dependência, nova em relação ao desenvolvimentismo da Cepal. Lembrando o movimento do d*eslize juvenil* do marxismo circulacionista, a monografia *Diretrizes para uma Política Econômica Brasileira* tem um tema – como conceber uma política econômica de reestruturação da economia – que não é resultado do acaso, mas parece vir ocupar lugar na idéia de revolução, perfilando outros contornos do comunismo caiopradiano de reformas capitalistas.

Caio Prado Jr. não muda, reafirma e às vezes simplesmente repete proposições-chave dos livros básicos. O próprio texto de 1954 ilustra esse tipo de mobilização da obra histórica na definição da política. Inclusive por sua "natureza acadêmica", ao não ostentar revestimento doutrinário, a reapresentação de teses vem em cores mais nítidas ainda. Da dissertação sobre a Colônia, novamente o autor mencionava a empresa comercial (um "negócio precário") e os ciclos econômicos, incluído o café, que foram apenas vínculos com o mundo moderno que não estruturaram uma economia de impulsos internos. Mas a repetição não era tão linear, se se observa que, neste ensaio, para conceituar o tipo de formação social que fora aqui a colônia de produção, o autor mobilizava um outro "dualismo", cujo equacionamento *pareceria vir antes* da remissão à dualidade da dialética da relação forças produtivas/relações de produção conforme o prefácio marxiano de 1859. Nesse passo "metódico", o dualismo "caiopradiano" serviria para, de um lado, aludir ao tema comum do setor da economia orientado para fora, que era dinâmico; e, de outro, realçar a existência de um corpo nacional, apenas à mercê dos estímulos que aquele lhe perpassava.

Não se compreenderia a lógica de uma formação social como a brasileira enquanto não se superasse a perspectiva "estática", ou seja, o viés problemático do eurocentrismo que, segundo autor, não permitia que se valorizasse devidamente a "experiência da história", como na tese cepalina de uma nova onda de propagação do progresso que chegaria até os países subdesenvolvidos. Mesmo naquele final do pós-guerra, daquela época de Reconstrução e de desagregação do velho mundo com a Descolonização, Caio Prado Jr. não esperava que a generalização do progresso econômico provocasse uma eventual mudança do sistema colonial. O historiador, ao contrário, dizia que "a economia terá de aguardar a política" (no industrialismo pós-30, a "economia" desordenadamente se pusera à frente da política, cf. Prado Jr., 1945b), agora, em lugar de acreditar naquele novo naturalismo, afirmava o historiador, devia-se recorrer ao "método dialético e seu dinamismo imanente" (sic) para se ter uma perspectiva mais realista, a qual, por sua vez, exigia um outro tipo de operação intelectual (Prado Jr., 1954).

Nestes termos, o problema do entendimento da formação social brasileira teria solução adequada se se concedesse maior relevo ao fato de que aqui as relações capitalistas sempre vieram de fora e que, até mesmo as grandes transformações, como 1888 e 1930, não tiveram origem num desenvolvimento endógeno das forças nacionais, com a prévia decomposição de um mundo pretérito, como no caso europeu; o industrialismo, por sua vez, não passando de uma "transformação superficial que não atingira os fundamentos da estrutura brasileira" (idem: 78). O autor observava ainda que, enquanto na configuração de tipo oriental, em alguns momentos, como nos casos de guerra e ocupação dos seus territórios, as nações coloniais se viram tensionadas e tiveram de opor uma concentração de forças nacionais a um elemento-invasor (uma resistência de "estruturas sociais e econômicas consolidadas por um longo passado" (sic), diversamente, a vinculação da "colônia" brasileira ao sistema econômico mundial se dera, desde o início, como parte de uma globalização, à qual o país fora se integrando "quase imperceptivelmente", dela recebendo influxos progressistas, mesmo que em posição cada vez mais subordinada.

O problema do subdesenvolvimento brasileiro devia ser compreendido como um industrialismo incompleto, como uma estruturação desarticulada das atividades econômicas, na qual as modernas iniciativas do capitalismo financeiro internacional "não se enquadram harmônicamente na economia nacional, mas constituem aqui partes destacadas e desconexas que compõem realmente organismos estranhos" (idem: 101).

Segundo o historiador, o caminho para uma estratégia capaz de reverter o quadro "colonial" passava pela concepção de uma política econômica definida com "segurança e precisão", evitando-se o "utopismo" e atendendo-se às suas circunstâncias específicas. Ele dizia que, em primeiro lugar, não se devia perder de vista a natureza do sistema sobre o qual se iria operar, um "sistema individualista e anárquico", orientado pela lei do valor, e cuja estruturação – este um ponto que não podia continuar subestimado –, afinal, se expõe no mercado. Era daí que se devia partir, afirmava ainda o autor, lembrando o cânone anunciado na obra de 1942, em direção a uma "ciência normativa" (sic) adequada a uma formação como a brasileira, começando-se pelo exame das condições de funcionamento do mercado "no sentido amplo do termo e genérico de setor para onde convergem as atividades econômicas em geral, e produtivas em particular" (idem).

Como também o fazia a Cepal, o autor equacionava o ponto a partir da diferenciação dos mercados pelo contraste de modernismo e vitalidade que exibiam no conjunto da economia, mas mobilizava aquele seu outro "dualismo" agora com o intuito de problematizar o sentido da integração entre os "dois setores do mercado brasileiro".

Aqui, Caio Prado Jr. propunha a questão do mercado como um tema que, tal como a produção fora para a Economia Clássica e para Marx, estava a merecer uma teorização que era crucial para se poder pensar os "países coloniais"; teorização essa, segundo ele, menosprezada e ainda carente de "tratamento sistemático e teórico adequado" no país (sic). O tema dessa problematização – a dinâmica entre os mercados interno e externo, conforme a lei dos ciclos, de efeito positivo quando o setor agroexportador lhe transmitia energias, recessivo, quando se retraía – era a natureza torta dessa relação dual que conformara uma economia irregular e muito precária, sem um "centro dinâmico" constituído em função da constelação de recursos, humanos e naturais *estruturados como nação*.

Os avanços importantes que representavam 1808, 1822, o café e o mercado de trabalho, sobremaneira 1888 e também 1930, são movimentos inconclusos que redundaram numa modernização superficial e "desordenada". Ancorada no poder público, a industrialização terminou sendo apenas fruto do favorecimento de "bons negócios para todos" (sic), sem viver um processo de autogênese e os estímulos da concorrência intercapitalista, deixando de contar com a pressão dos sindicatos como um elemento importante para o aumento da produtividade, aqui contidos pela "máscara de ferro" do Estado Novo, usando a expressão de um autor (Vianna, 1976). Em suma, aqui a questão consistia em entender a natureza de um capitalismo parcialmente industrializado e que não se generalizaria para o conjunto da formação social, enquanto não se alterasse aquele "ponto de partida" que fazia do industrialismo brasileiro uma espécie de "indústria negativa", isto é, um produto da origem fortuita, resultado de uma solução encontrada para resolver um problema proposto pelo próprio sistema colonial.[30]

[30] Cite-se Caio Prado Jr.: "Ela resulta, como vimos, de uma insuficiência das exportações para cobrirem as necessidades da economia brasileira, o que significa uma debilidade do sistema colonial que deveriam em princípio bastar-se com seu mercado próprio, isto é, satisfazer os débitos do país que êle mesmo determina, com as exportações que constituem sua mola mestra. A indústria forma, assim, originàriamente, um aspecto negativo daquele sistema" (Prado Jr., 1954: 133).

Como no texto de 1947, agora Caio Prado Jr. tornava a comparar o industrialismo brasileiro com o exemplo clássico, deixando mais visível um outro ponto. Enquanto nos países capitalistas se consolidou uma economia na qual "as atividades econômicas em geral se integram num conjunto em que as forças atuantes se condensam e corrigem mùtuamente para evitarem, pelo menos normalmente, desvios e desequilíbrios excessivos", o que aqui se formou foi um sistema marcado pela "desarticulação completa da produção e do mercado". Essa *marca genético-estrutural* perdurara no que ele chamava de "flagrante desproporção" entre as *necessidades da população*[31] e os "estreitos limites" que esse tipo de industrialismo impunha ao desenvolvimento das forças produtivas *nacionais*. Alargar a base do industrialismo para que ele se tornasse "sustentável" e generalizasse os benefícios do progresso, geográfica e socialmente, só adviria de uma reforma da economia que integrasse a produção e o consumo, quando então eles evoluiriam "paralela e harmônicamente, sem serem condicionados, cada qual do seu lado, pelo fator estranho de um mercado externo em que a oferta e a procura independe dêles" (Prado Jr., 1954: 160). Esse é o sentido da proposição programática de estruturação de uma economia nacional em função das necessidades do país, "capaz por conseguinte de mobilizar toda a sua população válida, e portanto de transformar aquelas necessidades em demanda efetiva e estímulo daquela mesma produção" (idem).

Diferentemente da "ciência normativa" da Cepal, Caio Prado Jr. deslocava o tema do subdesenvolvimento latino-americano da condição de mero "diagnóstico" – à espera da onda de progresso e do planejamento *naturalístico* dos fatores pro-

[31] A respeito da "demanda da maioria da população", o autor esclarecia tratar-se de uma demanda, "num caso já traduzida e noutros traduzíveis em fatôres de estímulos da atividade econômica". Ele se referia tanto ao consumo urbano, ainda débil, quanto ao "pauperismo endêmico e disseminado" no mundo rural, tema, como se sabe, do cuidado do amigo do historiador, Monteiro Lobato.

dutivos – para o dilema da vida histórica, para a tensão do *conservar* (ele chega a falar de "perecer") ou *transformar*, o próprio autor relembrando o primeiro debate "clássico" brasileiro entre os que enfatizavam o problema da capitalização e os "empreendimentos produtivos", e aqueles outros, como Simonsen, defensores da planificação para o "desenvolvimento das forças produtivas e um aparelhamento material do país". Recusando a ânsia por "produção e produtividade", Caio Prado Jr. iria demarcar a sua Economia Política *marxista*: "As minhas reservas são relativas ao destaque que lhes é dado, sem a consideração que a meu ver deveria ser preliminar, ou pelo menos conjunta e no mesmo plano, da questão do consumo e do mercado. No caso brasileiro, e entre os dois pólos do mecanismo econômico, a produção e o consumo, a oferta e a procura, escolheria o segundo como ponto de partida e baliza do assunto" (idem: 194).

Diferente também dos primeiros clássicos das décadas de 30 e 40, a abordagem caiopradiana da formação da nacionalidade será "econômica",[32] nisso não muito longe da problematização isebiana. Sem embargo, a fórmula caiopradiana da "conexão povo-mercado interno no emblema da Abolição", construída no realce do tema do "consumo", por onde o seu marxismo o levara a pensar a nacionalidade, resultava ser um *constructo* bem curioso que lhe reservaria, tanto neste domínio da Teoria Econômica, quanto no das suas conseqüências políticas, um lugar de solidão, apesar da completa identidade que Caio Prado Jr. sempre mantém com o mundo marxista brasileiro.

Esse retorno ao circulacionismo da obra de 1942 como uma "reproblematização progressiva" da obra caiopradiana es-

[32] Não esquecer que a primeira edição de *Evolução Política do Brasil* trazia o subtítulo "Ensaio de Interpretação Materialista da História Brasileira", e que o autor enfatizava a história dos 40 anos da "Revolução da Independência" (1808/48) e sua "revolução de 48" pelo ângulo aumentado dos movimentos populares ("Há muito que se faz sentir a necessidade de uma história que não seja a glorificação das classes dirigentes", citava Caio Prado Jr. nesse livro de 1933 a Max Beer da sua *História Geral do Socialismo*).

taria revelando uma concepção de reforma do capitalismo *sui generis*. A rigor, o circulacionismo está presente em diferentes momentos. Aparece em *História Econômica do Brasil* (1945),[33] repete-se no prefácio que Caio Prado Jr. escrevera em 1945 para o livro *Política Alimentar*, de Pompêo do Amaral (texto descoberto por Paulo Iumatti em suas pesquisas), perpassa a conceituação caiopradiana de "terra de negócio" e *homestead* em "Problemas de Povoamento e a Divisão da Propriedade Rural" (1946), está bem presente agora em 1954 (ver também a outra tese de concurso, *História e Desenvolvimento*, de 1968) e segue, depois, estruturando as concepções de revolução agrária (não-camponesa, realçando o fator trabalho) e urbana (desenvolvimento não-mercantilista, enfatizando o elemento incorporativo da produção).

Se em *Evolução Política do Brasil* (1933) revisara a historiografia, agora, no equacionamento de 1954, Caio Prado Jr. colocava a Teoria Econômica no tempo da reflexão keynesiana e dos neodesenvolvimentismos do pós-guerra. Como ponto de partida, ele punha, à frente de qualquer outra, a consideração sobre o efeito corrosivo que 1929 provocara no paradigma da Lei de Say – "a produção cria o seu próprio mercado"–, justamente conferindo importância à "revolução keynesiana", como ele a chama algumas vezes, sempre usando as aspas. Keynes não só havia teorizado a política econômica já então testada "por alguns estadistas práticos" para "provocar o que pela lei de Say deveria resultar automàticamente da produ-

[33] Lê-se ali este comentário acerca da modernização contemporânea do país: "O progresso desta nova economia em germinação é condicionado pela constituição e ampliação de um mercado interno, isto é, o desenvolvimento do fator *consumo*, praticamente imponderável no conjunto do sistema anterior, em que prevalece o elemento *produção* (...) A abolição da escravidão, em particular, trouxe neste sentido grande concurso, pois transformou de um golpe quase um milhão de indivíduos, até então meros instrumentos de trabalho e produção, em consumidores efetivos ou pelo menos potenciais. Não foi menor o efeito da imigração maciça de trabalhadores europeus, de nível nìtidamente superior ao do antigo trabalhador brasileiro ..." (Prado Jr., 1945b: 298-99).

ção, isto é, o mercado para ela" (Prado Jr., 1954: 196), como viria representar uma profunda mudança de mentalidade.[34]

Convém citar o próprio historiador, numa passagem em que ele avaliava o sentido que vem ter para o Brasil o keynesianismo como política econômica: "Embora as condições do Brasil sejam tão profundamente distintas daquelas para as quais teorizaram e medicaram os economistas da 'revolução keynesiana', essa 'revolução' e a autoridade que traz no seu bojo podem servir entre nós pelo menos para facilitarem o deslocamento do ponto-de-vista de muitos economistas e orientadores da política econômica do país, da questão da produção para o consumo; o que no Brasil, e nas condições atuais é particularmente importante, como logo veremos. É claro, segundo penso, que tôda a recente teoria econômica de prevenção e terapêutica anticíclicas não tem e não pode ter projeção futura muito grande, porque em matéria de aprofundamento das contradições do sistema capitalista, ela não vai muito além do reconhecimento de que tais contradições são mais profundas do que pensava a Economia Política clássica; e que o 'livre jôgo dos fatôres naturais' não é suficiente para corrigir os desajustamentos do sistema, como acreditavam os pais da Economia Política do século passado" (idem: 197).

Para Caio Prado Jr., até aí chegava o "revolucionarismo" keynesiano. Como ele não ia além da "superficialidade de sua terapêutica anticíclica, fazia-se necessário avançar rumo a uma outra Teoria Econômica que terminasse convertendo as intervenções na economia – praticadas em momentos de crise (contexto em que eram ações "alheias" aos "titulares do capital", observava ele) – em parte constitutiva de um processo duradouro e estratégico que restaurasse o "verdadeiro papel de sa-

[34] Em seu livro de 1959, Celso Furtado dizia que a defesa do café nos anos da grande depressão concretizara-se como um verdadeiro programa de fomento da renda nacional "de maior amplitude que a que se tenha sequer preconizado em qualquer dos países industrializados" (Furtado, 1959; 1964: 222). Aqui se chegara a comprar o produto, inclusive para sua destruição ("Estávamos, na verdade, construindo as famosas pirâmides que anos depois preconizaria KEYNES", idem).

tisfação das necessidades humanas" que deveria ter a produção, proposição esta que certamente ultrapassava o quadro de referência burguês. Segundo o historiador, a pertinência do keynesianismo no Brasil de 1954 exigia atentar para o fato de que aqui o cenário era o de uma "obra ainda de construção" do capitalismo, no qual avultava a realidade de um consumo não-integrado ao conjunto do sistema, diferentemente da sua estruturação clássica. Mas, em sua Economia Política, ele não deixava de trazer de volta o tema da colônia de produção do pensamento social brasileiro: "Não é o consumo dos indivíduos engajados na produção que faz o mercado dessa produção, e sim o consumo de outros indivíduos completamente estranhos àquela produção e largamente dela apartados" (idem: 199).

A elaboração de uma Economia Política brasileira que fosse além do "lembrete" keynesiano[35] só seria possível para Caio Prado Jr. se se recorresse aos ensinamentos da história, como ele o faz ao dissertar sobre o sentido da formação da nacionalidade e nos excursos sobre o industrialismo brasileiro. O historiador percebe o imbróglio em que se metera, pois não só se havia envolvido numa controvérsia de interpretação de Brasil, como o seu circulacionismo também estava pondo em dúvida o próprio marxismo, aos padrões da cultura marxista-leninista, visto muito estranho e "pouco econômico". É o que ele mesmo dizia a propósito da centralidade que conferia ao tema do consumo: "Isso pode parecer um truísmo, e de fato considerado teòricamente e sobretudo nos dias de hoje, assim é" (idem: 200).

Com tal comparação ele sugere que, depois de 1929, com o paradigma keynesiano se recolocava o problema do consumo

[35] Com esse termo, o autor queria distinguir o alcance prático, meramente terapêutico, do sentido geral que poderia vir a ter o "keynesianismo" ("A nova Economia vem assim ao encontro, de certa forma, das necessidades teóricas de uma Economia a ser elaborada para nossas condições, nossos fins e propósitos. Não no seu conteúdo, repito, que envolve fatos bem distintos daqueles com que devemos lidar; e sim no seu ponto de partida, bem como na prática essencial a que leva e a que em derradeira instância se reduz; a saber, a de estímulo do consumo"). (Prado Jr., 1954: 199-200).

no próprio marxismo, devendo-se caminhar em direção a uma Teoria Econômica ampliada; o truísmo significando que ainda não se tinha fundamentação no estoque de conceitos marxistas-leninistas disponível. Em todo caso, o ponto da monografia de 1954 consistia em realçar a importância diferenciada que o tema do consumo tem para o capitalismo clássico e para os países dependentes. O autor estabelecia a diferenciação – indispensável para se entender a situação brasileira –, dizendo que, nos "casos modelares", o mercado figurara como uma "realidade sempre presente", algo com o qual "não se devia preocupar" (sic), como na aurora do capitalismo e antes das crises periódicas, quando o problema econômico dominante era o da *produção*, aquele capitalismo não passando de sua organização, como emblemático na Revolução Industrial. No Brasil, diversamente, a organização da produção sempre foi uma questão "subsidiária" e "secundária" para a economia nacional: o problema do mercado é que sempre se constituíra na questão decisiva.

Ciente de que empreendia um movimento contracorrente, o próprio Caio Prado Jr. referia-se a sua proposição como "aparente tautologia", conquanto que na sua fórmula o que era causa, conforme ensinava a bibliografia (clássica e marxista), aparecia como efeito, isto é, na sua Teoria Econômica ampliada "não constitui a produção e o seu nível um fatôr ponderável, no essencial da economia brasileira, de estimulação econômica" (idem: 203).

Por esse caminho, ao invés de procurar por uma "acumulação" primitiva na formação do capitalismo brasileiro e pensar em sua substituição mediante expropriações a partir do uso da força, ou render-se a um reformismo que, no contexto da internacionalização da economia do pós-64, teria de ser uma "incorporação seletiva", lembrando novamente uma expressão de um sociólogo carioca, aquela Teoria Econômica "marxista" de Caio Prado Jr. vai realçar "a política dos mercados internos aproveitáveis" (existentes ou potenciais) como a principal base para sustentar ("sem modificações substanciais nas relações de propriedade") as reformas que gerariam os impulsos para um capitalismo que "necessita de uma larga reorganização e redistribuição dos elementos estruturais do país que lhe abram perspectivas que ainda faltam" (idem: 229). Embora pareça uma proposição imprecisa, devido a que o autor a derivava da falta de "condições econômicas e políticas", não deixa de ser interessante citar novamente o texto de 1954, num trecho em que o historiador não via perspectiva próxima para mudanças radicais: "Não é administrativa e politicamente que se realizará a reforma do atual sistema colonial da economia brasileira", inclusive pensar em socialismo "com a entrega a órgãos estatais da responsabilidade pela direção e manejamento total das fôrças produtivas do país, é se não fantasia de visionário, certamente maneira disfarçada de entravar as reformas que desde já se impõem e que não precisam aguardar um socialismo ainda irrealizável" (idem: 235-36).

À parte suas aporias, neste texto de 1954, Caio Prado Jr. reconhece três forças "ainda do capitalismo", "configuradas politicamente", que levariam adiante aquele processo revolucionário: desde logo, o proletariado; em segundo lugar, um campesinato ainda em vias de afirmação ("já esboçado"); e, por último, uma burguesia industrial e comercial, autônoma ao imperialismo, "capaz de dirigir sua iniciativa para a estruturação de uma economia nacional" (idem: 237). Ao ator público caberia uma ação reitora em duas outras direções estratégicas: a) desde logo, para reestruturar as relações agrárias, eliminando as "formas semi-servis" remanescentes, completando a "liberdade de trabalho" como cidadania plena (generalização da lei trabalhista) e modificando o estatuto da propriedade fundiária para tornar a terra produtiva; e b) o ator público também deveria atuar nas cidades, no terreno das relações trabalhistas e do direito social, convergindo sua ação com a movimentação reivindicatória dos assalariados, da qual, em última instância, viria a pressão de estímulo aos avanços no domínio da técnica e da organização da produção, como no modelo clássico. Em meio àquele mundo de desarticulação estrutural e privatismo, Caio Prado Jr. considerava a ação do poder público indispensável para promover aquelas reorganizações que, pelo seu atraso e urgência, exigiam um esforço tão grande quanto o dos planos qüinqüenais da URSS; tremendo esforço que os capitalistas brasileiros não podiam dispender. Ao Estado ainda caberia evitar "todos os desperdícios, desequilíbrios e convulsões" próprios da liberdade econômica, da concorrência e da livre iniciativa privada.

Como ele próprio dizia, pensar em um "desenvolvimento de uma economia verdadeiramente nacional" a partir daqueles dois processos sociopolíticos – rural e urbano –, em termos de uma reorganização econômica com base no alargamento do consumo e do mercado, era a sua "tautologia" (idem: 239). Mas esse auto-reconhecimento de uma área de risco em que transitava em nada empalidecia a raiz "histórico-estrutrural" fincada na formação social que justamente lastreava as suas dissertações, e não o afastava da Teoria Econômica e dos temas da "população" e da "produção" nem o colocava à mercê do cosmopolitismo marxista-leninista.

Neste texto caiopradiano, o intervencionismo estatal ora é proposto como estímulo à iniciativa privada, para que ela viesse a se desempenhar como "mola mestre" do processo de transformação da economia brasileira, ora é apontado pelo autor como lugar de generalidade. O historiador fazia aqui uma observação bem sugestiva do *estatuto* "não-capitalista" do reformismo que defendia: a política de suplementação do "livre jôgo dos fatôres naturais" teria sucesso como reforma do capitalismo na medida em que os participantes do processo "deixarem de ser ùnicamente *atores* da sua história e vida coletiva, para se fazerem também os seus *autores*" (idem: 155-56). A mobilização do elemento subjetivo viria a ser uma força renovadora privilegiada, inclusive essa catarse atores/autores conferiria maiores possibilidades para que o trânsito ao moderno se desse, como ele dizia, "tanto mais suavemente e com menos choques e desperdício de energias, quanto maiores forem (fossem) aquela consciência, compreensão e intencionalidade acertadamente orientada" (idem: 155).

Em dois outros textos, publicados em 1957, Caio Prado Jr. voltava a discorrer sobre o que ele chamava de "nova teoria econômica ortodoxa" inaugurada por Keynes. O primeiro artigo, "Livre Iniciativa Econômica e Iniciativa Estatal", chama a atenção por duas anotações que o historiador fazia a propósito de "1929". Na primeira delas, ele dizia novamente que a "descoberta" keynesiana havia tornado senso comum a função do poder público no funcionamento regular do capitalismo; e, na outra, retornava ao tema da relação regressiva lucro/salário na geração da crise subconsumista para infirmar a hipótese da compulsão dos lucros a se autoinvestirem sempre em busca de acumular e sempre mais acumular. A leitura que o economista inglês fazia da lei capitalista do ângulo de uma formação social "historicamente determinada" e em crise – realçando o tema do "produto social não-absorvido pelo consumo final" – apontava numa direção diversa da ortodoxia que pregava recessão e "abafamento" autoritário (termo do historiador) da vida dos assalariados (Prado Jr., 1957a). Com a "revolução keynesiana", o Estado assumiria um novo papel de ator público bem diferente, e a terapêutica anticíclica tornar-se-ia menos episódica, podendo evoluir como uma "revolução permanente", a partir da política.

No *Esboço dos Fundamentos da Economia Política*, o tema da desarticulação produção/consumo se recolocava em termos da problemática da formação de capital (na linguagem cepalina), como uma dissociação entre acumulação e inversão, agora esta última cada vez mais às mãos do capital estrangeiro, cujos critérios de operação, estranhos à nação, só aumentavam aquele "hiato". Caio Prado Jr. voltava a insistir em que a política anticíclica de solução "imediatista e mais ou menos empírica" teria de se redimensionar: "A experiência todavia tem demonstrado, sobretudo nos últimos decênios, e de maneira evidente depois da grande crise de 1929, que as situações reputadas de anormais que obrigam à intervenção econômica direta da autoridade pública, se tornam não só mais freqüentes, mas se prolongam muito mais que as 'normais'. Estas últimas não têm na realidade passado de momentos excepcionais" (Prado Jr., 1957b: 218). No caso brasileiro, o poder público teria uma função de "grande relevo" na "reestruturação da economia em novas bases nacionais" (aproveitamento máximo dos recursos naturais, especialmente a mobilização "efetiva" de toda a população trabalhadora, eliminando a falta de trabalho, o subemprêgo e "outras formas precárias de atividades 'endêmicas'") (idem).[36] Em suma, o poder público passaria da "função apenas negativa" do passado para se desempenhar como ator de "critérios de ordem geral" (essas são expressões daquele mesmo artigo de 1957).

Essas anotações caiopradianas concernem ao novo tempo de Teoria Econômica que se iniciara com a quebra da lei de Say no teste do modo de produção "na história" que fora o grande *crack*. "1929" abrira de vez o caminho para se repensar o papel do Estado-guardião-norturno, lembrando aqui a fórmula com a qual Gramsci aludira a este tema refundador da ciência política marxista, após a grande depressão.

Caio Prado Jr. se propôs a oferecer "bases teóricas" (sic) para uma política econômica brasileira, a partir do significado de 1929 como "problema de Teoria Econômica" e do *problema estrutural* do baixo nível das forças produtivas nacionais. Mencionem-se os termos do autor, usados numa passagem em que ele reconhece pretender que esse tipo de fundamentação tanto

[36] No artigo "Livre Iniciativa Econômica e Iniciativa Estatal", Caio Prado Jr. associava o que ele chamava de "ponto morto do processo de auto-estímulo permanente e recíproco da produção e consumo" ao baixo nível "geral e médio" da população ("O Brasil é em boa parte um país de desocupados").

"libertasse" a política econômica do "empirismo e imediatismo" quanto a impedisse de "degenerar" "em planos utópicos e traçados *a priori* com vistas a uma situação futura ideal irrealizável desde logo na prática" (idem: 221). O historiador ainda lembrava aforismo que dizia que, para nascer da velha formação, o "primeiro e grande passo" da *nova sociedade* teria que ser dado na reorganização do *capitalismo realmente existente* ("Esse aspecto é de considerável importância pois nêle se encontram perspectivas para a edificação de uma nova ordem social que vem ao encontro de outros interêsses e aspirações que não a simples solução de problemas econômicos pendentes e imediatos. A saber, a libertação do trabalho e a melhor repartição dos benefícios econômicos. A socialização dos meios de produção, premissa dessa transformação, é certamente prematura nos países subdesenvolvidos com seu baixo nível industrial e a larga fragmentação e dispersão das atividades econômicas"). (Idem: 222).

Chame-se a atenção ainda para duas outras referências propriamente de economia política que aparecem no *Esboço dos Fundamentos da Economia Política*. A primeira delas é aquela na qual Caio Prado Jr. se refere à iniciativa privada como um "poderoso elemento desvendador" e "impulsionador" de atividades; e a segunda, aquela em que ele alude à estrutura inadequada do poder público. Convém citar o autor neste trecho: "A flexibilidade e versatilidade da iniciativa privada num terreno como o dos países subdesenvolvidos, onde tudo ou quase tudo ainda está por fazer, não são vantajosamente substituídas, desde logo e na sua totalidade, pela ação pública administrativa. Tanto mais quanto se trata, nos países subdesenvolvidos, de administrações públicas de estrutura débil e de limitados recursos humanos" (idem).

Caio Prado Jr. aparece naquela hora pecebista, em que o seu partido estava mergulhado nos debates sobre o estalinismo de 1956/67, falando de revolução como duas grandes transformações do mundo brasileiro realmente existente ("reestruturação da economia em bases nacionais para atender às necessidades da maioria da população" e "reestruturação da vida política nacional"). Para chegar a essa idéia de revolução como reforma do capitalismo, ele havia trabalhado com pares de associações-chave, como economia e população (colônia de produção), "produção" e "consumo", economia e sociedade, e sociedade e política (pobreza da "vida social" e falta de "alicerces políticos"), valorizando ainda o poder público a partir da superação das suas debilidades. Mas, ao contrário da estadolatria dos clássicos contemporâneos seus, alguns deles "vitoriosos" no contexto modernizante aberto em 1930, "perdedor", Caio Prado Jr. não propõe autonomia absoluta ao Estado, como aqueles ensaístas que chegam aos limites de um "prussianismo" nacional, especialmente Gilberto Freire.[37]

Pensado como principal ator da reorganização da vida nacional, o historiador mostrava ter ciência, além da natureza da sua ação na economia (supletiva e progressiva), da "verdadeira" questão do Estado, como ele próprio dizia. Cite-se mais uma vez o artigo "Livre Iniciativa Econômica e Iniciativa Estado": "É certo que o Estado brasileiro ainda não se encontra devidamente aparelhado para realizar aquela tarefa e assegurar ao país um desenvolvimento que atenda efetivamente às necessidades profundas da grande maioria e quase totalidade de seus habitantes. Trata-se de o estruturarmos convenientemente para êsse fim. E nisso consiste o problema político essencial da hora presente" (Prado Jr., 1957a). Aí, neste texto de 1957, o autor de *A Revolução Brasileira* antecipava um tema sugestivo para o estudo do capitalismo brasileiro tardio (repita-se que, para Caio Prado Jr., aquele era "o problema político essencial da hora presente"), tema que – ponto sobre o qual o próprio historiador

[37] A respeito da sorte da ensaística clássica, ver o artigo de Marcos Del Roio "Ideologias da Revolução Burguesa no Brasil", publicado na revista *Presença* nº 12, de abril de 1991; para o "prussianismo" mais duradouro e tutelar de Freire, ver a referência em Santos, 2000b.

chamaria a atenção – logo depois, será formalizado por Hélio Jaguaribe, no folheto *Condições Institucionais do Desenvolvimento*, com o conceito de "Estado Cartorial" (Jaguaribe, 1958). É por este espírito realista que lhe trazia a interpretação de Brasil que se poderia pensar que há em Caio Prado Jr. certa reserva a respeito do processo de generalização da presença estatal na economia, como nos modelos de socialismo real, já em crise, pelo menos desde 1956, embora o sentido do XX Congresso do PCUS e dos sucessos da Hungria não sejam notados, como em outras áreas do PCB, nos textos caiopradianos de doutrina.

CAPÍTULO 3

O SOCIALISMO DE REFORMAS CAPITALISTAS

Um dos pontos que até hoje não tem despertado interesse entre os estudiosos de Caio Prado Jr. é o seu comunismo de forte vinculação com o socialismo real. Podem-se ver textos seus, na aparência dos argumentos, muito simulares aos da literatura pecebista, ao mesmo tempo que toda a sua obra dissertativa se afasta do imaginário de revolução que se constrói no PCB sob o influxo de 1917 e da 3ª IC. Há três comparações com experiências pós-revolucionárias que o autor menciona como mais "consentâneas" com a teoria da revolução brasileira: o sentido da revolução democrática burguesa de novo tipo em Lênin (ver o artigo de 1947), a dimensão da ação pública dos "planos quinqüenais" da URSS, aludidos para pensar o enorme dispêndio de força que seria necessário para redirecionar o capitalismo brasileiro, e Cuba, trazida para o tema dos processos revolucionários, não segundo etapas, mas por desdobramento de conjunturas em época de mudança social.

A literatura caiopradiana sobre os países socialistas expressam as suas viagens, desde a estadia na URSS, em 1933, passando pelas visitas à Tchecoslováquia e à Polônia, em 1949, até as de 1960, novamente à URSS e à China.[38] Exceto no primeiro, como se verá mais adiante, em nenhum desses textos Caio Prado Jr. tematiza as vicissitudes do socialismo real, mantendo uma posição até mesmo menos crítica que os materiais do seu próprio partido, sobremaneira no último livro *O Mundo do Socialismo*, escrito seis anos após o XX Congresso do PCUS.

Não obstante esse pertencimento ideológico, o que prevalece na argüição caiopradiana do PCB é a crítica à teoria da revolução brasileira terceiro-internacionalista, a qual, inclusive, o leva a rejeitar o que ele chamara, no debate congressual de 1960, de "pecebismo político das improvisações da tática da frente única" (Prado Jr., 1960b), tema ao qual ele vai retornar em *A Revolução Brasileira* em termos da avaliação do golpe de 64. Ao mesmo tempo que Caio Prado Jr. compartilha com o seu partido o "pequeno mundo" do comunismo oficial, se afasta do Comitê Central hegemônico na questão da formulação da política no PCB. Em suas dissertações sobre o Brasil, o historiador não só mantém distância em relação ao uso doutrinário de modelos revolucionários (ver a crítica ao apriorismo conceitual em *A Revolução Brasileira*), como aponta para o rumo do Ocidente, a que se atêm a dissertação agrária de grande empresa e os seus excursos sobre a natureza do industrialismo brasileiro, de olhos postos nos processos clássicos de estruturação econômica e da vida política nacional sustentada em partidos.

É curiosa a ausência do historiador nas Tribunas de Debate que circularam durante a controvérsia pecebista sobre o

[38] Dessas viagens resultaram: o livro de 1934, *URSS, Um Novo Mundo*, o artigo "Através das Democracias Populares: Checoslováquia e Polônia", publicado na revista *Estudos Sociais*, e, finalmente o livro *O Mundo do Socialismo* (1962), o qual inclusive teve o seu primeiro capítulo republicado, em 1983, por iniciativa do seu filho, Caio Gracco, como volume da Coleção Primeiros Passos (*O Que é Liberdade*). (Prado, 1999).

XX Congresso do PCUS (*Voz Operária, Imprensa Popular*), nas quais escreveram grande parte da intelectualidade comunista (João Batista de Lima e Silva, Dalcínio Jurandir, Jorge Amado, Isaac Ackerud, Moacir Werneck de Castro, entre outros), dirigentes e muitos militantes e das quais o próprio núcleo dirigente do PCB iria extrair energias para seguir um caminho de pedras, tortuoso, vindo do Oriente em direção ao Ocidente da política, no dizer de um teórico do pecebismo (Vianna, 1988). Salvo no artigo emblemático de Elias Chaves Neto, "Legalidade Socialista", as páginas da *Revista Brasiliense* tampouco desenvolveram a discussão sobre os desdobramentos da crítica ao estalinismo, a qual, de fato, só vai ocorrer, anos depois, na *Revista Civilização Brasileira*. Tudo indica que, como para o seu partido, também para ele, a militância pecebista significava um longo compromissamento com o comunismo histórico que não se abalava nem mesmo após as revelações do XX Congresso do PCUS.[39] Neste sentido, o historiador tem uma trajetória muito parecida à de Lukács, tal como a descreve Leandro Konder no seu estudo introdutório à coletânea de textos políticos do filósofo comunista (Konder, 1980).

É assim que se nota, em escrito juvenil, pontos seminais de uma visão dessacralizada de socialismo. Citem-se duas passagens das últimas páginas de *URSS, um Novo Mundo* (1934). O jovem comunista terminava nesse livro o seu entusiasmado relato especulando sobre as dificuldades políticas e econômicas que o socialismo recém nascido poderia estar em vias de enfrentar. Em relação às primeiras – "a eventualidade de diferenciação de classes, peculiar ao novo regimen" "entre a massa e uma minoria" –, o autor punha o "problema do socialismo"

[39] A natureza dos livros de impressões de viagem e o *oficialismo* dos volumes que escreve sobre filosofia marxista, de 1953 e 1957, sugerem que Caio Prado Jr. permanece à margem daquela discussão crucial no PCB por razões não-ocasionais, embora não se veja em seus textos dissertativos nenhum argumento de "extremismo teórico", como citações de autoridade ou canonísticas para abafar a discussão sobre a contemporaneidade brasileira.

nestes termos: "Nenhuma organização social (pelo menos as já de certa forma evoluidas e porisso mesmo complexas) póde dispensar uma direção. Nestas condições deverá surgir na própria sociedade que virá substituir a sociedade burguesa uma diferenciação entre o grupo investido desta direção e o resto da população. O socialismo portanto nunca passará de um programa: uma sociedade sem classes é impossivel" (Prado Jr., 1934: 234).

Caio Prado Jr. não se limitava apenas a essa nota de filosofia política, mas trazia, surpreendentemente (para um jovem comunista brasileiro), o testemunho de uma das melhores sociologias políticas comparadas, notada por Gramsci, e bem apreciada depois: "É um escritor alemão, Robert Mitchels, quem primeiro (o próprio Caio Prado Jr. lembrava ali no seu livro que o ensaio *Les Partis Politiques* fora escrito em 1911, sem o exemplo da revolução russa), creio, aventou este argumento". "Ele diz o seguinte (continua Caio Prado Jr., citando agora o próprio Mitchels): 'Ainda mesmo que as massas conseguissem arrancar o poder aos burgueses, não haveria aí senão uma aparencia: surgirá sempre e necessariamente, no seio das massas, uma nova minoria organizada, que se elevaria á posição de uma classe dirigente. Eternamente em minoridade, a maioria dos homens se veria obrigada, mesmo predestinada á triste fatalidade histórica de suportar a dominação de uma pequena minoria saída do seu seio e de servir de pedestal á grandeza de uma oligarquia" (idem: 235). E mais: "Este argumento é tanto mais interessante no momento atual que toda a ala dissidente da 3ª Internacional, chefiada por Trotzki, descobre no regimen soviético os germens desta diferenciação, a constituição de uma oligarquia dirigente: a burocracia" (idem). E em seguida: "É certo que o perigo assinalado por Mitchels existe", acrescia agora Caio Prado Jr. o seu próprio comentário, recorrendo, desta vez, a Bukharin em sua sociologia da ditadura do proletariado (o "caráter atual do regimen soviético"), segundo a qual aquela "degeneração" prosperava à medida que caissem as forças produtivas nacionais, e seria *paralisada* "com o seu crescimento e a supressão do *monopólio da instrução*", dos quais resultaria – essa era a solução apontada pelo teórico russo para o "eterno problema de Mitchels" – "a produção em grande escala de técnicos e organizadores em geral" saídos da classe operária. Diante de tal argumento e autoridade, o jovem comunista brasileiro externava a própria fé no regime político dos *soviets* que, como ele mesmo dizia então, era de ampla abertura, e podia vir a alargar as margens daquela "educação política e administrativa" (idem: 236-37).

Essa percepção juvenil não reaparecerá nos outros textos dedicados ao socialismo real. Notam-se, inclusive, na sua versão do socialismo brasileiro de reformas capitalistas, pontos imprecisos e ambíguos, certamente devido ao tipo de socialismo que Caio Prado Jr. tem no fundo da sua ideologia (socialização dos meios de produção na sociedade soviética). Em todo caso, observe-se como o socialismo caiopradiano se define por entre o marxismo político ancorado na história nacional e o comprometimento ideológico, parâmetro este último que o autor põe sob controle, e, num trecho de *A Revolução Brasileira*, o afasta do seu labor dissertativo.

Vejam-se os textos que Caio Prado Jr. escreve para o V Congresso de 1960, naquelas passagens em que ele retoma a teses expostas em 1947 e em 1954/57 sobre o papel do poder público na economia, para apresentá-las agora numa discussão tensionada pela reação do "grupo de esquerda" àquilo que um dos seus articulistas da Tribuna de Debates daquele congresso chamara de "purificaçao do capitalismo", aludindo ao reformismo das teses apresentadas então pelo Comitê Central. Mesmo naquele contexto ainda fortemente marcado pela disputa da identidade comunista, a argüição de Caio Prado Jr. tinha por eixo o sentido de "reorganizações" do capitalismo mediante a ação pública, segundo as suas dissertações sobre a contemporaneidade brasileira.

Com efeito, Caio Prado Jr. tanto se diferenciava da sociologia da "polarização nacionalista" das teses do congresso, quanto se acercava da maioria do Comitê Central, compartilhando-lhe a defesa de um programa realista de reformas capitalistas. Sua dissidência com o "grupo pragmático", no entanto, se concentrará em dois pontos: a) no espírito de "apologia do capitalismo" que, também para ele, perpassava o reformismo do pensamento oficial; e b) naquilo que o historiador chamava de "pecebismo político das improvisações da tática da frente única" do pós-54 (Prado Jr., 1960b); que, segundo ele, era apenas uma sobrevida da velha "política de união nacional" "queremista", como esta de 1945, também recheada de "improvisações e agitação estéril", tema sobre o qual ele retornará em *A Revolução Brasileira* ao fazer a avaliação do golpe de 64.

Com o seu recorte "marxista" – ao tom dos demais textos da Tribuna de Debates do V Congresso – , Caio Prado Jr. se apresentava, quase solitariamente, mais uma vez trazendo para aquela discussão ainda assaz doutrinária as suas dissertações sobre o Brasil: a) desde logo, o *constructo* do agrarismo de grande empresa, aduzindo agora argumentação mais empírica; e b) a tese do capitalismo débil, com a qual retomava o antigo tema da "esterilidade" e das agitações próprias de uma vida nacional de exclusão e "arranjos políticos" pelo alto (da obra de 1933), ou fazendo as associações com o populismo (lembrar o texto de 1947) e, depois, com "agitações estéreis" e "aventuras". Era com este tipo de abertura temática que o autor procurava mostrar a "superficialidade" das Teses do V Congresso que, em sua opinião, "descamba(vam) mesmo não raro para interpretações positivamente falsas", com incidência na conduta política, particularmente na práxis agrária (Prado Jr., 1960b).

Na opinião de Caio Prado Jr., ao invés de apresentar uma caracterização da economia agrária brasileira, em suas teses, o Comitê Central apenas repetia "noções não-conceituadas devidamente", tais como "monopólio da terra" e "latifúndio", sem nenhum esforço dos seus autores, dizia ainda ele, para superar o apriorismo das elaborações do passado. O que se fazia necessário era mostrar como traço principal da questão agrária o fato de a concentração da propriedade rural, "na generalidade do país" (sic), colocar os proprietários "na posição de ditar suas condições à massa dos trabalhadores rurais, que precisam sujeitar-se a elas para obter ocupação e poder subsistir". A "contradição fundamental" da economia agrária – usando a terminologia do V Congresso – era a contradição que "se exprime no antagonismo de classe entre os grandes proprietários e a massa dos trabalhadores rurais independentemente da maneira pela qual se estabelecem as relações de trabalho. Essas condições são variáveis, conforme o lugar e o momento, como veremos, dependendo sempre das conveniências do proprietário. Mas são sempre e essencialmente as mesmas, a saber, relações de emprêgo, de prestação de serviços, de cessão de força de trabalho; sendo a variação ùnicamente no tipo e natureza da remuneração do trabalho" (idem). A questão trabalhista do mundo rural tinha, assim – cite-se o próprio autor –, "o alto grau de exploração do trabalho na agropecuária brasileira, e o baixo nível de vida da população, ou a grande maioria dela, que não tem outra alternativa que se empregar nos grandes domínios, aceitando por conseguinte suas exigências" (idem).

Caio Prado Jr. procurava mostrar as conseqüências do descaminho que os autores das teses do V Congresso haviam seguido. Trabalhando com o conceito de campesinato, eles tentavam singularizar os parceiros em relação ao grupo dos trabalhadores empregados, visando, antes de qualquer outra indagação, construir (aqui o apriorismo conceitual) em torno deles a figura do camponês, na qual incluiriam os arrendatários, os pequenos e os médios proprietários, os posseiros e os agregados vaqueiros. De fundo ideológico, à revelia dos "fatos", segundo Caio Prado Jr., essa metodologia apenas revelava quão "arbitrária" era aquela noção de parceiros, especialmente quando os autores daquelas teses os assimilavam à categoria dos pequenos e particularmente ao contingente dos médios proprietários. Em suma: com tal "esquema teórico", os redatores do pensamento oficial pecebista pretendiam realçar uma associação do tipo monopólio da terra/latifúndio/parceria, que então seria o trinômio definidor da lógica do social na estrutura agrária brasileira, justificando, assim, a tese da contradição entre latifundiários e massas camponesas como um dos fundamentos da revolução democrático-burguesa, segundo eles, ainda válida no país, mas que, para Caio Prado Jr., não passava de uma proposição apriorística e ideológica (idem).

O que realça nessa argüição é a intenção do autor de alertar para as conseqüências práticas daquele tipo de formulação. De um lado, Caio Prado Jr. queria mostrar que aquele campesinismo secundarizava a oposição entre os proprietários rurais e as outras categorias de empregados – assalariados, semi-assalariados e mistos –, que eram muito mais numerosas que a dos parceiros (idem); e, de outro, que tal agrarismo camponês implicava em limitar o raio de ação da práxis agrária, perpassando-lhe ambigüidade. Primeiro, a estreitava porque reduzia a mobilização das "massas camponesas" "pela ampliação dos seus direitos" à demanda pela restrição e extinção das sobrevivências pré-capitalistas e apenas dentro dos limites dos latifúndios improdutivos; e, em segundo lugar, porque também a ação agrária se reduzia, em essência, à insatisfação dos parceiros ante a meia e a terça. Neste último caso, dizia Caio Prado Jr., era mais grave ainda a idéia defendida pelo PCB da substituição daquelas formas de remuneração e trabalho pelo salariato, desconsiderando as vantagens daqueles dois tipos de relação de trabalho (como então se via em setores da agricultura de São Paulo) e do instituto da "quarta" (o autor punha o exemplo da pecuária, especialmente a do sertão nordestino). É interessante lembrar que, pouco depois, no I Congresso Nacional dos Lavradores e Trabalhadores Agrícolas, realizado em Belo Horizonte em 1961, o PCB se viu obrigado a se opor a essas mesmas proposições e a enfrentar ali os setores mais radicalizados que propunham como gesto antilatifundiário "a pura e simples extinção de todas as formas de arrendamento ou de parceria" (ver Carvalho Costa, 1994).

Nesse ponto do texto, voltava o tema do "reformismo burguês" (sic) que Prado Jr. via por trás de uma das principais teses do congresso, segundo a qual "o desenvolvimento capitalista pode trazer uma melhoria das condições da vida da massa trabalhadora rural" (Prado Jr., 1960b). O modo da formulação desse reformismo é que fazia a diferença em relação ao processo de reformas capitalistas que ele também propunha como via de acesso ao socialismo. Ou seja, enquanto, sem nenhuma outra qualificação, aquela tese hegemônica apenas revelava o espírito de "apologia do capitalismo" (sic), na chave caiopradiana o estímulo ao capitalismo agrário pressupunha forte interferência "no equilíbrio do mercado de trabalho e da oferta e procura de mão-de-obra rural" (idem).

O autor construía o seu argumento a partir do "resultado" que lhe trazia a controvérsia feudalismo/capitalismo, tal como efetivamente se colocava no debate nacional, e não na literatura. A sua idéia de "contradição fundamental" – não-feudalista – entre os grandes proprietários controladores das oportunidades de ocupação e trabalho era uma qualificação que colocava no centro do processo de estímulo ao desenvolvimento capitalista os próprios trabalhadores que "alcançarão uma posição melhor na luta por suas reivindicações imediatas, e mais facilmente se beneficiarão dela, na medida em que as oportunidades de trabalho e ocupação não forem unicamente as proporcionadas pelos grandes proprietários. Haverá sempre a alternativa de se estabelecerem por conta própria em terras de sua propriedade. Circunstância essa que naturalmente terá grande peso no mercado de trabalho rural, favorecendo a parte ofertante de força de trabalho" (Prado Jr., 1960b; in Santos, 1996b: 67-68).

Para Caio Prado Jr., a abertura do acesso à terra aparecia como parte integrante do movimento social maior pelo alargamento das oportunidades de trabalho e de ocupação, por este efeito ela própria incidindo nas condições da força de trabalho que continuava empregada (idem).

E mais, longe de qualquer otimismo em relação ao capitalismo *sans phrase*, Caio Prado Jr. dizia nesse artigo de 1960 que o desenvolvimento da agricultura capitalista do período mais contemporâneo havia trazido um agravamento da situação da força de trabalho no mundo rural (idem). Ele se refere ao exemplo da lavoura canavieira, especialmente a do Nordeste, que se modernizava sem aportar benefícios para os seus trabalhadores, avançando por sobre a agricultura de subsistência da região.[40]

Era assim, desta ótica da "dialética" da "contradição" entre os monopolizadores das oportunidades de trabalho e de ocupação e a massa trabalhadora despossuída, da sua idéia de "revolução agrária não-camponesa", que o autor conferia *status* de "principal e o mais eficaz meio de reestruturação da economia agrária" à mobilização dos empregados por demandas imediatas, como também dirá a propósito da função das reivindicações dos trabalhadores nas cidades. Vale fixar o ponto: o historiador esperava que aquele tipo de mobilização, expansiva, se generalizasse nos setores mais importantes da agropecuária, quebrando aquele exclusivo agrário, abrindo novas possibilidades a crescentes grupos sociais de acederem à terra, "desequilibrando" o mercado de trabalho em favor da valorização do trabalhador (idem).

[40] No apêndice "A Crise em Marcha" (1956) à *História Econômica do Brasil*, Caio Prado Jr. registrara o processo de diversificação dos grandes setores da agropecuária como uma espécie de "efeito do domínio britânico na Índia" que "não se deu sem o acompanhamento de grandes conseqüências de ordem econômica e social, em particular a grande concentração da propriedade fundiária por ele provocada" (Prado Jr., 1945c: 341). No caso do cultivo da cana, ele então considerara a sua evolução contemporânea "como um elemento renovador e transformador" (sic). Segundo Caio Prado Jr., os processos modernizadores da agropecuária brasileira abriam brechas no sistema colonial, "por onde penetram e em que se estabelecem os elementos renovadores da velha estrutura, substituída gradualmente por uma organização econômica que seja função das necessidades próprias do país e capaz, por conseguinte, de atender efetivamente ao bem-estar e prosperidade" (idem: 342).

Há um outro ponto em torno do qual Caio Prado Jr. procurava distinguir o seu agrorreformismo da "apologia do capitalismo" das Teses do V Congresso: o instituto da tributação como recurso de política agrária. Numa perspectiva mais larga, ele via na quebra da isenção fiscal e no imposto territorial, ou outra forma de taxação dos proventos fundiários, mecanismos perenes de ampliação do acesso à propriedade, para além dos espaços de conquista mediante conflito e/ou como resultado de algum tipo de ação do poder público. Revolvendo a estrutura tradicional, esse tipo de efeito generalizante da legislação fiscal poderia reverter o sentido que, no passado, a isenção imprimira ao processo de fragmentação e mobilização comercial da terra, tornando-o, como se sabe, bastante moroso (Prado Jr., 1960b), "ossificando" as mentes das oligarquias mandonistas, como àquela época dissera Celso Furtado, mantendo o conservadorismo ainda forte na vida política da região e nacional. E, no curto termo, isto é, dada, então, em 1960, a falta de condições de poder público para a reforma agrária – excluídos o confisco ou a estatização, como anotava ele próprio neste texto –, Caio Prado Jr. chegava a estimar a mobilização comercial da terra como a "principal maneira" de golpear a concentração da propriedade, avaliando que, sem ela, os altos preços da terra inviabilizariam qualquer tentativa de reestruturação agrária (idem).

Mas, em lugar da "formulação burguesa" da tributação do V Congresso, segundo ele, proposta mais como incentivo à produtividade e ao aproveitamento da terra, Caio Prado Jr. invertia os termos do problema, associando o aumento da produtividade a um processo de reforma agrária que tinha sua lógica na "contradição fundamental" entre os grandes proprietários e a massa trabalhadora ("efetiva ou potencial a serviço deles"). Homem de esquerda, ele confiava numa "política inteligente" (expressão sua de 1945, cf. Iumatti, 1998) que batalhasse, agora nos anos 60, para que a tributação viesse a ter ampla aceitação, viabilizando-se como o seu mais "poderoso" meio para desbloquear a "mais ativa condição essencial para o progresso da agropecuária" (sic), convergindo esse processo reorganizativo com o associativismo sindical e os entornos progressistas (o exemplo emblemático não vem do Estado de São Paulo, mas de Pernambuco: os canavieiros e o governo Arraes no epísódio das greves de 1963). Em suma, era deste prisma da mobilização social que se devia orientar a política agrária fiscal para que ela provocasse, "em primeiro e principal lugar, o barateamento e a mobilização comercial da terra", segundo o historiador, benéficos tanto para os trabalhadores quanto para os inversionistas (excluídas do valor da terra tributável as benfeitorias).

Esse modo de conceber as "políticas econômicas" de reorganização da economia agrária coloca Caio Prado Jr. em certo agrarismo "americanista" que de vez em quando repontava em alguns autores que davam passagem a soluções reformísticas nos limites da sua circunstância. Os excursos desses agraristas, às vezes agraristas *ad hoc*, evocam os impasses da via não-revolucionária de encaminhamento do problema agrário brasileiro, dando a entender que eles trabalham com a idéia da impossibilidade histórica do caminho *farmer* do exemplo clássico. Em recente livro de tema agrário, Maria Yedda Linhares e Francisco Carlos Teixeira Da Silva trazem sugestivas indicações a respeito do "jacobinismo agrário" dos primeiros republicanos, Rui à frente (Linhares e Da Silva, 1998).

Vale a pena mencionar o realismo de Inácio Rangel nos anos 50, já temendo que a intempestividade da reforma agrária pusesse em risco a institucionalidade democrática (Rangel, 1962; 2000). Então ele propunha transformações na agropecuária brasileira "de fora para dentro", a partir de soluções para o que chamava de "problemas impróprios" da estrutura agrária (mediante o lote familiar, a comercialização/preços mínimos e a incorporação de terras de fronteira agrícola e terras públicas), "medidas parciais de reforma agrária" essas que seriam, segundo o economista, consensualizáveis e de execução no curto prazo. Rangel levava em conta dois parâmetros: a) tinha-se tido aqui uma industrialização que, se por certo não se generalizara, levando o progresso a todo o mundo rural, ela "desagudiza"(ra) (sic) a "crise agrária" (que eclodiria com um colapso da indústria); uma "crise agrária aguda", esclarecia ele o ponto, que só teria solução se se alterasse "na generalidade do país" o *status* da propriedade mediante processos rupturistas, como havia sido feito pela ação militar americana promovendo a reforma agrária no Japão pós-bélico; e b) Rangel também levava em conta a "força do latifúndio" brasileiro, ainda muito grande, contra a qual não se havia formado um espectro de apoios suficientemente largo e hegemônico para empreender aquele tipo de reforma agrária sem pôr em risco a quebra da vida política democrática e republicana do país (idem).

No decorrer dos primeiros anos 60, Caio Prado Jr. continuaria insistindo no papel do associativismo sindical, desenvolvendo-o como um modelo de práxis agrária que seria consentâneo, como dirá no imediato pré-64, com uma política de "polarização de forças" "de profundidade e menos aventurista" (Prado Jr., 1963; também em 1966). Depois, no tempo da ditadura, Caio Prado Jr. radicaliza o tema na significação *agrária* da revolução brasileira, configurando-a como uma mobilização decisiva para a valorização do trabalho no contexto do modernismo mercantilista (termo de Caio Prado Jr.) promovido pelo regime de 64.

A crítica caiopradiana à "apologia do capitalismo" também vai estar presente nos terceiro e quarto artigos do V Congresso de 1960. Em relação aos textos de 1954 e 1957 anteriormente referidos, Caio Prado Jr. se mostrava bastante mais pessimista quanto ao futuro do capitalismo brasileiro. Como no texto de 1947, ainda ecoava nesses escritos dos primeiros anos

60 o "desastre" a que levara a falta de diretriz estratégica no PCB em 1945, e todavia estava presente a crítica que, desde 1956, ele vinha fazendo à "revolução desenvolvimentista" de JK, relembrando aqui a expressão de Elias Chaves Neto.

Embora sem contornos bem precisos como os da tese agrarista, novamente Caio Prado Jr. voltava a apresentar os excursos sobre a economia urbana, realçando os seus principais eixos: a) que aqui o industrialismo não passava de uma "coleção desconexa de unidades filiadas aos grandes *trusts* internacionais", "que exploram diretamente como antes faziam indiretamente os trabalhadores nacionais e o mercado de restrito setores da população brasileira excepcionalmente melhor aquinhoados dentro do primitivismo e pobreza geral do país" (Prado Jr., 1960b); b) que o último surto industrial se dera sob modalidade da internalização do capital estrangeiro; c) que, concentrada num espaço de tempo muito curto, essa modernização só viera acentuar a distribuição do progresso tecnológico em setores e grupos privilegiados, em contraste com a maioria da população em situação de "desconforto" e privação muito aquém das condições modernas de vida (idem); d) assim como antes realçara a figura do emprego precário e a miserabilidade rurais, agora Caio Prado Jr. enfatizava com muita força a guerra ao "subemprêgo crônico que grassa(va) na maior parte do país" (tarefa "de fundamental importância"); e) finalmente, ele repetia a idéia de "remodelação" e "reconstrução" da economia nacional "a partir de suas bases", sobremaneira mediante monitoramento do poder público (idem).

Diferente do texto de 1954, em que dialogava com Keynes da perspectiva de uma "obra de construção do capitalismo nacional" que ele mesmo dizia ainda precisava ser feita quase um quarto de século após a Revolução de 30, nesses artigos congressuais de 1960 Caio Prado Jr. se mostrava bem mais descrente da modernização do país. Cite-se o autor em sua avaliação ao final da administração JK: "A análise das circunstâncias gerais em que hoje evolui a economia brasileira, mostra não haver grandes perspectivas para o desenvolvimento capitalista, ou mais precisamente, para o desenvolvimento adequado das forças produtivas, e da industrialização em particular, dentro do sistema capitalista" (idem).

Pelo que se lê naqueles artigos, o historiador retomava o tema do capitalismo a partir da idéia de crise e de urgência: a) ele voltava a fazer a comparação do caso brasileiro com a Europa e os Estados Unidos, para frisar que, sem possuir o impulso da epopéia burguesa clássica, o capitalismo brasileiro tardio já não cumpriria a missão de difusão do progresso, integrando e homogeneizando, geográfica e socialmente, o país; b) se para desenvolver o país já se fazia necessário passar por cima de etapas que em outras experiências foram anteriores, aqui este tipo de salto teria que ser "quase instantâneo", as transformações ("que em outros países demandaram mais de um século de progressiva maturação"), no mínimo, exigindo "alguma coisa que se parece(sse) ao realizado na União Soviética, e ao que se está(va) realizando nos países de democracia popular" (idem); e c) indispensável para promover as reorganizações da economia, a ação do poder público era reafirmada nesta função supletiva, mas agora também reclamada pela sua condição de instituição portadora de *ratio* de generalização necessária naquele mundo de desarticulação estrutural e privatismo.[41]

Neste ponto, convém referir novamente à coincidência de Caio Prado Jr. com o grupo de esquerda do V Congresso na questão da "apologia do capitalismo". Mas nao resta dúvida de

[41] No artigo "Livre Iniciativa Econômica e Iniciativa Estatal", de 1957, Caio Prado Jr. recusava a utopia da livre iniciativa como ideologia e disfarce da oligopolização: "Num país como o Brasil, e num mundo como o de hoje, a iniciativa privada deve, em seu próprio benefício, ser controlada e secundada pelo Estado, sob pena de se transformar na iniciativa de muitos poucos a que os demais ainda hão de se curvar" (Prado Jr., 1957a).

que é a sua obra dissertativa que separa radicalmente o historiador dos críticos das teses oficiais do PCB. Em termos da formulação da política, a indissociabilidade entre a concepção caiopradiana de "revolução agrária não-camponesa" com a idéia de "revolução keynesiana permanente" centralizada na valorização do trabalho, com maior (em 1954) ou menor otimismo (agora em 1960) em relação à reforma do capitalismo, qualifica aquela aproximação mais como um partilhamento na linguagem do V Congresso e como um encontro meramente ocasional nos embates em curso naquele momento.

Do mesmo modo que essa oposição de esquerda do V Congresso, Caio Prado Jr. também via "abdicação ao marxismo" naquela espécie de sociologia nacionalista do Comitê Central, mas especificava a sua crítica em pontos característicos de suas dissertações, a saber: a) o historiador procurava dizer que pensar a sociedade brasileira sobredeterminada por uma contradição como a do par nação/imperialismo, ao modo do anticolonialismo oriental, dissimulava a função estratégica das demandas populares das cidades; b) convergindo com o criticismo daquele grupo, ele reagia, e desde há muito, à ilegitimidade do conceito de feudalidade, mas o fazia nesses textos congressuais para levar o argumento para o ponto da contradição não-feudalista, interessado em mostrar *de que modo* a crença nos benefícios do capitalismo agrário, como já se mencionou antes, informava a idealização de um "assalariato puro" (sic); c) o autor também recusava essas ideologias, por serem alheias à tradição de Marx (cuja teoria não se prestava para "justificar a permanência do capitalismo sob pretexto de que ele ainda era 'progressista'"), e d) se, de fato, pintava um quadro pessimista, não obstante, ele punha uma hipótese sobre o capitalismo, que o diferenciava de qualquer doutrinarismo: a crise seria inevitável caso o industrialismo brasileiro continuasse no seu curso "natural", de fraco impulso de livre iniciativa privada e de débil "formação de capitais".

É fato que aqueles artigos têm sabor de urgência e o historiador passa uma idéia de uma "catástrofe que se avizinhava" – naqueles anos em que a inflação se agravara e a "contribuição imperialista" crescera muito –, justamente pela precariedade dessas duas "fontes principais" do último surto desenvolvimentista (segundo ele, a primeira, uma fonte "inautêntica", a outra, orientada desde fora) (Prado Jr., 1960b). Isso, no entanto, não significava que o pessimismo caiopraidano iria se tornar uma predição de um colapso iminente do capitalismo.

Neste ponto de chegada à encruzilhada da reforma do capitalismo, é o próprio Caio Prado Jr. quem registrava a sua convergência com o grupo dirigente majoritário no PCB ("Concordo inteiramente...", dizia ele naquele seu texto) quanto à idéia da impossibilidade de uma revolução socialista de curto prazo. Coincidia na avaliação segundo a qual a economia brasileira ainda teria de se desenvolver em moldes capitalistas, objetando, porém, o que ele chamava a "maneira sumária e superficial" da "afirmação dogmática" com a qual o Comitê Central, em suas Teses do V Congresso, conferia ao capitalismo brasileiro "caráter progressista nas atuais condições do país" (idem). "Um tratamento mais atento e adequado" – esclarecia ele o ponto aparente – contrastaria os seus "aspectos positivos" com outros traços desse capitalismo que deveriam ser "eliminados por outras formas e normas de ação social". O historiador voltava a qualificar a sua formulação política marxista: tratava-se, sim, da conservação do capitalismo, em princípio entendida como manutenção da propriedade privada dos meios de produção, mas não necessariamente "em sua forma integral e absoluta". Nesse, como em outros "alinhamentos" seus com o pragmatismo do seu partido, todavia, sempre aparece um ponto que Caio Prado Jr. reitera em diversos textos como um "fim último": a idéia de "reforma do capitalismo" como uma orientação e condução da atividade econômica, visando, no processo, "cercear o livre funcionamento do capitalismo e suprir êsse funcionamento por outras forças sociais" (idem).

O que se quer sugerir é que, mesmo em textos marcados pela rígida linguagem marxista-leninista – com os temas e o estilo de conceituação próprios do mundo pecebista –, o programa da política *substantiva* de Caio Prado Jr. segue estritamente o sentido das suas dissertações sobre a formação social brasileira. Isso aparece de modo emblemático quando ele define a revolução brasileira como uma "revolução agrária e nacional", como um *constructo* que sempre o diferencia à direita (onde estaria o grupo pragmático) e também à esquerda, dessa geografia usual naquele território comunista.

Observe-se que a fórmula caiopradiana, cujos termos, à primeira vista, parecem pertencer ao universo terceiro-internacionalista, constitui contrapartida à definição "antifeudal e antiimperialista" do modelo antigo e inclusive vai permanecer distinta mesmo após a redefinição da revolução como "nacional e democrática", para onde pende o PCB a partir da Declaração de Março de 1958. Como já se fez menção anteriormente, a notação *agrária* daquela fórmula atentava para o problema estrutural do baixo nível das forças produtivas nacionais, a ser erguido num processo de reestruturação de toda a formação social à base da valorização da força de trabalho nacional (rural e urbana), tornando-a produtiva e superando a extensa miserabilidade do país. Pelo ponto de vista marxista que adotava o historiador, essa sua "formulação política" da economia ultrapassava em muito a terapêutica keynesiana, uma vez que aqui se tratava de uma demanda efetiva que, segundo o seu argumento, em essência, já existia (no mundo urbano) ou era mobilizável, especialmente a partir das lutas dos empregados rurais e, ainda, do pequeno produtor. Por sua vez, a acepção *nacional* da revolução brasileira, mais consentânea com aquele tempo nacionalista, se diferenciava, porém, da teoria da dependência nação/imperialismo por se referir, antes de qualquer outra consideração, ao conflito capital/trabalho, não na abstração do modo de produção, mas *ao nível da formação social*, a rigor, aludindo às mudanças na economia brasileira que se faziam necessárias para elevar as forças produtivas a partir do ponto de vista dos "interesses da maioria da população" (sic).

Além disso, singularizava o *constructo*, com o qual o autor definia a revolução brasileira, a proposição geral de que, na falta de uma classe econômica revolucionária, urbana ou rural (o campesinato dinâmico de que falara Lênin), aquele ressurgimento nacional seria conduzido pelo Estado, num processo de "pronunciado cerceamento do capitalismo", que se prolongaria até a "abolição completa da iniciativa econômica privada", mediante uma progressiva generalização da "reforma" e da "nacionalização", realizando-se assim – vale repetir o autor – a "ligação dialética" entre o processo reorganizativo do capitalismo e o socialismo no Brasil. É preciso sublinhar a dimensão socialista da ação pública – o "tremendo esforço" para atender "a necessidade de submeter a vida econômica brasileira a planos gerais" (como dizia Caio Prado Jr., lembrando os planos quinqüenais da URSS) – que reiteradamente aparecia nos seus textos em sentido de continuidade à fórmula da "profunda reestruturação e reorientação da economia brasileira".

Seguindo o ponto já desenvolvido pelo autor em textos anteriores, poder-se-ia dizer que esse planejamento é pensado como uma ação coordenativa das atividades econômicas no sentido da "mobilização máxima" da força de trabalho, "dando-lhe o maior rendimento possível com um mínimo de dispersão e desperdício da capacidade produtiva... compensando com isso as deficiências e as insuficiências orgânicas da economia brasileira, que não se corrigirão de uma hora para outra, entre as quais particularmente as circunstâncias desfavoráveis do nosso comércio externo, e a debilidade do processo de formação de capitais" (Prado Jr., 1960b). Encurtando as citações, basta por enquanto mencionar que Caio Prado Jr. concebia a ação pública como uma ação prolongada: "As funções econômicas do Estado, hoje voltadas sobretudo e fundamentalmente no sentido de ampliar a iniciativa e ação econômicas privadas, abrindo-lhes perspectivas e oportunidades, se orientarão progressivamente, no curso da realização da revolução agrária e da estruturação nacional da economia brasileira, para um crescente cerceamento daquela iniciativa e ação, e impulsionamento da reforma e nacionalização" (idem).

II PARTE

A Reestruturação da Vida Política

CAPÍTULO 4

A TRANSIÇÃO DE 1945 COMO EMBLEMA DE CIÊNCIA POLÍTICA

O fato de os textos caiopradianos sobre a economia urbana se apresentarem esparsos sem uma categoria visível que os estruturem, como a do "sentido da colonização" em *Formação do Brasil Contemporâneo* (Novaes, 2000), pode estar revelando que o autor não realizou como queria o projeto de escrever os outros volumes da obra iniciada em 1942, em razão das exigências da sua circunstância política. No fim do Estado Novo, é intensa a sua militância editorialística e sobretudo política. Perdida a batalha da aliança do PCB com os liberais da UDN em 1945, por um momento Caio Prado Jr. pensou em reiniciar o segundo volume daquela obra (Iumatti, 1998). Mas logo se envolveria com as eleições constituintes de 1945 e de 1947, esta para o Estado de São Paulo, na qual terminou eleito deputado. Após a morte de Getúlio, no começo do fim da ilegalidade do PCB, ele vai se voltar para o projeto da *Revista Brasiliense*, que dura todo o decênio de 1955 a 1964. A própria *História Econômica do Brasil* (1945) resulta do aproveitamento da estrutura de *Formação do Brasil Contemporâneo*, "em grande parte um resumo" (Prado Jr., 1945b), à qual o autor acresce os capítulos "A Era do Liberalismo", "O Império Escravocrata e a Aurora Burguesa", "A República Burguesa", "A Crise de um Sistema" e, depois, os aditamentos de mesmo nome chamados "A Crise em Marcha" (publicados na *Revista Brasiliense* em 1956 e 1962) e o *Post Scriptum* de 1976 (em certo sentido, o posfácio de *A Revolução Brasileira*, "Perspectivas de 1977", também a complementa). Afora *Diretrizes para uma Política Econômica Brasileira* (1954), *História e Desenvolvimento* (1968) e essas atualizações da obra de 1945 (e de 1942), os demais textos dissertativos do autor, especialmente o livro de 1966, cuja recensão far-se-á na última seção "Interpretações", são ensaios e artigos de natureza publicística.

Por essa trajetória de urgência, percebe-se a intenção de Caio Prado Jr. quando labora as suas teses fundamentais sobre a contemporaneidade brasileira – da gênese, do mundo rural e do industrialismo – e pode-se intuir o sentido das suas interlocuções dirigidas basicamente a dois autores. Por um lado, a um Lênin que não apenas lhe acrescia argumento na tematização da colônia de produção, ao lhe trazer a reflexão acerca de uma *variante* não-clássica da revolução burguesa, como, tudo indica, ainda o levava a incorporar o tema da *forma americana* de evolução agrária, induzindo-o a pensar a hipótese de uma revolução agrária não-camponesa (ausência de feudalidade e sem campesinato *stricto sensu*), realizando uma abertura analítica para pensar a nacionalidade.[42]

[42] Contraste-se a indicação acima com o fato de que a incipiente (logo interrompida) *elaboração* agrária do pecebismo tardio dos "eurocomunistas" também tem raízes no opúsculo leniniano *O Programa Agrário da Social-democracia Russa*. Estes últimos intelectuais não só mobilizam explicitamente o conceito de "caminho prussiano" como lhe conferem centralidade em sua tese sobre o alcance da democratização política do país, como se verá adiante.

Por outro lado, a interpelação a Keynes pode ser lida como uma operação na qual Caio Prado Jr. retrabalhara o circulacionismo de 1942 e começara a conceber um tipo de reforma do "capitalismo" existente bastante singular para os padrões da cultura política marxista-leninista. O uso de uma outra linguagem – "forçado" pelo imperativo de *Diretrizes para uma Política Econômica Brasileira* ser texto acadêmico – diferencia essa monografia de 1954 da forte expressividade doutrinal dos marxistas daquela época. Recorde-se que às vezes o próprio Caio Prado Jr. tem textos de escrita muito movida pela filosofia da história da sua tradição, inclusive em alguns deles chega ao exagero da mitificação do socialismo real, como no livro sobre a URSS de 1962, como já foi observado, escrito completamente à margem do XX Congresso do PCUS e dos rumos da pesquisa e controvérsias no marxismo já então em curso. Aliás, como chama a atenção Bernardo Ricupero, essa manifestação de compromisso de Caio Prado Jr. tem levado alguns a subsumir o sentido da obra caiopraidana aos limites do comunismo histórico e a ver no seu pensamento político apenas uma idéia pobre de socialismo,[43] embora Caio Prado Jr. tenha dito que o modelo do socialismo real (inclusive a da "previsão histórica" do futuro socialista do país) "não interfere ou não deve interferir na análise dos fatos correntes", nos quais se materializaria a luta pela nova sociedade (Prado Jr., 1966).

Caio Prado Jr. recorre a outros emblemas e, mesmo em meio ao "pequeno mundo" do comunismo oficial, se assegura a autonomia do *método de interpretação*, que é o que o leva a equacionar o estudo de uma economia e uma sociedade estruturadas como colônia de produção e que lhe vai permitir chegar, afinal, a uma noção *sui generis* de revolução como grandes transformações que reverteriam o sentido da formação brasi-

[43] Aquele intérprete registra: "Tem-se mesmo a impressão de que alguns reagem com certo alívio ao pretenso desmoronamento da obra do historiador paulista, supostamente ocorrido como conseqüência e conjuntamente com a queda do Muro de Berlin" (Ricupero, 2000: 24).

leira, reestruturando (termo intercambiável com o conceito de revolução) a economia, a sociedade (constituição produtiva de seres sociais e sua institucionalização sobretudo via sindicatos) e a esfera política. Ou seja, tem relevância observar que, desde cedo, o autor procura conferir atenção particular à relação entre essas reorganizações e, mais particularmente, ao tema da consistência social da política segundo uma lógica de interação entre opinião pública e partidos no sistema político.

Não é mero acaso que a primeira grande transformação – por ser aquela que afeta a "maioria da população" –, a do mundo rural, tenha como referência a Abolição nem é retórica que ela se converta, nos textos caiopradianos tardios, como em *A Revolução Brasileira*, em emblema para pensar (um tanto à Gilberto Freire) a relação entre economia e sociedade num processo de desenvolvimento sustentado. Haveria também o modelo da colonização inglesa na América (colônia de povoamento) e sobretudo – neste caso, a julgar pela interpretação que Elias Chaves Neto faz da obra caiopradiana – o emblema da "revolução americana" com a conquista da cidadania pelos negros e o papel do Oeste *farmer* no *despliegue* capitalista dos EUA, a sugerir ao historiador, segundo aquele seu intérprete mais próximo, uma "revolução agrária" que também viria ter função parecida de complementar as indústrias do Litoral brasileiro, como se verá no capítulo específico, na última seção desta monografia.

Autor ocidentalista, Caio Prado Jr. pensa a Abolição com a mesma idéia de Nabuco, de acabar com a obra da escravidão, e partilha com Gilberto Freire o tema da complexidade da vida social. Em seus livros e textos, o historiador se refere inúmeras vezes à Abolição. Em *A Revolução Brasileira* ela se constitui numa fixação para o autor imaginar o movimento "agrário" que viria concluir, "na generalidade do país", o processo iniciado em 1888 em termos de uma estruturação plena do "sistema de trabalho livre" ("No terreno econômico, por exemplo, pode-se dizer que o trabalho livre não se organizou ainda inteiramente em todo o país"), como ele mesmo afirmava, lembrando a tarefa histórica inconclusa. (Prado Jr., 1942: 7).

Quanto ao tema freiriano da vida social na Colônia, Caio Prado Jr. dizia, na obra de 1942, que o escravo era a "figura que enche o cenário" e que ele teria tido outro papel na formação cultural da Colônia "se lhe tivessem permitido senão o pleno, ao menos um mínimo de oportunidades para o desenvolvimento de suas aptidões naturais" (idem: 342). Eis aqui o ponto: "Mas, a escravidão, como se praticou na colônia, o esterilizou, e ao mesmo tempo que lhe amputava a mor parte de suas qualidades, aguçou nele o que era portador de elementos corruptores ao que se tornassem tal por efeito dela mesmo. E o baixo nível de sua cultura, em oposição ao da raça dominante, impediu-lhe de se afirmar com vigor e sobrepor-se à sua cultura, em oposição ao da raça dominante, impediu-lhe de se afirmar com vigor e sobrepor-se à sua miseravel condição, ao contrário do que em tantas instâncias ocorreu no mundo antigo" (idem: 342/43).

Em uma passagem imediatamente seguinte e semelhante àquela que Carlos Nelson Coutinho notara no livro *Evolução Política do Brasil*, o autor chegava a dizer que, com essa debilidade da "maioria da população", as relações sociais "não ultrapassaram contudo um plano muito inferior, e não frutificam numa superestrutura ampla e complexa" (idem).

Segundo Caio Prado Jr., desfazer a obra da escravidão significava superar as heranças da sociedade colonial que, em *Formação do Brasil Contemporâneo*, ele descrevia aludindo ao pensamento social brasileiro. O traço característico daquela primeira sociedade era justamente o fato de ela ser uma formação sem "nexo moral", dizia ele usando um conceito *ad hoc*. Isto é, o fato de se ter aqui, "na colônia de produção" (e não de povoamento), um modelo de sociedade dado por duas estruturações, que ele passava a enumerar: a) aquela que resultava do fator econômico (a produção escravista de grande empresa), vínculo produtivo que, segundo Alberto Torres (ele é citado expressamente) era o único que estruturava na Colônia alguma coisa; nele se formando o "setor organizado" da sociedade; e b) à sua volta, relações sociais eram montadas pelo "fator sexual" (Caio Prado Jr. desta vez se refere a *Casa Grande & Senzala*), duplicando a figura do escravo na do negro (no caso, a mulher escrava), mas sem dar lugar a um maior nível de sociabilidade (Santos, 1999c). Esses vínculos apenas constituíam os fundamentos do único setor organizado da sociedade. "No outro setor dela, o que se mantem á margem da escravidão, a situação se apresenta, em certo sentido, peor. A inorganização é a regra." (Prado Jr., 1942: 343).

Ou seja, tinha-se uma sociedade formada basicamente por dois setores: a) um, estruturado, "orgânico", mas que não passava de uma "organização esteril, no que diz respeito a relações sociais de nivel superior" (idem); e b) ao lado daquele, "um estado, ou antes um processo de desagregação mais ou menos adiantado, conforme o caso, resultante ou reflexo do primeiro, e que se alastra progressivamente", cujos extremos, como se vê em outras passagens do livro de 1942, eram, de um lado, a "vadiagem" (o mundo urbano em sua lógica de não-incorporação, tema que irá ocupar tanto a dissertação sobre o industrialismo quanto o seu programa de reforma do capitalismo); e, de outro, a "caboclização" (idem), a "pobreza endêmica" (a preocupação de Monteiro Lobato), que, depois, será hierarquizada na ensaística caiopradiana como a "miserabilidade da população rural", e tornar-se-á o principal objeto da revolução *agrária* (com a conotação de valorização da força do trabalho, rural e urbana) e "nacional", no sentido do desenvolvimento sustentado das forças produtivas nacionais.

Esse tema da inorganicidade da sociedade brasileira é bem antigo em Caio Prado Jr.. Ele já está de certo modo equacionado no opúsculo de 1933, especialmente ali onde o historiador dizia que, no contexto de 1822, a revolução não se aprofundara na Constituinte de 1823. Nesse mesmo livro, Caio Prado Jr. alude à "atitude inconseqüente" das classes subalternas nos processos de "1848", mencionando a grande massa escrava (50% da população) de baixo nível intelectual e cultural, principalmente isolada nos "grandes dominios ruraes", cujo processo de constituição "em classe politicamente ponderável" só se daria "no decorrer do tempo". O historiador se refere ainda às camadas médias livres, grupo também sem coesão social e ainda sem "possibilidades de uma eficiente atuação politica" (Prado Jr., 1933). Em suma, suas descrições dão conta de uma sociedade débil sem maiores condições para influir na política do Império, inclusive a da segunda metade do século, quando se encerra a revolução de "1848" e o país começa a se modernizar com o avanço de um processo de generalização dos valores burgueses sobre a ordem patrimonialista.

A propósito, observe-se ainda, naquele ponto da obra de 1942, que o recurso aos clássicos brasileiros não levaria Caio Prado Jr. a se afastar da própria teoria social marxiana. As chaves de *O Manifesto do Partido Comunista* e do Prefácio de 1859 (forças produtivas/relações de produção, luta de classes na política, era de revolução social, etc.) haviam-lhe servido tanto para dissertar sobre a revolução da Independência e a natureza da vida política nacional, quanto para descrever os grupos subalternos do "angulo estático" (a situação da *classe em si*) e do "angulo dinâmico" da *classe para si* (agora o autor relembrando *A Miséria da Filosofia*), ou seja, a nominar as "forças renovadoras" daquela sociedade colonial. Caracterizando o lastro em que se haviam gestado essas forças, ele se referia à situação de mal-estar ante à "incapacidade da política portuguesa em realizar reformas substanciais que atingissem o seu 'sistema colonial'" (Prado Jr., 1942: 362); mencionava a fatos sociológicos, como a cisão entre proprietários na crise das dívidas, a oposição de raças que levara à especificação do conceito de "maioria da população" (parda), a "corporação temível" dos escravos e as "coincidências" da presença oportuna de atores de ideologias, como a maçonaria ("uma *organização* em atividade" (sic), a exercer, na Independência, papel "orgânico" e "articulado dentro e fora da colônia" e a imprimir "uma vontade e ação gerais" (idem: 371); ou, como a "inteligentsia" da colônia (o conceito é dele) (idem: 375) que se imbuiu da ideologia enciclopedista de valor "universal". Nada teria de postiço, como à primeira vista lhe parecera a Martius (relembrava Caio Prado Jr.), o fato de que a cultura das "idéias gerais" e das "idéias jacobinas" combinasse, num "verdadeiro paradoxo", os valores proeminentes dos interesses ingleses com a fórmula francesa "que a todos servia – senhores de engenho e fazendeiros contra negociantes; mulatos contra brancos; pés-descalços contra calçados; brasileiros contra portugueses; notável a ausência dos escravos, daqueles que apenas agiam e não precisavam de roupagens ideológicas" (idem: 376-77).

A forma de retratar a maioria da população em *Formação do Brasil Contemporâneo* tem ensejado a dúvida acerca de se Caio Prado Jr., de fato, acreditava que aqueles pobres haveriam de se erguer, passar pela catarse *classe em si/classe para si*, conforme o processo delineado em *O Manifesto Comunista*, e, afinal, vir a finalizar a construção da Nação. O uso que o autor faz das noções marxianas em mais de uma ocasião – e as trabalha, implicitamente, noutras tantas – afasta a conotação preconceituosa que se lhe atribui por conta do descritivismo com que ele alude àqueles desvalidos, de modo tão forte que matiza demasiadamente o seu papel de "classe universal".

Quanto ao segundo emblema da experiência americana, no Brasil, a relação Leste-Oeste se qualifica por se ter aqui indústrias que são "artificiais" (sic) e que haviam surgido de políticas fortuitas e oportunísticas, e que, no curso da substituição de importações, não tinham generalizado o progresso nas cidades, até onde se espalhara, e continuava cada vez mais se espalhando, a miserabilidade endêmica na formação social brasileira. Caio Prado Jr. tomava da experiência da Europa e dos EUA o exemplo do "fator dinâmico" das estradas de ferro irradiando a economia, para mostrar, no contraste, que aqui, na falta de um *elemento de autogênese* produtivo desse tipo, dever-se-iam acurar as vistas na "natureza do mercado" da indústria, residindo aí o "ponto nevrálgico" da economia brasileira (Prado Jr., 1945c; 1960: 370-72). Pelas descrições caiopradianas, o caso brasileiro era dramático: tinha-se um país de economia estruturada pelo *plantation system* e com um industrialismo que, em relação ao modelo clássico, se situava "muito atrás" em termos dos recursos naturais e qualidade da população que deveriam ser mobilizados para o desenvolvimento econômico-social sustentado.

Não se tem dado a devida atenção às interfaces dos seus excursos sobre o industrialismo com o tema da "superficialidade" da vida política nacional correspondente àquele capitalismo de "ações dirigidas" (sic). Particularmente à sua "dissertação" sobre a contemporaneidade brasileira que lhes serve de base, na qual Caio Prado Jr. considerava a modernização como um processo longo, interrompido na "revolução da Independência", continuado e também truncado na Abolição, na República e no industrialismo pós-30, deixando a impressão de estar descrevendo uma "revolução abortada" e sempre "passiva" no sentido dos processos "pelo alto", do subversivismo popular e da vida política nacional marcada por agitações estéreis e alheamento da população.

O *constructo* caiopradiano se centraliza nesse padrão histórico que experimentara duas interrupções importantes para a conformação da nacionalidade e da república, circunstâncias, aliás, das quais ele participara diretamente: em 1935, com a

Aliança Nacional Libertadora (ANL), e, quinze anos depois, com a UDN, no fim do Estado Novo. Segundo a percepção de Elias Chaves Neto, também são transições como essas o período que começou após a morte de Getúlio, quando se afirmara a Constituição de 1946, e que se estende até a posse de JK e o tempo de Jango. Levando a conjectura adiante, seria o caso de se dizer ainda que Caio Prado Jr. pensava a democratização do país como uma longa transição em termos de uma revolução "que se classificará *a posteriori*" (Prado Jr., 1966; 1978), revolução orientada por um projeto de reforma do capitalismo que assentasse econômicamente as classes e os grupos sociais ao modo clássico, a partir da valorização do trabalho, a qual importava, como ele dizia, "em primeiro e principal lugar" (sic) na superação da miserabilidade generalizada na formação social e endêmica no mundo rural e sentasse os "alicerces políticos" da vida nacional.

Esse tema da incongruência entre forças econômicas, grupos sociais e instituições, sobremaneira entre os dois últimos níveis, vai se tornar um emblema para as análises políticas do autor. Tanto a obra de 1942 quanto os indícios deixados em seus diários sugerem que – seja militando no Comitê de Ação, nos embates internos e nas campanhas eleitorais de 1945, seja na militância parlamentar até 1947 e na frente editorial-publicística – Caio Prado Jr. opera na conjuntura de 1945 tendo conhecimento do terreno em que pisava à luz de dois temas: o das "agitações" e "esterilidade" da vida política movida de cima (descritas no livro de 1933) e o da constituição da nacionalidade no sentido sociológico de *Formação do Brasil Contemporâneo*.

Caio Prado Jr. lutou à exaustão pela "aliança histórica" do PCB com os liberais que se reuniam nos últimos anos do Estado Novo em torno da UDN. Segundo se lê em várias passagens dos diários de 1945, ele calculava que a amplitude política daquela articulação levaria a acelerar o fim da ditadura e à abertura de um caminho para dar curso às reivindicações populares, de onde se processaria uma operação que afastaria as massas do populismo[44] e obter apoio duradouro da população; ponto este último do qual o historiador não mais se afastaria, voltando a ele depois, no livro de 1966, como uma "verdadeira "estratégia política" (Iumatti, 1998). Era uma política tanto para pôr fim ao Estado Novo quanto para criar condições de equacionamento da questão da miserabilidade da população.

Essa política de União Nacional do PCB tinha por "objetivo último" construir a condição para que sobreviesse uma correta "polarização de forças", como dizia Caio Prado Jr., utilizando o conceito, ao que tudo indica, por primeira vez em seus diários políticos (idem). No texto de 1954, também se encontra esta anotação: "Em suma, o que se impõe é uma polarização de opiniões em tôrno da verdadeira questão pendente e que se apresenta à política econômica do Brasil: ou a conservação ou a transformação total do atual sistema colonial de nossa economia" (Prado Jr., 1954: 183).

Esse conceito-chave de ciência política percorre depois toda a obra caiopradiana, confundindo-se às vezes com a idéia de "processo revolucionário" (Prado Jr., 1966). Possivelmente, a noção provém do dualismo com o qual Marx faz a sua teoria social no Prefácio de 1859 (logo após aquela passagem em que ele diferenciava analiticamente "estrutura" e "superestrutura" e onde se lê uma referência a esse último conceito como "... formas ideológicas, en que los hombres adquieren conciencia de este conflicto y luchan por resolverlo", cf. Marx, 1859; 1977: 344), tendo-se, por assim dizer, numa ponta – a opinião pública, e na outra, os partidos chamados a processar e a generalizar os interesses da população.

[44] O modo de fazer política "caiopradiano" potenciava o PCB através das articulações da UDN, especialmente junto aos seus núcleos mais ativos reunidos na Aliança Democrático Popular (ADP). De acordo com Paulo Iumatti, eram três os grupos que compunham a ADP: o "Movimento Libertador" (dos liberais Armando Sales e Campo Vergal), com o papel de fazer a ligação com a UDN; o "Movimento de Unificação Popular", que se voltava mais para a luta antiditatorial; e a "Comissão de Trabalhadores contra a Carestia e a Ditadura", ligada ao Comitê de Ação, que se dedicava a apoiar as reivindicações populares (Iumatti, 1998).

Como se verá nas apresentações das análises políticas do próximo capítulo, são essas noções que conferem sentido à idéia caiopradiana de "reestruturação da vida política nacional" em termos de uma relação "consistente" entre a institucionalidade e a movimentação social mais profunda, uma reestruturação, segundo o historiador, sempre mediada por temas "verdadeiramente nacionais" e de interesse da população. É neste sentido que o autor dizia esperar que aquela política de União Nacional trabalhasse a favor de uma "polarização de forças" radicalmente diferente da que sustentara a ordem do Estado Novo, de modo a refletir a "imposição correta" (sic) da nova relação entre as forças sociais que então emergiam e a institucionalidade, cujos "alicerces políticos" teriam de ser assentados como obra da transição democrática daquela época.

A DISPUTA PELA "POLÍTICA DE UNIÃO NACIONAL"

É sobre essa circunstância da trajetória de Caio Prado Jr. que a divulgação dos diários de 1945 vem lançar luz e colocar o "grupo" político do historiador como um protagonista relevante naquele "pequeno mundo" pecebista que tinha certa gravitação enquanto conexão PCB-UDN, essa que fora uma espécie de MDB da segunda metade dos anos 40. Com efeito, após a derrota da política de frente única da ANL em 1935 – este ponto alto da transição republicana que se inicia em 1930 e depois de o país ter passado pela "revolução burguesa sem o proletariado" (Sodré) –, decorridos quinze anos de engessamento da superestrutura, mas com expansão das forças produtivas nacionais, "1945" "encerrava tudo em si". Caio Prado Jr. fazia esta última anotação em seus diários e assim explicava o otimismo: "A política se agita, já agora sem reservas e publicamente. Arregimentam-se grupos, alianças e partidos... A luta começou, aberta e rasgada. Como terminará, por onde e para onde levará o Brasil?" (cf. Iumatti, 1998).

A divulgação dos diários mostra também como o historiador vive 1945 sob o filtro da interpretação de Brasil, atento ao aprendizado político que as massas – recorde-se que a sociologia de *Formação do Brasil Contemporâneo* chegava a aludir os contingentes de "desclassificados" e aos seres "sem bagagem cultural" e ainda próximos do mundo escravista – estavam tendo ao emergirem na vida pública. Numa situação que se dramatiza pela falta de "alicerces políticos" que superassem tanto o alheamento da maioria em relação à vida cívica quanto as agitações – termo usado continuamente desde o ensaio de 1933 até *A Revolução Brasileira* e seus apêndices – que marcavam a vida nacional. Se o novo daquele momento anunciava o fim próximo da ditadura, o novíssimo, a "irrupção das massas" na vida pública, segundo Caio Prado Jr., só se consolidaria à medida que se criassem as instituições democrático-liberais. Por toda a extensão dos diários caiopradianos percorre a idéia de que, pela política, se redefiniria os rumos do país naquela conjuntura de transição. As oposições saíam à superfície, trabalhavam na organização da UDN e perpassavam "massa crítica" (que elas encarnavam, no dizer do historiador) à vida nacional, espalhando-a como "opinião pública" pela imprensa, pela política e pelos grupos partidários (idem).

Não são nada discretos os contextos qualificados, como palestras e debates na imprensa, especialmente as ações, os encontros e as articulações das livraria e editora *Brasiliense*, onde se acumulava e de onde se difundia o clima de "radicalismo intelectual e análise social", de que falava Antonio Candido, e de onde o próprio Caio Prado Jr. não só ampliava a sua inserção no PCB, como ainda ajudava a credenciar o seu partido na política nacional (no contexto das articulações oposicionistas) e popular, em suas ações diretas e certamente em aliança com os núcleos mais ativos da UDN reunidos na ADP.

Os diários políticos divulgados por Paulo Iumatti também trazem pormenores da "controvérsia comunista" em torno da natureza da "política de união nacional" do PCB, um embate protagonizado pelo grupo do Comitê de Ação de Caio Prado Jr. e pela Comissão Nacional de Organização Provisória (CNOP), que se havia formado na "Conferência da Mantiqueira" e se reivindicava ser o único agrupamento credenciado para reorganizar o partido. Já o Comitê de Ação, menos conhecido pela bibliografia, era o grupo que vinha *fazendo política* comunista nos últimos anos do Estado Novo. Enquanto a CNOP se formara a partir do chamado Grupo Baiano e se sediava no Rio de Janeiro, o Comitê de Ação operava tanto em São Paulo quanto no Rio de Janeiro (no primeiro estado, além de Caio Prado Jr., os principais nomes eram Mário Schemberg, Tito Batitini e Hector Ferreira Lima; e no Rio de Janeiro: Victor Konder, Zacharias de Sá Carvalho e David Lerner) (idem).

Rememorando suas épocas de militância comunista, tanto Manuel Batista Cavalcanti (o velho "Ferro") quanto o próprio Elias Chaves Neto atribuem muito valor àquela divergência do final guerra. O primeiro insiste mais em dizer que a opção de Prestes, ao deixar o cárcere, pelo grupo da CNOP, tendendo a apoiar Getúlio, redefiniria a própria natureza do PCB, o qual, a partir daí, passaria a ser conhecido como o "Partido de Prestes". A façanha da Coluna e a identidade da resistência à ditadura, que o Cavaleiro da Esperança trazia consigo, ampliava-se largamente no prestígio que a URSS obtivera durante a guerra antifascista. Em suas memórias, o velho "Ferro" chama a atenção para o modo político de se reorganizar o partido a partir da movimentação do Comitê de Ação, que também fora uma maneira de vencer o pânico que grassava no PCB após as prisões de 1940 (Batista Cavalcanti, 1983-89). Por sua vez, Elias Chaves Neto acentua o sentido de "partido aberto" do Comitê de Ação, diferentemente do aparelhismo que ele divisava no tipo de reestruturação promovida pela CNOP alterando a política do PCB. Em seu depoimento, Elias Chaves Neto se refere ao browderismo,[45] do qual seriam acusados os membros do Comitê de Ação, e chega a ver semelhança com os dissidentes brasileiros, no mesmo sentido que ela aparentava – "sem tirar desta política as conclusões falsas" – com alguns partidos comunistas ao decidirem participar dos governos de união nacional no final do conflito (França, Itália) e das coalizões de "democracia popular" (Tchecoslováquia, Polônia), citando ainda Mao Tsé-Tung como um dos exemplos dessa "flexibilização" do caminho único criado em 1917. O mesmo memorialista assim registra a sua versão daquela conjuntura de 1945: "No Brasil, essas idéias tomavam vulto num grande movimento popular pela anistia", em cujo contexto haviam proliferado os Comitês Democráticos como articulações suprapartidárias em torno da campanha pela anistia que se mobilizam abertamente no fim do Estado Novo. O próprio Elias Chaves Neto recorda o comício do Pacaembu, no qual Prestes falara para multidões: "Vieram em massa os Comitês Democráticos; o que talvez tivesse sido um erro que os sectarizou, transformando os Comitês em células do Partido" (idem: 74).

Em seus cadernos de 1945, Caio Prado Jr. registra quase dia-a-dia as marchas e contra-marchas do embate entre aqueles dois grupos comunistas, pontilhando a disputa com os seus comentários sobre a evolução da própria transição por que passava o país, mostrando como aquela "batalha das idéias" ia se deslocando ao longo do ano e como, afinal, se concluiria na reorganização do novo partido, no dizer de Batista Cavalcanti. O apoio de Prestes à CNOP terminou impondo no PCB uma orientação que acentuaria mais ainda a subestimação da importância da eleição presidencial em torno da qual a movimentação udenista se cristalizaria como frente única na candidatura

[45] Seguindo orientação do seu Secretário-geral Earl Browder, o Partido Comunista Americano, por considerar não apenas importante a convergência entre Oriente e Ocidente celebrada nas conferências de Teherán e Yalta do final da guerra, como também reconhecendo que a própria idéia de luta de classes estava superada, se dissolveu, transformando-se em uma associação de fins não-políticos (Chaves Neto, 1977).

de Eduardo Gomes, tornando irreversível a passagem para um novo início na política brasileira.

Mudado o eixo da "política de união nacional", descentrando-se a conexão com a UDN, o PCB se voltaria para as articulações e as mobilizações "queremistas" da "Constituinte com Getúlio", daí realizando dois outros movimentos ao interior do campo pecebista: a) a reorganização do PCB se consumaria à margem do trabalho de unidade entre as esquerdas e a centro-esquerda, "desperdiçando-se", no dizer de Caio Prado Jr., aquele momento de democratização (Iumatti, 1998); e b) o outro – é plausível dizer – seria o movimento que substituiria certa esfera ideológica e intelectual do Comitê de Ação, que contava com um *constructo* bem preciso (pelo menos aos olhos do grupo à volta da Brasiliense) – a "dissertação" caiopradiana sobre a nacionalidade inconclusa –, ao qual se associava a idéia de "aliança histórica" com os liberais, pelo critério prático de avaliação da conjuntura internacional do pós-guerra, na leitura cnopista, a sugerir uma aproximação com Getúlio.

À falta de embasamento em uma interpretação de Brasil, segundo descrevem algumas passagens dos diários caiopradianos, a nova orientação do Partido de Prestes primava pela vagueza e o irrealismo das palavras-de-ordem mobilizadas e pela "improvisação" (sic) da tática do partido. Em seus diários, Caio Prado Jr. fez vários registros criticando o PCB; dois deles podem ser retidos como pontos significativos: o "populismo revolucionário" e a subestimação das eleições. Mesmo que a sua crítica principal se volte para o populismo "pelo alto" do Estado Novo, Caio Prado Jr. também se refere ao populismo que medrava em torno da figura de Prestes em diferentes mobilizações do PCB que têm lugar naquela época. Paulo Iumatti apresenta nos diários notas nas quais Caio Prado Jr. observava que, enquanto a mobilização de massas do queremismo apoiava-se nas camadas "mais inconscientes e ignorantes da população, no 'lumpen ou quasi-lumpen-proletariat'" (e não na grande maioria da massa do "proletariado propriamente" que "permanece ainda alhei[a] à política" (Iumatti, 1998: 126-27), Prestes despertava "simpatias" no operariado "regular e melhor qualificado". Em outras passagens há anotações sobre o clima de "histeria coletiva" dos "seguidores de Prestes", cada vez mais formados por "uma grande massa das [riscado → pequenos burgueses] camadas mais inferiores da pequena burguesia (e muitos lumpen-proletariat tambem)" (idem: 127-28). Acerca do "espirito de desordem, vindicta, radicalismo pequeno-burgues" que marcava a mobilização dos prestistas, assim seguia registrando o historiador: "Em muitos aspétos, a campanha prestista-comunista assume o colorido das campanhas fascistas. A mesma idealização e quasi deificação do chefe; [rasura ileg.] o mesmo radicalismo que não se [sente] aliás bem dentro da linha oficial do partido; as mesmas explosões emotivas e irracionais coletivas (idem: 128). Atente-se para este ponto de muito interesse: "A politica comunista tem por enquanto muito pouco de construtivo. Ninguem procura muito saber o que se vai fazer; quer-se alguma coisa de radical, confusamente sentida. Mas ninguem se preocupa em definir claramente o que seja esta 'coisa'. As proprias reivindicações de Prestes e do PCB, os [pontos] do seu programa, ficam no ar. Não se fala neles; a mesma *Tribuna Popular* mal os discute e esclarece" (idem: 130).

Ainda que esta seja uma suposição do autor desta monografia, alguns dos comentários que o historiador expende para avaliar os sucessos do dia-a-dia sugerem pontos de uma concepção de revolução com a qual o historiador já então se singularizava. Por exemplo: "Tenho a impressão que Prestes planeja um grande golpe", assim comentava em seus diários a preferência pelo tema da Constituição ("radical e ultramoderna"), ao invés de empenhar o partido nas eleições (ele escrevia também: "o seu sucesso dependia da legalidade").

Ou ainda quando anotava que Prestes não tinha "o direito de repetir sua malograda e desastrosa aventura de 1935". É clara a preocupação do historiador com o isolamento a que estava levando a nova política de união nacional da CNOP. Um mês antes do golpe de outubro, Caio Prado Jr. anotava que o PCB já não contava mais com "nenhuma corrente democrática ou liberal" (sic); "Mesmo simpatizantes estão neutralizados e hesitantes. A reação [reina] soberana em todos os agrupamentos políticos: na UDN, no PSD, nos demais partidos e correntes" (idem: 147). Alguns dias depois, voltava a fazer a seguinte nota em seus cadernos: "Temo que os comunistas vão ficar muito mal. Derrotada sua idéia (o continuísmo), Getúlio não se interessará mais por sua sorte. Perdem assim o apoio que na sombra lhes estava sendo dado, e ficarão á mercê da reação, sem aliados uma vez que perderam aqueles que deviam estar agora a seu lado: as correntes democráticas da UDN. Na hora que Getúlio considerar inúteis os serviços de Prestes, a reação se desencadeará. Talvez aquela hora esteja chegando.../" (idem: 167).

Após a dissolução do Comitê de Ação, Caio Prado Jr. iria permanecer marginalizado, até se candidatar à Constituinte de 1945, sem sucesso. Só sairá vitorioso nas eleições para a Constituinte Estadual de 1947, cujo desempenho lhe traz conflitos com a nova direção pecebista, como já se comentou anteriormente. O risco da repressão, que o líder do Comitê de Ação havia alertado, se confirmou com a Guerra Fria. Embora aquela "batalha das idéias" ao interior do PCB não tenha sido a arena onde, afinal, se decidira o rumo daquela transição política, sem dúvida, a derrota do "partido" de Caio Prado Jr. e, por conseguinte, do PCB em suas relações com e no contexto da UDN, não deve ter tido pouca importância para o campo democrático; ponto que, por sua vez, não deveria desinteressar ao pesquisador de idéias que queira decifrar o pensamento daquele comunista, simultaneamente radical e moderado.

Algumas daquelas alusões nos diários de 1945 à política comunista não constituem observações menores. Por exemplo, o ponto alusivo ao populismo chama a atenção como um elemento de muita definição nas análises de conjuntura caiopradianas: são várias as referências à política das esquerdas, à conduta do PCB em primeiro lugar, de máxima clareza de objetivos e de atuação a mais transparente para a população. Outro ponto que realça é o conceito de "opinião pública",[46] que algumas vezes aparece nos diários como mero lugar de superfície da política, onde se tornava visível a precariedade da institucionalidade; e noutras, como espaço de formações discursivas, lugar que as oposições deveriam ocupar para dali estimular a constituição dos grupos sociais em atores políticos. Por sua vez, as análises de conjuntura dos diários parecem obedecer ao esquema sociedade/opinião pública, com a atenção especial para a relação do último termo com os partidos e as instituições democráticas. Caio Prado Jr. definia a política comunista em torno da tese da precariedade da vida política nacional, já exibindo uma ciência política que o afastava da do seu partido. Separação eloqüente, pelo menos, em duas das situações-chave da democratização da vida política nacional: em 1945 e no pré-1964, época, aliás, a que, em parte, pertence *A Revolução Brasileira*, o livro que mais centralizou as dissidências de Caio Prado Jr..

É fazendo uma conexão entre a "dissertação" sobre a "revolução burguesa" débil (um capitalismo que não integrava o corpo social) e a tese da fragilidade da vida política nacional,

[46] Em seu texto "A Crise da Democracia Brasileira" (escrito em novembro de 1927), Caio Prado Jr. aludia a sua circunstância como um começo da política no quadro nacional, prevendo as possibilidades das "urnas" ou da "revolução" (dizia ele: "Nota-se por toda parte uma arregimentação de forças de oposição à situação dominante. Se esta reação for vencedora, poderá então preparar-se o país para a verdadeira democracia", in Martínez, 1998: VIII). Há outra passagem sugestiva: "Se o voto tornar-se uma realidade no Brasil, tudo mudará de aspecto, porque surgirá uma opinião pública que orientada e organizada em partidos, contraporá aos atos dos governantes o peso de uma sanção. Estaremos então no verdadeiro caminho da democracia" (idem). Segundo Paulo Henrique Martinez, um ano depois Caio Prado Jr. se filia e se envolve com o Partido Democrático, um partido "que fez coro com o mote 'republicanizar a República'" e que se "apresentou como alternativa aos extremos representados pela ordem constituída pelos Partidos Republicanos e pelas fórmulas revolucionárias dos militares ou do movimento operário" (cf. Martinez, 1998: 62).

que Caio Prado Jr. procurava rematematizar a relação entre economia e sociedade, agora, no campo da política. Aliás, essa questão da incongruência das instituições com o mundo real brasileiro já está em *História Econômica do Brasil*, onde parece haver uma espécie de "passagem de um tema a outro", isto é, do "sentido da colonização", da inorganicidade social (especialmente em *Formação do Brasil Contemporâneo*) e da constituição de "uma economia propriamente nacional" (superando o sistema anterior "em que prevalece o elemento *produção*, para uma economia de mercado interno ampliado", "o desenvolvimento do factor consumo" (Prado Jr., 1945b: 298), para o tema (que ele diz não ser possível desenvolver nesse livro) da "transformação parcial" que, não obstante, se havia produzido na economia brasileira após 1930.

Segundo o historiador, para "completar-se e chegar a bom termo", essa modernização exigia "um programa político de reformas e a consciência clara do rumo que ela (a transformação) deverá tomar. As condições de maturidade para isto já existem, mas a evolução política do Brasil retarda muito sôbre a econômica. Não é possível desenvolver aqui este aspecto da questão que nos arrastaria para fora do assunto" (idem: 307). Ele via com muito interesse a ampliação que já tivera a ação do poder público na vida econômica do país e o aparecimento de um "complexo aparelho administrativo (que) controla hoje a maior parte das atividades nacionais" (idem), chegando a dizer que essas condições abriam "grandes possibilidades à execução de um amplo programa de reestruturação econômica", as quais, no entanto, estavam sendo aproveitadas "somente no sentido conservador" (sic). Era assim que Caio Prado Jr. deixava o argumento ali inacabado ao final do último capítulo de *História Econômica do Brasil* ("A Crise de um Sistema"), antes da sua primeira atualização. Ali, naquele final, estavam as seguintes palavras escritas em 1945: "As sucessivas medidas nesta economia chamada de 'dirigida' se foram sucedendo sem ordem nem plano de conjunto; atendiam-se, com elas, a circunstâncias e situações momentâneas e particulares, e se resolviam problemas de emergência. Tratou-se sempre apenas de salvar o que podia ser salvo numa situação de desespêro. Chegou-se com isto a um resultado: uma tentativa de imobilização dos fatos econômicos em que se procura conservar o *status quo*. Daí o estado caótico em que se encontra a vida econômica do país. A crise do sistema brasileiro chegou a seu fim" (idem: 307-308). Chama a atenção que quando Caio Prado Jr. lhe acrescenta ao livro o capítulo "A Crise em Marcha" substituíra aquele trecho por uma passagem de mera adaptação ao capítulo seguinte que prossegue a história econômica a partir do pós-guerra.

De qualquer modo, ali naquela anotação, na qual o autor talvez estivesse aludindo a um dos propósitos que ainda alimentava para retomar o projeto de *Formação do Brasil Contemporâneo*, já estava indicado o tema de investigação: a correlação entre o modo "ocasional" e "empirista" do industrialismo brasileiro e a passividade da maioria da população, de formação defeituosa e exposta ao populismo, à falta de "alicerces políticos".[47] Como ele observaria no próprio apêndice de 1956 à *História Econômica do Brasil*, no programa modernizador da elitização do mercado interno dos anos 50, as massas populares também ficariam à mercê de uma nova exclusão. O autor também se referia à dimensão política do processo, ao comentar o "esgotamento do período das substituições fáceis", com o desaparecimento das "circunstâncias extraordinárias" que haviam propiciado a prosperidade da última fase do Estado Novo: "As velhas contradições que socavavam a economia brasileira, por um momento, disfarçadas, voltam a aparecer, muitas delas

[47] E dizia mais: a par do estímulo externo e do enriquecimento das classes possuidoras durante a guerra e no imediato pós-guerra, sem dúvida constitui elemento favorável daquele progresso "artificial" "o regime ditatorial e a restrição das liberdades públicas" que faziam com que recaísse na massa trabalhadora o peso dos sacrifícios da carestia e da concentração de renda (idem).

agravadas; e outras novas se agregam a elas, aprofundando consideravelmente a crise geral do sistema, agora já com grandes repercussões na vida política e social do país" (Prado Jr., 1945d; 1960: 345).

É essa preocupação com a assimetria entre economia e sociedade (economia e política) que desperta a atenção para o fato de que, enquanto alguns autores nacional-desenvolvimentistas da época olham mais para o contexto de 1930 – no que radicam a sua "revolução" e a sua modernização –, já Caio Prado Jr., que também procura comparar aquele industrialismo com o modelo incorporador clássico, volta as suas análises políticas do pré-64 para a transição de 1945, certamente por este ser um contexto no qual a questão da institucionalidade da revolução burguesa se expunha como processo histórico em aberto naqueles anos imediatos à publicação do primeiro volume de *Formação do Brasil Contemporâneo.*

CAPÍTULO 5

AS ANÁLISES POLÍTICAS DO PRÉ-64

Se a "dissertação" de Caio Prado Jr. sobre o capitalismo débil tem recebido apenas algumas menções (e muito menos que a do agrarismo), a sua tese sobre a vida política nacional permanece bastante minimizada na bibliografia. Sem que o seu quadro de referência ocidental desperte interesse como sinal de um passo à frente na flexibilização do marxismo comunista brasileiro, será muito difícil falar de uma ciência política em Caio Prado Jr., sobremaneira se se a entende como uma "ciência normativa" para dar funcionalidade à vida democrática brasileira.

Vêem-se traços dela quando se atenta para o movimento através do qual as análises políticas caiopradianas "devolvem" para o pesquisador de idéias o tema da sociedade "historicamente determinada", com suas articulações classistas especiais (Lênin) e com configurações socioculturais, quer de formação do país (Buarque de Holanda havia realçado o preconceito ao trabalho), quer aquelas que derivam do industrialismo artificioso (de desinteresse pela produção e produtividade). Tais contornos tornam-se mais visíveis quando se procura ver como essas articulações põem à mostra a superficialidade da vida política nacional, a fragilidade do desenvolvimento cívico da população e o caráter "politicamente oportunístico" do aproveitamento privatista do "Estado do Cartorial", que, segundo Caio Prado Jr., será levado às últimas conseqüências durante o regime de 64.

Dada a persistência do autor em seguir por aquelas coordenadas, aferrando-se ao mesmo tipo de recorte das conjunturas sob análise – configurando um estilo de pensamento[48] – não seria descabido conjeturar sobre a função do par "desarticulação/superificialidade" como eixo que organiza a "dissertação" urbana caiopradiana, em "substituição" à falta de uma categoria central como a que estrutura a obra historiográfica (como na hipótese que há muito defende Fernando Novaes). (Cf. Novaes, 2000).

É neste sentido que se pode falar do emblema "1945" não como "mera volta" a 1945, do mesmo modo que não o são em outros marxistas as remissões a 1789 ou a 1848, para não mencionar o último exemplo clássico que é o marxismo gramsciano e seus retornos à Reforma, à Renascença, e especialmente ao *Risorgimento*, que funciona como um dos caminhos para fundar uma ciência política marxista. A seu modo, Caio Prado Jr. trouxe daqueles últimos anos do Estado Novo a inspiração para colocar a seu partido o tema das duas "reorganizações" da vida nacional pensadas ao modo da Abolição e para "completar" a República segundo o regime dos partidos e de opinião pública livre e forte.

[48] Esse tema merece ser explorado, haja vista certa perfilação de estilos no modo de apreender as situações e definir ações políticas em dois momentos discursivos do PCB: quando ele tende a ler qualquer coisa do mundo político segundo o viés da frente democrática no pós-64, e, no final desse período, quando na chamada ensaística eurocomunista, lêem-se os processos e as conjunturas do ponto de vista da assimetria entre economia e política, sugerida pela tese do "prussianismo brasileiro" (para o primeiro caso, ver PCB in Nogueira, 1980, e para o segundo, ver vários textos da revista *Presença*, entre os anos 1983-93).

APRESENTAÇÕES DA TEORIA POLÍTICA CAIOPRADIANA

Na primeira de suas análises políticas, do começo de 1956, "O Sentido da Anistia Ampla", Caio Prado Jr., de modo parecido ao do seu partido, também valorizava a eleição de JK, justamente por ela ter tido origem em um forte movimento de "opinião pública" ("sem dúvida uma das mais vigorosas afirmações da vontade popular registradas em nossa história"), opinião pública que, escrevia ele, primeiro pesara na aceitação da eleição e, depois, impulsionara o movimento pela posse do Presidente. Abria-se um quadro com "perspectivas promissoras" para o processo político, havendo um "sopro de renovação" (sic) no governo, dado pelo fato de JK o ter constituído em um novo tempo – continuava o registro de Caio Prado Jr.–, em que "as grandes transformações ocorridas desde a última guerra começa(va)m a amadurecer e se fazerem nitidamente sentir" (Prado Jr., 1956a). Em sua circunstância econômica, a nova administração teria de escolher entre a finança internacional e a industrialização ("em termos propriamente nacionais"). Mesmo sendo um governo formado em meio a acordos partidários ("sem conteúdo ideológico e cimentado quase unicamente por interesses pessoais"), o seu desafio consistia, segundo o historiador, em dar passagem às forças renovadoras, antes dispersas, que se haviam reunido na eleição sob a forma "de amplos setores da opinião pública" mobilizados pela idéia de reforma, aberto o caminho para que aquele despertar político se desenvolvesse em profundidade. Fora ele que, apesar das "vacilações" e "ambigüidades" do candidato e do seu alinhamento ao capital estrangeiro, que teria colocado Juscelino Kubsticheck no rumo do novo tempo, concluía o ator o seu otimismo ante aquele curso político (idem).

Fazendo o exercício de associação daquela "opinião pública" a um processo de "polarização de forças" como expressão da estrutura social, o analista já não se manteria tão otimista transcorrido o primeiro ano do novo governo. No final de 1956, no seu segundo artigo, "A Política Brasileira", comparando as "poucas" medidas "positivas" com as muitas "negativas" adotadas por JK, Caio Prado Jr. centrava a análise no plano da política propriamente dita, perscrutando suas possibilidades, realçando o papel dos partidos. Para ele, o desempenho do governo e da oposição ("O que se pode observar é unicamente uma oposição que ataca, e um governo atacado que se defende") mostrava-se um terreno pantanoso por onde o grande programa de "industrialização e desenvolvimento econômico" (sic), que emergira na eleição, ia se esvaindo em razão da "improvisação, superficialidade e inconseqüência da atual administração", ajustando-se naturalisticamente ao novo padrão de crescimento capitalista pós-"pleno emprego das forças produtivas nacionais", como dizia ele, mediante "medíocres dependências" aos trustes internacionais, em detrimento da mobilização da massa da população para o trabalho produtivo e eficiente. Caio Prado Jr. via na agenda falsa da Oposição – a ética udenista, a defesa da liberdade de imprensa (para desestabilizar o governo constitucional), etc. – ainda o reverso da própria campanha presidencial que havia sido de "caráter puramente pessoal e de agitação estéril" e que só mostrara "pobreza de idéias e de pensamento construtivo".

"Voltando a 1945", o historiador dizia daqueles anos 50: "O certo é que as instituições políticas brasileiras se acham desconjuntadas". E explicava o ponto: "A sua base essencial, que são ou deveriam ser os partidos políticos, não tem consistência alguma". Evocando o seu modelo comparativo, o historiador dizia: os partidos precisavam, antes de tudo, começar a existir, isto é, afirmar "a personalidade independente dos indivíduos que os compõem e eventualmente os representam. O que dá existência efetiva aos partidos políticos são os princípios e a orientação que os inspiram, e de que os membros do partido, sobretudo aqueles que exercem cargos públicos, ou que os pretendem, não são senão os portadores e instrumentos de expressão (Prado Jr., 1956b)." Para o argumento que o autor queria construir, essas definições não são ociosas: "Em outras palavras, o que essencialmente constitui ou deve constituir um partido político digno desse nome, é uma ideologia que compreenda e contenha, sob forma geral e sistematizada, resposta explícita e clara ao conjunto das questões que se propõem no desenvolvimento da vida econômica e social do país, e que de maneira casuística e mais ou menos confusa se apresentam na consciência popular. Cabe aos partidos transpor essas questões para o plano político, dar-lhes uma elaboração teórica adequada e submetê-las assim ao debate público e à opinião do país. É somente assim que se irá formando um pensamento coletivo e uma cultura popular capazes de orientar a vida política do país, colocando-a a salvo de agitações estéreis e do caos que de outro modo estarão sempre iminentes. Não se esqueçam os dirigentes políticos da larga audiência que sobretudo na qualidade de chefes de partido, é posta à sua disposição. É preciso que saibam utilizar essa audiência no sentido da educação popular e da formação de uma consciência coletiva, único esteio seguro das nossas instituições políticas, e capaz de lhes dar um sólido fundamento" (idem).

Com essas premissas, Caio Prado Jr. se voltava para a "questão geral" da democratização da vida política nacional, dizendo que a democracia era, "antes e acima de tudo, o conjunto de práticas através das quais se torne possível ao povo em geral adquirir consciência de seus problemas e necessidades, formar opinião sobre a maneira mais conveniente de resolver aqueles problemas e dar satisfação às necessidades; e finalmente fazer com que essa opinião seja levada em conta na administração pública do país. A liberdade e os direitos políticos assegurados na Constituição brasileira e nas leis não têm ou não devem ter outros objetivos que aqueles. E se explicam e justificam na medida exclusiva em que contribuem para isso. De nada servem portanto se deles se excluir o conteúdo concreto que vem a ser o fato de servirem de caminho e instrumento de participação popular na direção e administração do país" (idem). O autor falava dessa democracia de partidos e procedimental – "essa verdadeira democracia" – como a mais importante condição "para o funcionamento regular das nossas instituições políticas e da administração pública. Não é possível governar e administrar o país, no mundo de hoje e naquele que se projeta para futuro, sem ser na base de fortes correntes de opinião pública nas quais os governos busquem não somente inspiração para seus atos, como agentes políticos e administrativos capazes de realizar de maneira conseqüente e fecunda as tarefas que incumbem aos órgãos do poder".[49]

Como esse tipo de exercício, Caio Prado Jr. assim avaliava a mudança de rumo do novo governo: a administração JK, que se havia formado como um governo – repita-se o autor – "eleito com um vasto programa estratégico de realizações no terreno do desenvolvimento econômico do país", fora perdendo as energias acumuladas no início e logo o programa se revelaria "não ser mais que uma iniciativa pessoal do candidato" tornado Presidente. Segundo a análise que fazia do seu primeiro ano, o governo passava a ser um governo desprovido dos "elementos ideais e políticos" necessários para a sua concretização como programa. Por sua vez, a oposição pela oposição, registrava o analista, "não é base suficiente para nenhuma ação política, por mais brilhantes e capazes que sejam os indivíduos que compõem aquela oposição" (idem).

Neste ponto do texto, Caio Prado Jr. retornava ao antigo tema da indiferença política, inclusive aludindo ao ceticismo da "grande maioria da população" ante as respostas que ela es-

[49] E explicava ainda: "Governos e administrações que não se apoiarem num pensamento coletivo representados por partidos e expressarem ideologias políticas, pouco ou nada podem realizar por lhes faltarem não apenas normas de ação seguras e aplicáveis na prática, mais ainda quadros políticos e administrativos ativos necessários para a aplicação de tais normas" (idem).

perava da administração pública, sem ver sinais de solução satisfatória aos seus problemas.[50] Dando atenção à persistência das velhas práticas da "política brasileira" – de "hostilidades pessoais ou de grupo", "de rivalidades de campanário" e dos debates de questões políticas e administrativas "no plano de suas preferências doutrinárias e convicções pessoais" –, Caio Prado Jr. equacionava-as numa associação mais completa com o trinômio da sua ciência política – opinião pública/polarização de forças/vida política nacional –, divisando os contornos de um quadro sombrio, de crescente confusão e vazios que haveriam de alimentar os grandes interesses nacionais e internacionais à espera, como ele dizia, de "dias ainda piores de completa desordem e desorganização da vida administrativa do país" (idem).

No terceiro artigo dessa série de análises, "Panorama da Política Brasileira", do final de 1961, a avaliação caiopradiana já era francamente pessimista. O analista punha agora o foco do seu interesse no quadro de *desequilíbrio catastrófico* que se estava criando a partir da situação que ele chamava de "vácuo" e "marasmo". Caio Prado Jr. inclusive interpelava as "forças políticas dominantes sobre que recai a responsabilidade da direção do País" pela omissão numa hora "em que mais se fazia sentir a necessidade da ação, de uma tomada decisiva de posições, de perspectivas claras e de realizações de grande envergadura" (Prado Jr., 1961).

Com essa idéia de urgência, o analista insistia em seu diagnóstico segundo o qual a política brasileira encontrava-se num "ponto morto", na "completa esterilidade dos seus atuais

[50] "O povo não está nem mesmo em condições de saber ao certo o que deve ou pode esperar. Falta-lhe para isso suficiente coesão ideológica; e em matéria de pensamento e ação política não vai além do imediato. A direção que têm tomado os sufrágios populares em tantas instâncias, mostra isso claramente. Resulta daí que nem o govêrno e os partidos que o sustentam podem contar com um apoio popular suficiente para levarem a cabo uma tarefa administrativa de largo fôlego; nem a oposição, por motivos semelhantes, conta com autoridade moral para servir de freio aos erros do govêrno. E não tem outro recurso, para justificar sua existência, que se agitar freneticamente e sem outra perspectiva que arrastar o país nessa agitação estéril" (idem).

quadros políticos", vivendo-se uma situação que se deteriorava, sem uma estrutura político-partidária capaz de dar passagem a formas de "atividade política fecundada e de perspectivas" (sic). Eis como ele via a raiz desses impasses, "incongruências" e "inconseqüências" que "estranhamente" se perpetuavam: "Realmente, a política brasileira ainda se acha fundamentalmente disposta dentro de um velho esquema inteiramente superado pelos fatos, e que herdado de um passado que já se vai tornando remoto, vem anacronicamente se arrastando em renovação. Esse esquema vem dos tempos em que a figura de Getúlio Vargas ocupava o centro de nossa vida política. Essencialmente, os nossos partidos e agrupamentos políticos ainda formam nos dois campos originários das forças que no passado respectivamente apoiaram Getúlio Vargas e lhe fizeram oposição... Analisando-se com atenção a vida política brasileira e a sua estrutura partidária, verifica-se que efetivamente o que ainda marca, de maneira decisiva, a linha divisória dos partidos, é a sua tradição do tempo do getulismo, isto é, a sua posição originária respectivamente de partidários e adversários do governo, ou antes, da pessoa de Getúlio Vargas" (idem).

Naquele momento particular do pré-64, ao invés de anacrônico, o espectro de "1945" tornava-se uma baliza para o ator político guiar-se: diante daquela circunstância que muitos até mesmo a tinham como "pré-revolucionária", Caio Prado Jr. centralizava a sua análise no tema do sistema partidário. Ou seja, firmava a tese segundo a qual era o velho "dispositivo político" que projetava a "ilusão" – "já hoje felizmente bem atenuado, pelo menos na opinião pública" – de que "as contingências e vicissitudes da política brasileira são reflexo da correlação de forças econômicas e sociais no plano das lutas político-partidárias". Era esse dispositivo que oficializava na cena pública conflitos partidários que, na verdade, e "em última instância", resultavam do jogo "de facções de estreitos horizontes e inspirados unicamente em interesses personalistas e de clientelas políticas concorrentes" (idem).

O autor queria mostrar o modo como esse "tradicionalismo ideológico" se perpetuava, subsumindo e anulando "nesse jogo estéril" (sic) "uma larga parcela de esforços honestos e dignos de melhor sorte"; ou seja, como, na falta de "questões gerais", reproduzia-se "naturalisticamente" a política formada como mera agregação de interesses pessoais e de "clientelas partidárias". As eleições permaneciam sendo palco para "contingências eleiçoeiras", apenas ocasiões para simples composições heterogêneas, formando um mundo, como sempre o historiador estará dizendo, de "inconseqüência" e de "esterilidade no que respeita à solução, ou pelo menos encaminhamento, das soluções para os fundamentais problemas brasileiros". Também se podia ver a persistência desse velho estilo na conduta das forças políticas que, frente à administração JK, se posicionam, não em função das diretrizes do governo – "entreguismo e inflação em escala sem precedentes" –, mas "na base de determinações puramente partidárias e de facção". Por sua vez, maquiando a face igual à da parte mais conservadora do governo, a UDN ocupou todo o espaço da oposição, recobrindo-o com o manto de uma luta "facciosa de clã político" derrotado (idem).

O analista da *Revista Brasiliense* continuava a sua narrativa política, dizendo que a própria candidatura Lott – "nítida e confessadamente reacionária" (sic) – apenas iria fazer funcionar o "decrépito dispositivo PSD-PTB contra a UDN" "no sentido de indevidamente polarizar as forças políticas do País", vale dizer, centralizá-las em torno de uma "estreita luta de facções sem nenhum conteúdo ideológico e programático real". Por seu turno, a eleição de Jânio também reproduzira o "obsoleto esquema faccioso que é o PSD-PTB de um lado, a UDN do outro". Não seria nada estranho que, nesse quadro, a demagogia "populista e esquerdizante" de Jânio ganhasse conteúdo popular apenas para, em sua aventura, levar a uma situação de "paralisia" da "política brasileira". Ademais, essa "cena política oficial", segundo Caio Prado Jr., envolvia os debates em torno das questões nacionais com uma "nebulosa estratosfera de vagos princípios abstratos onde, embora debatidos, não oferece a menor possibilidade ou probabilidade de se traduzirem em realizações concretas" (idem).

Essa ênfase na assimetria política oficial/sociabilidade diferenciava as análises caiopradianas das demais ciências políticas dos anos 50, indicando que o historiador e o seu partido tinham concepções de mudança social bastante nuançadas, não obstante partilharem a mesma tradição política e linguagem marxistas. Enquanto na sua melhor "sociologia da modernização" do pós-58 o PCB reconhecia à polarização nação/imperialismo o status de sobredeterminação que governava o processo da luta de classes na política,[51] o marxista Caio Prado Jr. fazia o movimento estranho, a que já se mencionou anteriormente. Reteve do equacionamento da colônia de produção o tema da população-*consumo*, o repensou, diga-se assim, mediante uma Economia Política ampliada, para chegar a uma ciência política que iria pôr muita atenção nas relações entre os níveis de estruturação da sociedade que seriam *bem mais desiguais* em situação de capitalismo retardatário do que se poderia pensar segundo a lógica das lutas de classes na política descrita no capítulo I de *O Manifesto Comunista*.

O próprio conceito de "polarização de forças", que aparece em Caio Prado Jr. como uma espécie de diferenciação alternativa da idéia de frente única interclassista e de conformação *substantiva* (ver o tema em Laclau e Mouffe, 1985), está muito ligado à sua tese da reestruturação da vida política brasileira ("na base de princípios e programas de ação nitidamente definidos e formulados em termos suscetíveis de imediata aplicação").

[51] Observe-se que em alguns isebianos aquele tipo de *constructo* tinha um viés cultural mais elaborado revestindo a problematização nacional-desenvolvimentista do par atraso/moderno, donde eles extraíam suas teorias da libertação nacional (autenticidade/inautenticidade). Ver, por exemplo, textos de Álvaro Vieira Pinto e Paulo Freire.

Neste mesmo texto, Caio Prado Jr. ainda alertava as "forças progressistas e populares" para não se deixarem transformar em "simples joguetes envolvidos em lutas de facções" e tomarem a mobilização popular como *matriz* de onde sairiam os novos quadros e as reformas de base teriam a sua viabilidade convalidada ao se entrosarem ali a atividade legislativa e a ação dos grupos sociais "diretamente interessados no assunto". O historiador imaginava que esse processo seria vivido pelos partidos políticos à medida que eles se enraizassem na massa popular (como ele dizia: "... sentirem e interpretarem suas aspirações, formularem-nas em termos de idéias gerais e princípios políticos, captarem e utilizarem a sua experiência, e finalmente disciplinarem e canalizarem convenientemente a ação popular"). Mas, na realidade, tinha-se outro quadro político: "Tudo isso é inteiramente estranho aos partidos brasileiros, que aliás não se constituíram nem funcionam para esse fim. São por isso incapazes, na sua forma atual, de assumir a responsabilidade das reformas de base que o País necessita" (Prado Jr., 1961).

A terapêutica caiopradiana era taxativa: os partidos políticos deveriam aposentar "definitiva e inapelavelmente o decrépito dispositivo político-partidário" e se reestruturarem – cite-se o autor – "em função de programas de ação efetiva no rumo da solução dos grandes problemas nacionais, e na base da organização popular, isto é, tomando por fulcro os movimentos populares onde encontrarão o impulso e cooperação necessários, e somente aí o encontrarão, para aquela ação" (idem). Qualquer que seja o sentido que se dê a essa radicalidade, há outras passagens mostrando que o autor tem em mente um modelo de ação *político-popular* de todo "purificado" em relação ao campo da cultura política vigente, à primeira vista, até mesmo dissociado do marco institucional da política corrente.[52] Vendo-se o sentido de tais referências imprecisas em relação à idéia de frente única com outras passagens desses mesmos artigos, tem-se mais a impressão de que se trata de uma alusão a uma terapêutica regenerativa (ou mesmo de refundação) dos partidos para que eles pudessem "dar novo rumo àqueles fatos e instituições" (fatos, os problemas e seus equacionamentos, debates e soluções; as instituições e as formas políticas e governativas) (Prado Jr., 1961).

Um ano depois, no quarto artigo que escreve para a *Revista Brasiliense*, "Perspectivas da Política Progressista e Popular", já no governo de Jango, Caio Prado Jr. voltava a insistir na questão da inexistência de um "sentido mais profundo" na "vida política partidária oficial brasileira", e não dissimulava o pessimismo ante o fato de que as "aspirações e reivindicações e a problemática econômico-social brasileira" estavam apenas sendo instrumentalizadas (Prado Jr., 1962b). Ao invés de ver aquele momento como um quadro político – no qual o analista situava a "luta de classes na política" de um ponto de vista "estrutural" para examinar a "disposição de forças" que lhe permitiria definir táticas adequadas a um objetivo último –, Caio Prado Jr. fixava o tema da debilidade institucional da vida nacional como a questão que o ator democrático não poderia deixar esmaecer à hora de caracterizar o campo de manobras onde teria de operar a política corrente nas condições da vida política nacional.

[52] A conjectura provém de, pelo menos, duas outras referências como aquela da raiz popular dos partidos: a) a que aparece em um dos seus textos do V Congresso de 1960, na qual, a propósito da política de frente única "queremista" (que ele esperava "que morresse" no partido), Caio Prado Jr. lamentava a perda de energias em tais alianças (que, segundo ele, só abriam espaço para que os "demagogos" "se aproveitassem da massa trabalhadora") e reclamava da concentração "na organização e preparação ideológica em torno das reivindicações do proletariado e dos trabalhadores rurais (Prado Jr., 1960b); e b) uma outra passagem de *A Revolução Brasileira* na qual ele desqualificava o papel político da burguesia nacional no imediato pós-64 e se refere a um ator revolucionário ("progressista e popular") nucleado por um pólo constituído de trabalhadores das cidades (proletariado "regular") e dos "empregados" no mundo rural (Prado Jr. , 1966).

Note-se que o autor se preocupa com o tema da escolha de meios políticos em estrita relação a fins, no caso daquele imediato pré-64, e pede que o operador político faça os seus cálculos a partir da *compreensão geral* da "política brasileira" vivida na conjuntura específica, isto é, que atentasse para a deficiência da vida política, "revelada na inadequação dos quadros partidários à nossa realidade e problemática econômico-social" (idem). Caio Prado Jr. comentava que a formulação dos "grandes problemas" havia-se tornado "clara, pelo menos em suas linhas gerais e fundamentais". Inclusive, como os grandes temas nacionais já tinham se popularizado em alguns pontos, sobressaía-se a figura do ator político que era chamado a saber combinar a *virtù* – não tinha poderes ilimitados – com a sua circunstância – do seu conhecimento dependia o êxito de suas ações –, de qualquer modo já dispondo de todos os motivos para tentar governá-la em razão dos objetivos últimos. "No entretanto, os quadros partidários brasileiros não se dispõem em função das soluções a serem dadas a essas questões (os grandes problemas nacionais, R.S.). Ou o fazem de maneira ambígua e inconseqüente. Eles se dividem e agrupam não na base de programas destinados a enfrentar as tarefas propostas pelo desenvolvimento autônomo e nacional da economia brasileira e pela reforma agrária – que são os pontos em que se centralizam as questões pendentes na conjuntura atual – e sim com vistas a insignificantes interesses de grupos partidários, quando não de simples ambições e vaidades pessoais" (idem).

Segundo Caio Prado Jr., a responsabilidade maior pela persistência desse quadro cabia, em primeiro lugar, às "forças populares e progressistas" que haviam perdido a iniciativa perante os "fatos", ou seja, ante os demais atores, tanto junto àqueles a quem deveriam conduzir quanto em relação aos adversários que, pela lógica da política vigente, terminavam por lhe subalternizar a ação. Ao não se concentrar no labor de operar a "polarização de forças segundo os problemas nacionais", o ator "progressista e popular" deixava, nas palavras de Caio Prado Jr., que aqueles problemas nacionais "se disfarçam e esvaem na heterogeneidade dos dispositivos partidários que se defrontam na arena política, bem como na vagueza de formulações inconsistentes e inconseqüentes" (idem).

É a partir dessa tese da debilidade da "política brasileira" que Caio Prado Jr. pintava o final do ano 1962 com cores de uma conjuntura "pré-revolucionária". À falta de atores competentes – não se havia conseguido converter a instabilidade que se formara após a renúncia de Jânio em uma fase de "grandes transformações capazes de encaminhar a solução das contradições pendentes" – a situação se tornava dramática. Assim ele descrevia aquele curso: "O País atravessou neste ano e pouco, uma das mais agitadas fases de sua política, uma sucessão de crises que vem abalando profundamente o País e chegando mesmo a colocá-lo na iminência de lutas armadas. Na base dessa agitação e crise, o que em última instância as alimenta, foi sem dúvida, como ainda é o caso, a intranqüilidade decorrente do aguçamento das contradições profundas que dilaceram o organismo econômico e social da nação e se manifestam entre outros neste efeito e sintoma tão palpável que é a crescente aceleração do processo inflacionário" (idem).

O ponto que o PCB deveria ter escutado do seu analista ilustre era o processo de deterioração política, com a perda de uma circunstância inicialmente favorável – o "ardor das massas" (sic) que despontara em 1954 – "numa luta que estimulada e desencadeada, embora por fatores altamente positivos, logo se esteriliza e perde, em todas suas arrancadas, em becos sem saída" – a cena pública se amesquinhando a cada dia. Lendo-se os comentários sobre a continuação do movimento pela posse na nova luta para recuperar todos os poderes do Presidente ("intensa agitação popular, greves, pronunciamentos militares"), quando Goulart já pudera até nomear o próprio ministério, tem-se uma idéia de quão distante estava Caio Prado Jr. em relação à "ânsia desmedida" pelo poder das "forças progressistas e populares", e como ele evocava o emblema "1945" (idem).

Caio Prado Jr. não vira tempestividade no plebiscito e chegaria mesmo a dizer que se, realmente, fora o "fato político máximo" do pós-61, ele não ensejara um "passo decisivo" adiante, no sentido das reformas, nem indicara "algum sintoma de uma próxima realização". O historiador se afastava do cálculo "subjetivista" que atribuía à chamada política de "conciliação" de Goulart com o centro político a causa da deterioração da conjuntura. E observava que, numa avaliação como esta, ainda restava explicar como e porque o Presidente "resolveu conciliar, e como logra fazê-lo com o assentimento geral, ou pelo menos sem oposição sensível do dispositivo e das fôrças políticas que o apoiaram e continuam apoiando sua política e suas posições" (Prado Jr., 1962b).

O comentarista ia para o seguinte ponto: se fôsse tão fácil deter ou modificar o rumo dos fatos políticos, com aferições como, no caso, aquela da "vontade 'conciliatória' do Sr. João Goulart, não haveria mais previsão política possível, nem plano, programa, estratégia ou tática em que se pudesse confiar" (idem). Ao invés disso, Caio Prado Jr. dizia que o analista deveria procurar explicações no fato de que justamente se estava aproveitando noutra direção o apoio popular que o dispositivo janguista havia mobilizado, conseguindo, nas palavras do autor, "unir e confundir, desde a renúncia de Jânio Quadros, com o estabelecimento do pleno exercício, pelo Sr. João Goulart, dos podêres de Presidente da República" (idem).

Observa-se que, nessas análises, é a "não-coincidência" "entre os fatos concretos da política partidária brasileira, de um lado, e doutro as contradições profundas da nossa realidade econômica e social" que aparece gerando uma situação enganosa, de aparente radicalização; situação que, para Caio Prado

Jr., colocava-se para o ator político como um desafio a enfrentar, "sem dúvida um grande óbice, talvez no momento o mais sério, oposto a um fecundo desenvolvimento da política brasileira no sentido da solução das grandes contradições econômicas e sociais que afetam o organismo da Nação" (idem).

Fixado o parâmetro da sua análise naquele ponto, o historiador irá ficar muito solitário naquele pré-64. Contracorrente em suas avaliações de época, Caio Prado Jr. pensava que, sem "ânsia desmedida" pelo poder, se estaria em melhores condições para se distinguir entre o cálculo de curto termo orientado para realizar ações de poder, daquele outro tipo de formulação de uma práxis (destinada a "corrigir as defeituosas vias em que se processa a política brasileira") em favor de uma "clara definição e polarização de forças". Por este último caminho, abriam-se perspectivas para "a solução das contradições econômicas e sociais pendentes", interditando-se a velha lógica da "política brasileira" que terminava, como dizia ele, sempre por "canalizar e dissipar o dinamismo latente nessas contradições para estéreis lutas de facções e choques de interesses personalistas" (idem).

Em suma, em suas análises políticas, Caio Prado Jr. trabalhava aquela tese da debilidade da vida política, indo de uma espécie de "sociologização" da política corrente – ele esperava que o jogo político se subordinasse à verdadeira correlação de forças econômicas e sociais (sugerindo, no limite, o *desligamento* das "forças progressistas e populares" dos "estéreis dispositivos e quadros partidários oficiais a regulares"), até um segundo movimento de "politização" daquele sociologismo, que resultava da sua visão acerca da constituição da nacionalidade através dos partidos. Ele dizia que "um primeiro e imediato passo", naqueles tumultuados anos do pré-64, seria a concretização "sistemática" (sic) de um programa "a fim de tirá-lo das vagas generalizações e dispersão de princípios que ainda hoje o caracterizam", ou seja, em suas palavras, ter noção "precisa de como propor essas questões concretamente e de modo a lhes dar soluções expressas em normas práticas e desde logo aplicáveis". A propósito, o autor alude, entre outros, ao exemplo da reforma agrária, que estaria – cite-se – "reduzida simplesmente, na maioria dos casos, a imprecisas formulações acêrca da distribuição de terras e a diatribes contra o latifúndio. O resultado é êsse que vemos: a falta de consistência e seguimento dessa política, perdida como se encontra em vagas formulações de caráter agitativo e incapaz por isso de se fixar em diretrizes concretas suscetíveis de orientar as fôrças populares, com segurança, em qualquer emergência que porventura se apresente. O que não sòmente faz a política popular incompreendida por muitos, e freqüentemente até mesmo eivada de suspeição em largos setores da população que em princípio lhe seriam favoráveis, mas ainda abre perspectivas para a exploração demagógica por parte daqueles que pretendem usar e efetivamente usam as fôrças populares em proveito de suas ambições e facciosos interêsses político-partidários" (idem).

Não é mera contingência que Caio Prado Jr. tenha se oposto ao populismo revolucionário de seu partido em 1945 e que também se distancie de toda e qualquer instrumentalização das classes agrárias nos anos posteriores. Nada mais longe do seu agrarismo do que uma política de mobilização camponesa "no projeto dos outros", como lhe havia cobrado José de Sousa Martins (Martins, 1981), na práxis do seu partido, até onde o autor de *Os Camponeses e a Política no Brasil* estendia a sua crítica à priorização caiopradiana no tema da exploração. Em lugar de realçar o tema da terra, tomar os camponeses por seu potencial disruptivo no emblema nas Ligas Camponesas do último período e/ou interpelar o social como valor em si, como faria a Igreja, mas aí já no início dos anos 80 (Santos, 1998), Caio Prado Jr. trabalhava o par generalidade/residualidade, segundo a sua interpretação de Brasil, de onde ele aferia a práxis agrária das "forças populares e progressitas" (sic). Do mesmo modo que os seus comentários sobre a cena pública das cidades lhe haviam creditado incompreensão, pelo panorama agrário que descreve à época, o historiador também vai se manter em uma postura de grande, quase absoluto, isolamento no pré-64.

Com efeito, nos três últimos artigos que escreve para a *Revista Brasiliense*, Caio Prado Jr. se debruça sobre o tema da práxis agrária centrada na questão da terra. Nesses artigos ele trabalha com a idéia de que havia uma tendência "estrutural" na agropecuária brasileira que podia tornar-se um elemento favorável para a renovação da economia agrária. Para Caio Prado Jr., seria decisivo que, em sua formulação política, o ator agrarista reconhecesse a natureza da "dialética econômica" de grande empresa que estaria lastreando as reivindicações trabalhistas e estendendo a luta pela efetivação da lei "na generalidade do país". Nesses textos do imediato pré-64 há ainda o cuidado de Caio Prado Jr., por certo pensando no emblema "1945", em relação ao reaparecimento do espectro da "agitação estéril" nos focos de conflitos em "áreas residuais". O historiador retornava a um velho argumento, mas agora inclusive já de modo bem mais propositivo, no sentido da alternativa de práxis fornecida pelas greves canavieiras de 1963, em Pernambuco.

No primeiro desses artigos, "Um Discurso Marca Época", o historiador via na configuração do governo de Miguel Arraes uma possibilidade de implantação de *medidas concretas* de renovação da economia agrária ("racionalizando" a palavra-de-ordem da reforma agrária, afastando-a da "agitação estéril"). No segundo texto, "O Estatuto do Trabalhador Rural", Caio Prado Jr. tomava essa lei trabalhista, ante cuja promulgação, em meados de 1963, as esquerdas não haviam demonstrado grande interesse, como o fato decisivo para "atualizar" a sua idéia de "revolução abolicionista", seja porque ela dava lugar a uma vasta mobilização social "na generalidade do país", seja porque também abria, no imediato, "as melhores perspectivas para a ação reformadora e seu sucesso". Caio Prado Jr. voltava à idéia de reforma agrária de valorização do trabalho, pela qual, a luta pela terra era questão "evidentemente conexa" (sic), na medida em que as mudanças maiores provocassem todos os seus resultados gerais (Prado Jr., 1963).

A idéia do autor era a de que o "amplo movimento social reivindicatório" se constituiria numa "base social" capaz de efetivar uma transformação "de tamanho vulto e alcance econômico e social" (idem). Caio Prado Jr. valorizava o associativismo trabalhista pelas "amplas perspectivas" que ele trazia com o seu efeito "duplo e concorrente", a saber: a) desde logo, o de alterar "o estatuto miserável do trabalhador rural"; e b) o de encarecer a mão-de-obra estimulando uma "ascensão do nível tecnológico", que tanto capacitava a agropecuária para que ela pudesse oferecer aos seus empregados "padrão mais adequado de vida e na medida de suas exigências", quanto induzia a liberação de terras ("onde a grande exploração não vingar ou não se puder estabelecer nas novas contingências de um trabalho revalorizado")[53] (idem). O historiador entendia que a solução coletivista das cooperativas – questão que, como a da terra, também chegava de fora e lhes era "completamente estranho" aos "trabalhadores empregados" – não seria "praticável de forma generalizada" "nos grandes setores da agropecuária" (idem). Ele ainda chamava a atenção para o fato de que não havia "na maior parte e mesmo na generalidade da massa de trabalhadores empregados nas grandes explorações brasileiras – e isso por força da própria situação em que se encontram – preparo suficiente para assumirem a responsabilidade da gestão coletiva das emprêsas onde trabalham" (mencionando a mo-

[53] Esse tema da mobilização de terras voltava dimensionando o argumento dos seus textos de 1960 sobre o uso, do ponto de vista do trabalho, da tributação como "principal meio" de reforma agrária. O autor muda de ênfase quando se forma o governo Goulart, passando a função generalizante, antes concedida à tributação, para a lei trabalhista que então tinha todas as condições para se aplicar largamente no país.

bilidade dos trabalhadores temporários) (idem). Relembrava aí a dupla face do "verdadeiro camponês" (do qual falava Lênin) que, a um só tempo, era "um trabalhador e executor de tarefas" e "um dirigente dêsse trabalho e dessa execução" (idem).

Por fim, em seu último texto, "Marcha da Questão Agrária no Brasil" (já no começo de 1964), Caio Prado Jr. insistia na concentração de energias no "centro nevrálgico e ponto principal de partida da reforma que deve ser imediata e intensamente atacado", que era a mobilização da "grande massa dos empregados" sindicalmente organizados nos setores mais importantes da agropecuária brasileira. Em lugar de realçar os conflitos liderados pelas Ligas Camponesas que pontilhavam algumas áreas do país, o historiador considerava que a movimentação trabalhista descortinava "amplas perspectivas de reforma e renovação econômica e social e podemos até dizer política", mais consentânea, como ele dizia às vésperas de 64, com o "profundo sentido do nosso processo revolucionário." (Prado Jr., 1964).

****

Certamente a exposição de uma ciência política contracorrente como essa não teria passagem em seu partido. Pode-se ter uma idéia aproximada da sua recepção no artigo "Aparências e Realidades do Panorama Político", publicado em *Estudos Sociais*, a revista criada pelo PCB logo após os debates sobre o XX Congresso do PCUS, em resposta ao texto caiopradiano "Panorama da Política Brasileira" (Matos, 1962). Chama logo a atenção a comparação que o articulista fazia entre o historiador – que, segundo ele, não era o primeiro exemplo de "alguém que conheça, até profundamente a letra do marxismo" – e o teórico Bukharin, cujo principal erro e "o mais sério defeito apontado por Lenin num teórico da categoria de Bukharin" – cite-se a Matos explicando o argumento – era "não saber assimilar a essência revolucionária da doutrina elaborada por Marx e Engels e por ela se guiar em face da complexidade e das contradições da própria vida." O articulista assim descrevia o caso brasileiro: o "escritor marxista" do PCB tinha o mesmo tipo de incapacidade nas suas teses sobre a história corrente, a principal delas, justamente aquela que caracterizava o "panorama da política brasileira" como uma dramática situação de "vácuo" e "sem rumos precisos", uma situação que o historiador atribuía às "falhas da 'estrutura partidária', e que não refletiam a correlação de forças econômicas e sociais' e, sim, o que seria uma amaldiçoada herança do 'tempo do getulismo'" (idem). Aos olhos do crítico pecebista, ali aparecia o problema "idealista" que levava Caio Prado Jr. a dissociar, em suas análises políticas, estrutura e superestrutura ("como se fosse possível existirem na sociedade uma estrutura e uma superestrutura marchando cada qual para o seu lado") (idem). Essa estranha ciência política haveria de trazer efeitos danosos, à medida que o autor não dominava o impressionismo com que costumava olhar a "tensa, agitada e grave" situação do país, e terminaria difundindo um espírito de paralisia na ação do partido.

Segundo Matos, ela impedia Caio Prado Jr. de perceber os avanços obtidos na consciência antiimperialista, na reforma agrária (convertida "em tema obrigatório"), no movimento operário (em uma nova fase) e no movimento camponês (que já "começa a pesar como uma força influente, sobretudo no Nordeste e no extremo Sul"). O historiador tampouco podia ver os temas do "desenvolvimentismo" e do "moralismo" (sic) daquela época como expressões políticas "de classe" e de conflitos entre frações burguesas; nem discernir o sentido do apoio dos comunistas a JK, ou entender os acontecimentos subseqüentes à renúncia de Jânio. Essa confusão que Caio Prado Jr. fazia entre a política brasileira e suas seqüelas nos partidos burgueses o impediam de ver o processo de avanços cada vez mais intensos e complexos que o país experimentava naquele imediato pré-64. "A realidade é muito mais simples do que todas as especulações de fundo idealista," dizia Matos, qualificando a estranha ciência política caiopradiana como uma caricatura da vida política brasileira condicionada a partir de "pequeninas ambições e aspirações personalistas". Ao contrário de causa de "vácuo", a debilidade da estrutura partidária devia ser vista como expressão "autêntica" da "impureza" das classes dominantes brasileiras. O crítico de *Estudos Sociais* acrescentava ainda em sua crítica à tematização caiopradiana que aquele tipo de descompasso resultava do "entrelaçamento de interesses entre latifundiários e capitalistas – fruto do atraso da revolução burguesa e das deformações do nosso desenvolvimento econômico e social" (idem).

Por outro lado, observe-se que o articulista também tinha em mente uma idéia de "polarização das forças sociais e políticas", pensada a partir de uma visão dualista da vida política nacional, como era comum naqueles anos 50. Era esse ponto de vista da contraposição entre dois campos fundamentais – "o do nacionalismo e o da democracia contra o do entreguismo e da reação" – que levava o autor de "Aparências e Realidades do Panorama Político" a avaliar aquela conjuntura de modo bem diferente ao de Caio Prado Jr.. Segundo sua avaliação, aquele processo político, que avançava "com uma profundidade e uma nitidez cada dia maiores", teria curso favorável, dependendo da criação de uma força social ("destinada, no presente estágio, a tornar vitorioso esses objetivos" (no caso, uma frente única) capaz de realizar "um programa que não deixe dúvidas quanto a superioridade e à vantagem das soluções nele defendida".[54]

[54] Cite-se o próprio Matos: "A conquista dos objetivos da revolução brasileira e, ainda antes disso, a consecução de medidas que nos aproximem mais ràpidamente dessa conquista, depende não de uma superficial e artificiosa 'reestruturação partidária', mas de uma efetiva mudança na correlação das fôrças sociais e políticas, até que o poder das correntes nacionalistas e democráticas, agrupadas num amplo movimento de frente única, sobrepuje o poder das fôrças do entreguismo e da reação" (Matos, 1962).

O crítico via no propósito da "reformulação partidária" – que o historiador "prescrevia" como "única alternativa" à crise do pré-64 ("o que se tem em vista, aqui, obviamente, são os partidos das classes dominantes") – apenas um duplo equívoco. Em lugar de conceder toda importância a essa tematização caiopradiana das relações "irregulares" entre sociedade e política, Matos procurava mostrar as raízes das "razões práticas" que separavam Caio Prado Jr. do seu partido naquele pré-64: "Em primeiro lugar, significa admitir a possibilidade de uma reestruturação partidária (é claro, não apenas do ponto-de-vista jurídico formal, mas do conteúdo social dos partidos) sem que antes se verificasse uma reestruturação da sociedade. Seria, em outras palavras, colocar o carro na frente dos bois. Em segundo lugar, não passa do mais ingênuo idealismo pretender-se atribuir a esses partidos reestruturações – CPJ não esclarece sequer se a um, a dois, ou a todos – a missão de resolver os problemas do Brasil, libertando-nos do imperialismo, acabando com o latifúndio e assegurando o nosso desenvolvimento independente e democrático" (idem).

Certamente, o tema das contaminações "burguesas" e idealistas na formação e na obra de Caio Prado Jr. exige melhor cuidado e investigação, mormente agora que os "deslizes" do autor no marxismo começam a relevar pontos seminais do seu pensamento social e político. Comentando a passagem daquele texto da revista *Estudos Sociais*, na qual o articulista dizia que o seu artigo "Panorama da Política Brasileira" apenas mostrava "cegueira opaca e visceral incapacidade de análise e compreensão da realidade política brasileira", Caio Prado Jr. voltava a insistir na mesma idéia da assimetria entre a "vida política oficial" e o "sentido mais profundo" da vida social brasileira, falando como se fosse um dos primeiros clássicos brasileiros, a especular sobre o divórcio entre o país real e o país legal; escrevendo, todavia, o marxista do PCB, no último daqueles seus textos propriamente políticos, “Perspectivas da Política Progressista e Popular”, no final de 1962, que era “precisamente na natureza dessa ligação que se há de acentuar a análise a fim de corrigir as defeituosas vias em que se processam a política brasileira” (Prado Jr., 1962b).

III PARTE

Interpretações

CAPITULO 6

A LEITURA DA OBRA CAIOPRADIANA DE ELIAS CHAVES NETO

No caso de um intérprete do Brasil, como Caio Prado Jr. – econômico em citações de autoridade, aparentando enquadramento na linguagem marxista leninista –, o realce da presença de alusões à história comparada pode não apenas trazer elementos úteis para a avaliação das suas raízes intelectuais, como ainda vir a estimular conjecturas sobre o sentido de ciência política das suas obras.

Mas é preciso não esquecer de situar o autor em seu campo e não diminuir em nada o influxo invasivo que a revolução russa e a URSS, com o marxismo-leninismo, exerceram na longa trajetória do seu partido. Como já foi mencionado, esse marxismo não apenas interditou a elaboração dos primeiros anos e travou o PCB na virada de 1945, como ainda adiou, e por muitíssimo tempo, o uso dos textos seminais de Lênin sobre o prussianismo, os quais só seriam proveitosamente trabalhados bem mais tarde.

Mas isso não desencoraja a atentar para os apelos que fazem os publicistas dessa tradição a outros modelos e ver como tais recursos aparecem em alguns deles, de certo modo configurando-os em determinadas matizes que se acrisolam no pecebismo contemporâneo. Essas interações vão além das influências das grandes revoluções e partidos comunistas e chegam a ser até influxos intelectuais propriamente ditos. Afora as influências da revolução chinesa, nos anos 50, e da revolução cubana, mais nas dissidências do pós-64, nota-se uma pequena, mas recorrente, presença do PCI em alguns círculos do núcleo dirigente do PCB, após o XX Congresso do PCUS de 1956, às vezes na forma de materiais italianos publicados na imprensa pecebista, às vezes como citações em alguns publicistas que trazem em seus textos argumentos do "caminho democrático ao socialismo" inventado pelo PCI. Mais tarde, a essa influência se somariam, por assim dizer, as reflexões do "pequeno marxismo" sobre as experiências de modernização prussiana (Lênin e Lukács) e de "revolução passiva", de Gramsci, já no contexto do eurocomunismo.

No caso desse marxista que não deixa a originalidade da sua interpretação de Brasil desaparecer sob os cânones sociológicos e políticos da doutrina, o que mais imediatamente chama a atenção é a comparação entre o industrialismo brasileiro e os modos europeu e americano de constituição do capitalismo, como modelo de generalização do progresso (material e espiritual) e de incorporação e homogeneização social. Também desperta interesse certa inspiração no *take-off* do capitalismo das ex-colônias inglesas como uma referência dos excursos de Caio Prado Jr. sobre o industrialismo brasileiro. Esse emblema constitui um elemento estratégico a percorrer os textos caiopradianos, *visível* quando se lê a interpretação do seu principal divulgador, Elias Chaves Neto, à hora em que este trata de fundamentar as próprias controvérsias com o PCB, pelas páginas da *Revista Brasiliense*, justamente se apoiando no mestre e amigo.

Foi Prestes quem primeiro mencionou a presença de Elias Chaves Neto no reaparecimento da "corrente caiopradiana". No seu texto de 1956, ele chamava a atenção para o artigo "Política de União Nacional", publicado, não por acaso, no primeiro número da *Revista Brasiliense*, de autoria daquele que vai se pôr à frente da nova publicação por todo o decênio de 1955/64: o jornalista Elias Chaves Neto. A interpelação do Secretário-geral do PCB à revista de Caio Prado Jr. prenunciava o destino que ela iria ter como um lugar de exposição daquela "corrente" pecebista que, como os renovadores "revisionistas" de 1956/57, tampouco teria passagem livre no seu partido. Prestes advertia a *Revista Brasiliense* pelo seu envolvimento no que ele chamava de "nacional-reformismo", naquilo que ecoava os novos tempos que estavam sendo anunciados tanto pela Cepal (Furtado já havia antecipado o argumento de *Formação Econômica do Brasil*, em 1954, com a publicação de *A Economia Brasileira*) quanto pela publicística de uma nova *inteligentsia* de centro-esquerda que, ativa, então já vinha publicando os *Cadernos do Nosso Tempo*, dando os primeiros passos para fundar o Iseb.

Hélio Jaguaribe, o militante-fundador do Instituto Brasileiro de Estudos Sociais e Políticos (Ibesp), também escrevera nesta época sobre "o único teórico marxista do Partido Comunista Brasileiro". Como membro qualificado daquela instituição precursora do Iseb, falando do vazio bacharalesco da *inteligentsia* brasileira, Jaguaribe dizia então com toda severidade: "A literatura morreu nos anos 40. Como só havia literatura, nada restou para lhe tomar o lugar, carecendo, ainda, de repercussão nos meios intelectuais, o esfôrço filosófico que vêm empreendendo os grupos indicados" (Jaguaribe, 1952; 1957). O isebiano referia-se aos ecos no Brasil do neotomismo, do existencialismo cultural e do neopositivismo; o marxismo incluído, representado por um Caio Prado Jr., que se mantinha, explicava ele, estritamente fiel à ortodoxia partidária, "conservando uma posição epistemológica e uma interpretação sensualista da realidade tipicamente oitocentista" (idem). E mais: "É de crer-se, no entanto, que êsse esfôrço filosófico logre afirmar-se e desenvolver-se, dando ensejo ao aparecimento de uma literatura de idéias, apta a responder às grandes questões irresolvidas, em nossa atmosfera espiritual. Neste caso, tudo indica se processará, finalmente, a fundação de uma cultura brasileira, herdeira da européia, integrada no espírito ocidental, mas vinculada à realidade do Brasil e representativa de suas necessidades" (idem).

Diferente do seu mestre Caio Prado Jr., que, em artigos não-partidários, falaria como um publicista "temático", Elias Chaves Neto aparecia mais como um militante pelas páginas da *Revista Brasiliense*. Paulo Sérgio Pinheiro, o organizador dos seus textos, chega a dizer que "Se os conflitos do Partido com o historiador Caio Prado Júnior foram provocados por suas revisões precursoras das bases de interpretação da sociedade brasileira – feudalismo, revolução brasileira, burguesia nacional –, com Elias Chaves Neto os desencontros são provocados por suas análises de conjuntura nada convencionais" (Pinheiro, 1982: 14).

Afora *A Revolução Brasileira* que, como se sabe, fora a sua contribuição em forma de livro ao VI Congresso de 1967, Caio Prado Jr. só escreve de modo mais incisivo sobre a política pecebista nas Tribunas de Debates do IV Congresso de 1947 e do V Congresso, de 1960. Tem-se a impressão de que esse tipo de comportamento "estritamente disciplinado" ainda reflete os dissabores da sua derrota na controvérsia do ocaso do Estado Novo. Mas há quem cobre ao autor por ele ter feito a crítica de 1966 em público, sem que o PCB, por razões óbvias, pudesse se defender em condições tão amplas como as da publicação legal do seu livro específico (Malta, 1966).

De qualquer modo, também comunista disciplinado (Segatto, 1999), em vários artigos publicados na *Revista*

Brasiliense, Elias Chaves Neto se confrontava abertamente com o PCB, ora tentando combinar, numa formulação estritamente pecebista, os temas políticos do caminho revolucionário e da democracia, ora discordando das posições do seu partido nas questões correntes.

Em suas memórias, o próprio Elias Chaves Neto reconhece que a fundação da *Revista Brasiliense* dava curso a um movimento de redefinição da política comunista, que tivera início logo após a morte de Getúlio. Ele se referia àquele primeiro passo do "grupo", que consistira em convencer o historiador a disputar a cadeira de Economia Política na Faculdade de Direito de São Paulo, para o qual, afinal, ele iria escrever a tese *Diretrizes para uma Política Econômica Brasileira*, em 1954. A *Revista Brasiliense* chamava para si a tarefa de estimular investigações em busca de "soluções adequadas" para os problemas brasileiros, fazendo o contraponto com as ilusões sobre o progresso, como se dizia na própria apresentação da revista, notável em muitos campos, mas que "mal dissimula"(va) nos grandes centros urbanos o atraso econômico do país (Bastos, 1955). Revelando a marca da dissertação caiopradiana, esse texto-anúncio da *Revista Brasiliense* dizia que o tema do atraso seria bem compreendido à medida que se avançasse numa teorização capaz de dar conta da natureza e do sentido da industrialização substitutiva ("em que fomos compelidos a prover nós mesmos as nossas necessidades"), mas, repetindo o historiador, a considerava insuficiente para atender às exigências de bem-estar, particularmente o de "densas camadas" da população rural em estado de extrema pobreza, à margem do surto econômico e industrial (idem).

Elias Chaves Neto escreve na revista verbalizando as posições do PCB, com elas "debatendo", apelando, inclusive, para outras construções intelectuais ("sem se isolar das tradições do pensamento como as liberdades democráticas" (Pinheiro, 1982).

Quanto à política nacional, o articulista da *Revista Brasiliense* reclamava desde o entreguismo da "revolução desenvolvimentista" de JK (sic) até o confronto exacerbado entre João Goulart e a oposição, luta que o preocupava, como também a seu mestre, por ela estar obscurecendo a adoção de diversas "medidas concretas" que o Presidente da República poderia tomar em defesa dos interesses populares.[55]

Mas o que mais interessa chamar a atenção são os apelos a outras referências que Elias Chaves Neto faz em seus textos, sugerindo pelo menos uma conexão de sentido entre elas e a obra caiopradiana. Não são de menor valor as relações que esse intérprete tem de parentesco, de militância no mesmo grupo e de compromisso com o projeto da revista, como de identidade tão completa, a ponto de ele próprio se atribuir apenas o papel de jornalista, reconhecendo em Caio Prado Jr. o intelectual (Chaves Neto, apud Pinheiro, 1982). É nessa linha de conjecturas que se traz Elias Chaves Neto, de maneira a evidenciar, nos seus textos publicados na *Revista Brasiliense*, uma interface "de política", bem ao modo pecebista, ou seja, um modo de aludir a uma dimensão da política "corrente" em relação à qual Caio Prado Jr. se manteria "ausente", como à época disseram alguns dos seus críticos.

Naquele primeiro artigo que escreve para a *Revista Brasiliense*, não por acaso chamado de "Política de União Nacional", Elias Chaves Neto se propunha a apresentar as "novas concepções, as quais iam abrindo dificilmente o seu caminho"

[55] Em um artigo do final de 1963, Elias Chaves Neto, em passagens ambíguas, também cobra de Jango "uma posição francamente de esquerda" (e que pusesse "fim ao palavreado nacionalista" e à conciliação de interesses da burguesia nacional com o imperialismo"). Leia-se, porém, estes dois trechos bem "caiopradianos" que escreve Elias Chaves Neto: "É nesta antítese (daquela polarização oposição/governo) que se processa a vida política do País, postos de lado e esquecidos os problemas concretos que afetam de forma tão dramática a vida do nosso povo". Numa outra, ele reclamava do caráter ainda personalista da política brasileira: "É o que explica o fato das grandes questões nacionais serem debatidas fóra dos quadros da política partidária e o estranho resultado de eleições que não revelam um pronunciamento da opinião pública em face dêsses problemas" (Chaves Neto, 1963b).

(Chaves Neto, 1977: 146). Embora não haja referência específica, o autor certamente está aludindo a outras áreas pecebistas, aparentemente distantes do grupo da *Revista Brasiliense* (seria um ponto a investigar), que logo depois irão ter importância nos debates pecebistas sobre o XX Congresso do PCUS (Santos, 1988). Em algumas de suas intuições, Elias Chaves Neto ia mais longe que os renovadores de 1956/57, expondo uma "formulação" bastante inverossímil aos padrões da cultura política daquele mundo, tentando "renovar" a política pecebista, trazendo os argumentos caiopradianos para o tema brasileiro, além de recorrer aos ensinamentos da crise do estalinismo, que ele ia buscar na tese da "via pacífica" e no caminho democrático do PCI.

Uma das características mais interessantes dos textos de Elias Chaves Neto já foi registrada – sublinhe-se – fora do ambiente pecebista. Na sua apresentação da coletânea *Sentido Dinâmico de Democracia* (1982), o mesmo Paulo Sérgio Pinheiro aponta convergência de Elias Chaves Neto com o que, no começo dos anos 60, vai ser conhecido como crítica do populismo e faz esta indicação: "Os artigos de Elias Chaves Neto permitem ver a vertente de defesa de nacionalismo que, graças a sua insistência na democracia, não perdia de vista a oposição entre capital e trabalho, que algumas vezes parecia ter desaparecido da pregação nacionalista" (Pinheiro,1982: 182). O autor acrescenta ainda: "E fica claro que para ele a preocupação pela transformação de uma economia que atendesse às prioridades e às necessidades da maioria da população brasileira nada tinha a ver com uma concepção autoritária do Estado" (idem).

É ainda Paulo Sérgio Pinheiro quem diz que a ênfase de Elias Chaves Neto no tema da democracia aparece neste comunista "bem estranho" – "trânsfuga da classe dominante", "convertido tardio", parente e amigo inseparável de Caio Prado Jr. (sic) – como uma antecipação dos debates e da aceitação mais plena e bem posterior do valor da democracia entre os setores das esquerdas marxistas brasileiras já nos anos 80 (idem). Como sói acontecer em elaborações gestadas como dissidências ao interior de uma ortodoxia cultural, na qual ainda se mantêm ligados os seus autores, a ambigüidade "forçada" pela tradição que se vê nos textos de Elias Chaves Neto se manifesta não só na linguagem marxista-leninista como nos novos temas que ele traz nos seus artigos da *Revista Brasiliense*. Por exemplo, lêem-se ali a valorização da democracia política e a defesa do socialismo real; ao mesmo tempo que o autor fala de "revolução democrática", inclusive ao modo do PCI, também fala do proletariado como classe universal, e assim por diante.

Poder-se-ia dizer que, mesmo num argumento problemático, Elias Chaves Neto se volta para a "questão comunista" daquele pré-64, procurando fundir a sua formulação de estratégia revolucionária com as teses que ele extraía da obra caiopradiana. São sugestivas as suas tentativas de associar ao *constructo* de Caio Prado Jr., primeiro, as bandeiras libertárias de 1789 (especialmente o papel transformador que ele divisava na vigência efetiva da Constituição de 1946 em meados dos anos 50) e, depois, a tese tocquevilleana sobre o americanismo que estaria revelando os contornos da "revolução" caiopradiana. Também há adiantamentos "precursores" nos quais o autor acolhe idéias da via democrática ao socialismo imaginada por Togliatti e que também têm semelhança com a chamada tática das "soluções positivas" que, por algum momento no final dos debates de 1956/57, apareceu e circulou no PCB.

Convém sublinhar que a ensaística de Elias Chaves Neto não conforma uma dissertação própria e apresenta aspectos ambíguos. A rigor, ela tem muitos pontos indefinidos que convivem com verbalizações sobre o país bastante fiéis às teorizações caiopradianas. Mesmo descontínuas, certas passagens dos textos de Elias Chaves Neto podem revelar contornos da terceira corrente pecebista notada por Prestes, principalmente aquela na qual o jornalista recorre às teses sobre a via política de constituição do capitalismo, pondo ênfase, não tanto na sua "operacionalização" para a análise de conjuntura (como fazia Caio Prado Jr., mais no pré-64 do que em *A Revolução Brasileira*), mas no sentido da função que as demandas populares teriam a desempenhar em contexto democrático.

A leitura desses textos sugere que, quando o diretor-responsável da *Revista Brasiliense* utiliza a teorização caiopradiana para expor os próprios argumentos, ele parece seguir dois fios. O primeiro deles, o da reversão do sentido de um industrialismo aqui estruturado por contingência de uma vida econômica voltada para fora. Como o mestre, Elias Chaves Neto também enfatizava o tema da "miséria e da fome da grande massa popular" como a questão estratégica, de cuja solução dependeriam as possibilidades do movimento de "renovação" da estrutura econômica da nação (Chaves Neto, 1956a). Ele seguia bem de perto as principais linhas da obra de Caio Prado Jr.. Respondendo à inquirição que lhe fizera Prestes por ter ido buscar a chave da compreensão dos problemas nacionais na obra histórica caiopradiana (e não no marxismo), Elias Chaves Neto dizia que, de fato, havia encontrado ali a causa da debilidade do mercado interno, pois "somente a história nos pode revelar o sentido íntimo dos fenômenos dos quais a observação imediata nos revela apenas as aparências" (idem).

Já no primeiro artigo que Elias Chaves Neto escreve para a *Revista Brasiliense*, vinha a alusão ao exemplo americano da prosperidade das indústrias do Leste, obtida, no século XIX, quando se estruturava um mercado interno complementar, aberto a Oeste do país. Ele lembrava que haviam sido justamente a distribuição de terras além do Mississipi, conforme o programa *farmer* de Lincoln, a contínua expansão territorial e a abertura de grandes mercados consumidores que desencadearam o desenvolvimento industrial daquele país. Cite-se o autor: "Entretanto, os mesmos elementos que fizeram a grandeza norte-americana, atuam hoje no caso brasileiro: a existência de um mercado interno, suscetível de assegurar a uma indústria nacional crescente longos anos de prosperidade. É verdade que esse mercado interno precisa ser estimulado e até criado. Mas é a luta do nosso trabalhador por melhores condições (pela reforma agrária no campo e melhores salários nos centros urbanos) que vai criar esse mercado do qual depende a prosperidade dos negócios brasileiros" (Chaves Neto, 1955).

Esse mesmo tema do Oeste *farmer* novamente se faz presente num dos últimos artigos de Elias Chaves Neto. Com efeito, em "A Grande Revolução", o intérprete de Caio Prado Jr. mencionava as reflexões de Tocqueville sobre o *West* (no qual o cientista francês via o limite último da democracia) e acerca do profundo sentido de igualdade da sociedade americana. Elias Chaves Neto ainda lembrava que Tocqueville chegara a ver o igualitarismo americano como um fato social "que não poderia ser mais detido". Ele segue com a citação de Tocqueville: "Parece-me fora de dúvida que mais cedo ou mais tarde chegaremos como os americanos à igualdade completa de condições". "O que me será dado esperar ou temer" (cf. Chaves Neto, 1978?, in Pinheiro, 1982). O companheiro de Caio Prado Jr. registrava ainda que, como aconteceu com a Revolução Francesa, o capitalismo americano também se desvirtuaria. Depois, ele iria expropriar os três quartos dos trabalhadores que, à hora da formação da nação, eram auto-suficientes, enfraquecendo o igualitarismo tocquevilleano, ao qual em seu tempo Roosevelt ainda chamaria de "paz pela abundância" (idem).

O segundo fio da publicística de Elias Chaves Neto é, de fato, a questão da democracia. Ela já aparecera no artigo "Política de União Nacional" (1955) e se reafirma em "Emancipação Nacional e Defesa da Constituição" (1956). No primeiro deles, o autor relançara a fórmula de união nacional como um movimento de conformação de uma força política que fosse capaz de sustentar uma "nova política econômica" que "proporcione(asse) à nossa indústria e à nossa agricultura os meios, não somente de suportar esses encargos – elevação dos salários face a carestia – mas de neles encontrar novas possibilidades de desenvolvimento" (Chaves Neto, 1955). Segundo se lê no texto, essa concentração das "forças nacionais democráticas em torno da Constituição" tinha por objetivo, desde logo, assegurar condições preliminares para que tivesse livre curso as reivindicações populares. Dizia ele que "Só a luta econômica processada dentro dos direitos para esse fim estabelecidos em nossa Constituição – o direito de greve, de sindicalização, de reunião – é que torna possível o constante ajuste dos salários segundo as condições variáveis da produção. Essa é a experiência democrática e a importância para a vida econômica de uma nação desses direitos que hoje em dia são conquistas da civilizaçao e quotidianamente violados em nosso país pela polícia, transformada em defensora dos interesses das classes possuidoras" (idem).

Elias Chaves Neto tem duas referências nesse seu artigo inaugural da *Revista Brasiliense*. Numa primeira alude à função progressiva dos ideais democráticos da Revolução Francesa ("aos quais o mundo deve o seu extraordinário progresso no século passado, e fundamentais para o desenvolvimento do nosso país"). Falando dessa força progressiva, o jornalista dizia que aqui "A defesa da Constituição é, portanto, o ponto básico de uma política que visa pela união de todos os brasileiros a resolver os problemas dos quais depende a nossa prosperidade" (idem). A segunda referência seria um americanismo "produtivista" que teria seus exemplos em Lincoln e em Roosevelt. Cite-se o próprio autor neste ponto: "Os homens de negócio são os primeiros a saber que o bom andamento dos seus negócios depende do alto poder aquisitivo das massas. É de Ford esse dito de que quando sentia necessidade de vender mais automóveis, aumentava o salário dos seus homens. Toda a história econômica dos Estados Unidos reside na compreensão deste fato. O presidente Lincoln assegurou durante decênios a prosperidade das indústrias do Este, locando nas terras além do Mississipi uma população de agricultores aos quais entregou gratuitamente 60 hectares de terras" (idem).

Observe-se que, mesmo com citações de autoridade, como aquelas que faz nos primeiros artigos, de Stalin (falando no encerramento do XIX Congresso do PCUS como um "precursor" do XX Congresso) ou de Kruschev (este admitindo a "via parlamentar" de acesso ao socialismo), Elias Chaves Neto ingressava, à sua maneira, na discussão já em curso em alguns partidos comunistas sobre a mudança do paradigma de revolução oriundo de 1917, especialmente no PCI. Em sua valorização de 1789 – "Isto não quer dizer que nada se tenha passado depois daquela revolução" –, Elias Chaves Neto explicava o ponto deste modo: "O que se quer dizer é que esses ideais de soberania nacional e das liberdades democráticas consignadas nas constituições burguesas oriundas da revolução francesa e norte-americana de fins do século dezoito conduzem à transformação revolucionária da sociedade (...)" (Chaves Neto, 1956a).

Em meio a ambigüidades, Elias Chaves Neto voltava a defender nesse segundo artigo escrito após a reação do PCB ao texto "Política de União Nacional" a função progressiva das liberdades democráticas. Cite-se essa passagem na qual ele explicava a sua proposta de solução não-revolucionária para os problemas brasileiros: "Concordo plenamente com o Sr. Prestes de que a simples defesa da Constituição por si só não poderá dar solução alguma aos problemas brasileiros. É, porém, a condição necessária para esse fim. Trata-se de uma etapa. Mas é a etapa em que nos encontramos e é desta etapa que me ocupei em meu artigo, na qual ainda é possível falar em prosperidade para os nossos homens de negócios que compreenderem que têm lucros a realizar lutando pela industrialização do país, isto é, contra o imperialismo que nos quer reduzir a simples país agrícola, produtor de matérias-primas." (Chaves Neto, 1956a).[56]

O amigo de Caio Prado Jr. traz a questão democrática, por assim dizer, para o Brasil, no artigo "Sentido Dinâmico de Democracia", também de 1956.[57] Os temas da democracia ("condição necessária para o progresso da nação") e da política econômica ("que faça da solução da miséria e atraso do nosso povo, e não dos lucros a realizar sobre os mesmos, o seu objetivo") reaparecem nesse último texto conferindo um outro "sentido" à relação do chamado movimento nacionalista com as "instituições democráticas". O que em Elias Chaves Neto se diferenciava da sociologia da modernização do PCB – que operava como um *constructo* destinado a dar inteligibilidade à etapa da revolução – era o sentido "construtivo" de uma política econômica que deveria implantar-se na sociedade realmente existente no país como se fosse o programa, pelo menos inicial, daquela revolução que ele associava aos chamados "ideais democráticos".

Coincidindo com outros pecebistas da época (Marco Antônio Coelho e Armênio Guedes), Elias Chaves Neto também começava a ver a democracia política como um mecanismo de aperfeiçoamento da sociedade. Cite-se o autor: "É a aceitação plena desses direitos que firma o sentido atual da democracia, sentido dinâmico que permite a própria transformação da sociedade, a ponto de haver Palmiro Togliatti afirmado que era possível admitir-se a passagem para o socialismo por via parla-

[56] O trecho continuava: "No que acredito, como comunista, é que vencida esta etapa em que antes de mais nada temos de defender o nosso país da espoliação imperialista, com a ajuda dos homens de negócio que têm todo o interesse em contribuir para se criar uma economia nacional e próspera, outros problemas se colocarão perante a nação – a passagem para o socialismo –, os quais, estes, exigirão uma solução revolucionária" (idem).

[57] Note-se que, quando Elias Chaves Neto fala de democracia, ele se refere aos direitos de livre movimentação e representação, inclusive a legalização do seu PCB, a qual para ele era decisiva para o processo democratizante (idem).

mentar..." (Chaves Neto, 1956b). Aqui a união das forças progressistas dever-se-ia processar "politicamente" "em torno da defesa das instituições democráticas". "A democracia se apresenta portanto através de um prisma novo no qual as reivindicações e os direitos dos trabalhadores passam a fazer parte integrante do regime" (idem). O "sentido dinâmico de democracia" se materializaria "no respeito à vontade popular, patente na legalidade de todos os partidos políticos através dos quais essa vontade tende a se exprimir – notadamente, o Partido Comunista"[58] (idem). Mesmo com o excesso militante, essa referência espelha o papel que à época o PCB começava a desempenhar, através de certo campo intelectual-político, na formação daquilo que Elias Chaves Neto (repetindo o mestre) considerava verdadeiramente estratégico: um "amplo movimento de opinião pública" – complete-se toda a citação – "sem o qual a vida política não passará de uma agitação estéril, facilmente dominada pelas manobras dos homens de negócio que em nosso país representam os interesses estrangeiros, os quais aproveitam as dissensões de uma política personalista em que as questões ideológicas servem simplesmente para desviar a atenção do povo dos problemas concretos que o afetam" (idem).

No artigo "Legalidade Socialista", publicado à hora da abertura dos debates sobre o estalinismo de 1956/57 – dos quais se ausentara Caio Prado Jr. –, Elias Chaves Neto faria a sua leitura do XX Congresso do PCUS, em meio à própria cultura marxista-leninista (nesse texto ele falava de democracia burguesa, socialismo operário, etc.). Mas há outras passagens interessantes. Por exemplo, aquela em que o autor aludia a um tema que também está nas análises políticas caiopradianas: "defesa das instituições democráticas" como base para a formação de

[58] Com exagero, ele dizia que, para aquele momento, era "em torno das teses levantadas pelos comunistas que se agita(va) fundamentalmente a política do país (quando não é desviada por questões subalternas de interesses pequenos)...", aduzia ele, com a mesma insistência de Caio Prado Jr. na idéia de reestruturação da vida política nacional.

um movimento político "que resultará do fato de tomarem os brasileiros conhecimento dos seus problemas e das soluções que aos mesmos podem ser dadas segundo os seus interesses próprios, o seu modo de pensar e as suas aspirações" (Chaves Neto, 1956c). Por aí o autor também se referia a um caminho ao socialismo que começava a abrir passagem no PCB através dos dissidentes dos debates de 1956/57.

Elias Chaves Neto vai buscar amparo no seu próprio campo oficial, desde logo, em Kruchev, citando pronunciamentos posteriores ao XX Congresso, nos quais o Secretário-geral do PCUS continuava a falar da hipótese da passagem ao socialismo por via não-revolucionária; e, novamente, recorria a Togliatti e à tese dos comunistas italianos sobre a pluralidade de vias de acesso ao socialismo. Aliás, Elias Chaves Neto observava que teria sido em função do seu modo inovador que os comunistas italianos se haviam mantido como partido politicamente influente, justamente por não se terem lançado no fim da guerra, em 1946, "desesperados ao poder e terem acolhido a via legal" (idem). Nessa mesma passagem ele recordava os impasses criados pela política cnopista em 1945, quando o PCB, ao invés de continuar na movimentação unitária das oposições daquela época, se isolara, "e preferiu seguir os políticos demagogos que se limitavam a lhe fazer promessas" (idem).

Em todo caso, se, por todas essas menções, é evidente a adesão de Elias Chaves Neto ao "caminho italiano ao socialismo", quer valorizando a função progressiva do constitucionalismo e da democracia política, quer tendo uma idéia gradualística do processo de acesso ao socialismo, curiosamente não se vêem indícios de uma aproximação de Caio Prado Jr. com as tematizações do PCI, exceto naquele ponto da questão da conduta "inteligente" (sic) e moderada do grupo de Caio Prado Jr., se parecendo à dos comunistas italianos, por ocasião do fim do Estado Novo (Chaves Neto, 1977).

Nos textos de Elias Chaves Neto escritos para o V Congresso de 1960 essas conjecturas precisam ser mais cautelosas. Já foi referida anteriormente a presença de Caio Prado Jr. e Elias Chaves Neto como uma espécie de terceiro subcampo desse congresso.[59] Com luz própria, o historiador comparecera ao mesmo com sete artigos nos quais reapresentara sua versão da revolução brasileira, abrindo a controvérsia em dois pontos principais: na questão agrária e na "apologia do capitalismo" que – ele também achava – marcava a moderação das teses do Comitê Central. Por sua vez, Elias Chaves Neto escrevera os artigos "Planificação de Nosso Economia – Solução Nacionalista" e "A Contradição Principal – Base de uma Solução Marxista", compartilhando, muito mais que o historiador, a agenda e os termos conceituais do pensamento oficial. São textos nos quais o argumento ciaopradiano de Elias Chaves Neto aparece bem mais envolto pelas citações de autores da tradição, inclusive da própria maioria que se estava formando no Congresso.

No segundo artigo, o diretor-responsável da *Revista Brasiliense* tentava realçar uma idéia de "contradição principal" em alternativa à sociologia do par nação/imperialismo. Nos termos da linguagem marxista-leninista da época, essa contradição era pensada segundo a teoria social marxiana resumida no Prefácio de 1859, em alusão a uma formação social "historicamente determinada". Ou seja, Elias Chaves Neto se referia àquela contradição entre a miserabilidade endêmica da população e o baixo nível das forças produtivas nacionais, que se constituía, conforme a tese do seu mestre, no principal obstáculo interposto ao desenvolvimento.

[59] Evidentemente uma leitura mais detalhada da Tribuna de Debates do V Congresso apontaria outras configurações. Nas referências desta monografia foram realçadas apenas três delas: a tematização que se vê nos textos de Alberto Passos Guimarães, a leitura das Teses que aparece nos artigos de Jacob Gorender e os artigos dos editores da *Revista Brasiliense*.

Assim é que, alterando o paradigma sociológico de grande apelo no mundo pecebista, o autor pretendia reabilitar a importância progressista das reivindicações populares, descobrindo-as do manto terceiro-mundista da tese da contradição nação/imperialismo. Elias Chaves Neto chegava àquela conexão miserabilidade/forças produtivas apoiando-se nas teses caiopradianas acerca da colônia de produção e do industrialismo inconcluso. Certamente ele não fazia aquele "ajuste" na definição das contradições ao modo da operação que Caio Prado Jr. realizara no seu conceito de revolução brasileira "nacional" e "agrária" para se contrapor ao excurso das contradições do V Congresso que subsumia a oposição capital-trabalho numa sobredeterminação altamente invasiva. Mesmo em um argumento bastante problemático e incompleto, tem-se a impressão de que Elias Chaves Neto procurava "atualizar", naquele tempo nacional-desenvolvimentista, o tema da oposição "capital-trabalho", como observara Paulo Sérgio Pinheiro. Com limitações muito maiores que as do próprio historiador, ele teria iniciado, naqueles seus artigos da *Revista Brasiliense*, um "equacionamento" do tema da relação capitalista – conforme o argumento caiopradiano radicado na história nacional – incorporando a questão da democracia política como um meio de reforma da sociedade. Mas perdera boa parte das intuições extraídas das lições do XX Congresso naqueles dois textos do V Congresso, nos quais é bem maior a sua dependência ao estilo de pensamento da sociologia oficial das contradições.

Em todo caso, dir-se-ia que, em 1960, o melhor ponto do autor é o retorno a "1945", quer dizer, ao tema dos "interesses da população" segundo os parâmetros da "política econômica" e da "democracia" com os quais ele procurava particularizar o pecebismo da fase nacionalista em relação ao modo de fazer política das "agitações" e "aventuras" que Caio Prado Jr. tanto apontara na política de alianças nacional-popular.

Embora já não leve para o V Congresso os temas do constitucionalismo do pós-guerra e da democracia daqueles primeiros artigos, Elias Chaves Neto traz agora a questão da contradição capital/trabalho, por assim dizer, para dentro da política de frente única, mas de modo parecido à visão que Caio Prado Jr. dela tinha em 1945. O jornalista afirmava que, ao invés de se deixar embargar as vistas, pela opacidade da contradição nação/imperialismo, o PCB devia sair da paralisia neste ponto e trabalhar politicamente aquela contradição específica do capitalismo. Mesmo que construído em um exercício contorcionista, incongruente em vários pontos, o seu argumento vinha em favor de uma mudança no eixo da práxis popular deste modo: o campo de atuação prioritária do PCB deveria ser a busca de solução para os problemas imediatos, em lugar de se guiar pela especulação sobre o papel das massas como classes da revolução, mesmo que a sua mobilização fosse pensada em nome de uma revolução definida por etapas e transições.

Elias Chaves Neto falava desse caminho como o único meio capaz de "arrastar a nação à luta antimperialista, condição necessária para a solução daqueles problemas" (Chaves Neto, 1960b). O autor recorria à idéia de contradição (são citados Stalin e Mao Tse-Tung), falando de "complexidade de contradições", procurando mostrar que o analista que privilegiasse apenas a oposição nação/imperialismo obteria uma compreensão muito limitada da situação nacional, uma vez que – este é um ponto nítido no seu texto –, no caso brasileiro, a ação do capital estrangeiro não defrontava a nação contra um invasor vindo de fora, sendo várias as conexões que ele tecera ao se instalar no país ao longo do tempo e muitos eram os seus apoios entre setores nacionais, os quais nem por isso deveriam ser qualificados de "meros agentes" do imperialismo. Lêem-se ali alusões a "caminhos mais complexos" ("o que existe, sim, são contradições entre o imperialismo e diferentes classes da nação

(...)"; o autor dizendo ainda: "São grandes esses setores. Mas a unidade nacional que justificasse falar em contradição entre o imperialismo e uma nação, só se verifica em caso de guerra de agressão, quando no dizer de Mao Tse-Tung, em seu trabalho *Em Torno da Contradição*, suas diferentes classes, com exceção de um pequeno punhado de traidores à nação, podem unir-se provisoriamente na guerra nacional contra o imperialismo" (idem).

O autor fazia um exercício simples para "desconstruir" o modelo pecebista daquela época. Eis aqui o argumento: só naquele caso extremo de invasão militar era que se poderia falar de uma contradição principal tensionando toda a formação social de modo que a ela as demais contradições deviam se referir. E, mesmo no exemplo chinês, não era a contradição capital/ trabalho a contradição que se subordinava àquele tipo de lógica sobredeterminante, mas a oposição entre o regime feudal e as massas populares. Era essa última contradição que recebia o impacto da ocupação do território por um elemento externo (a força militar japonesa), vivendo o país um enorme constrangimento que perpassava por todas as classes e grupos sociais, em suma, que lhe abafava a existência como nação.

Vê-se no artigo que Elias Chaves Neto convergia com alguns renovadores dos debates de 1956/57 quanto ao reconhecimento da industrialização pós-30 como um dado estratégico que era preciso trazer para a formulação da política comunista. Aqueles pecebistas haviam insistido em que os sucessos de agosto de 1954 puseram na ordem do dia a exigência de uma nova idéia de frente única que levasse em conta a pluralização social do impulso desenvolvimentista e atores realmente existentes e efetivos na cena nacional, como os que se haviam mobilizado para interditar o caminho do golpe de Estado após o suicídio de Getúlio, diferentes do esquema frentista do PCB. Se aqueles renovadores reclamavam da idéia simplista de "expulsão do imperialismo" do Manifesto de Agosto de 1950 e das resoluções do IV Congresso do final de 1954, Elias Chaves Neto ainda via o seu espírito conservado na formulação das teses do V Congresso de 1960 (idem). Segundo o autor, o simplismo da versão nação/imperialismo estava no descritivismo da estrutura social atribuindo conduta antiimperialista a classes sociais, supondo que a ação política dos atores guiava-se diretamente pelo interesse que lhes era próprio, revelando, como ele mesmo dizia, um forte viés de "liberalismo econômico" neste modo voluntarista de ver as coisas (idem). Ele também aludia ao modo como era formulada a chamada "segunda contradição fundamental" – aquela que opunha as forças produtivas em crescimento ao monopólio da terra –, chamando a atenção para o fato de que, posta naquela chave orientalista, ela se tornava mero subproduto da teoria da feudalidade clássica, como bem mais visível nos velhos documentos pecebistas dos primeiros anos 50. O ponto prático que Elias Chaves Neto procurava extrair dessa controvérsia bizarra vinha por conta de que aquela sociologia induzia à idéia de que existiam duas lutas paralelas, a nacional-antiimperialista e a agrária e antifeudal. O jornalista observava ainda que, montado segundo a lógica nação/imperialismo, o *constructo* pecebista oficial se mostrava mais confuso quando o analista levava em conta o alheamento da massa popular em relação à luta nacionalista que tinha lugar naquele momento (idem).

Fechando o argumento construído com as peças das teorias das contradições, Elias Chaves Neto se voltava para as teses caiopradianas. Ele dizia que, para se romper aquele descritivismo e fundir os processos urbano e agrário, seria preciso colocar o problema "de forma inteiramente diferente", conferir-lhe uma "solução marxista", isto é, caracterizar a formação social a partir da *contradição básica* entre forças produtivas e relações de produção. Seria do ângulo dessa "contradição genérica" de todo processo histórico (ele próprio citava *O Manifesto Comunista*) que se poderia entender o sentido daquilo que viria a se expressar como contradição entre "latifundiários e a massa camponesa". Naquela etapa do desenvolvimento da sociedade brasileira, esta seria a oposição que estava na raiz da limitação do crescimento das forças produtivas nacionais, no sentido que lhe dava Caio Prado Jr., ou seja, em razão do problema do baixo nível de vida da maioria da população, em larga medida localizada no mundo rural, e em função do industrialismo truncado e de pouca incorporação social, também nas cidades. Tentando seguir o mestre, Elias Chaves Neto afirmava que a contradição capitalista ganhava significado específico no contexto desse último tipo de dualismo, e assim a definia nesta sua formulação sob forma marxista-leninista: (...) "Intimamente ligada a esta contradição principal (ele se referia a este tema da contradição "agrária" no sentido da "revolução agrária e nacional" caiopradiana), que desempenha o papel de dominante, está a contradição entre o proletariado e a burguesia. A natureza destas duas contradições é a mesma, fato do qual decorre naturalmente a aliança destas duas classes na luta pela sua libertação econômica, sob a direção do proletariado em virtude de esta classe representar uma etapa mais avançada no desenvolvimento da sociedade humana" (idem).

Em meados de 1963, Elias Chaves Neto publicou um outro texto, "Revolução Democrática", no qual aduzia observações que realçam mais alguns traços do "terceiro grupo" pecebista. Dizia esse autor de muitos dos editoriais-assinados da *Revista Brasiliense* que, por exemplo, do bloco heterogêneo que se agrupava em torno das reformas de base, devia participar como "elemento ativo" uma burguesia industrial "esclarecida". Explicava que, mesmo compartilhando interesses com o latifúndio (do qual dependiam muitos de seus negócios) e mantendo relações com o imperialismo ("com uma grande diversidade de interesses" entre si), esses burgueses poderiam vir a gerar e a se envolver nas "diferentes correntes de opinião que se refletem em nossa vida política" (Chaves Neto, 1963a). O autor entendia o processo então em curso como um processo que – sem ser uma "revolução" – poderia obter êxito e as reformas de base tornarem-se reformas de "interesse nacional", à medida que, no seu próprio dizer (truístico), elas encarnassem a idéia de medidas reestruturadoras do industrialismo, a partir da elevação do nível de vida da "massa popular, particularmente da massa camponesa". Como dizia o diretor-responsável da *Revista Brasiliense*, tratava-se de pôr em marcha uma "política econômica" nacionalista que revertesse o sentido da "revolução desenvolvimentista" de Juscelino Kubitschek, dando seqüência à virada que significara a formação do governo João Goulart em 1961, apesar da tendência à demagogia (sic) do Presidente da República (idem).

Em relação à questão do imperialismo, neste artigo o autor novamente se voltava para o PCI, referindo-se agora ao significado que os comunistas italianos atribuíam à mobilização sindical que tinha lugar na Europa daqueles anos 60, "aceitando a evolução da sociedade capitalista", mas também ensejando o controle das organizações gigantes através de uma fórmula que seria uma espécie de "Estado Nacional, sob a hegemonia do proletariado" (idem). Fazendo a comparação, Elias Chaves Neto dizia ser necessário aqui reconhecer que a reorientação que experimentara a economia durante a "revolução" pró-monopolista de Juscelino também criara no país uma nova situação e que ela impunha conferir "sentido novo" à luta antiimperialista; um sentido que não apenas implicava medidas para fomentar "o surto dos negócios nacionais", como também o controle do governo sobre os monopólios, "e operá-los em favor do interesse do povo" (idem).

Lê-se ainda nesse texto uma alusão ao modo como aquela experiência operária valorizada pelo PCI colocava a problemática da fusão do tema da democracia com o socialismo. Elias Chaves Neto chegava a citar um artigo de Valetino Gerratana daquele tempo, no qual este intelectual, explicando o pensamento dos comunistas italianos no pós-XX Congresso, falava de um novo caminho de "progresso democrático em direção ao socialismo". Embora não haja em Elias Chaves Neto um excurso mais acabado como os da "tática das soluções positivas" e da "via pacífica", a idéia de "política econômica" que o intérprete de Caio Prado Jr. trazia para dentro daquele PCB encerrava o sentido de um *continuum* de medidas parciais que progrediriam até se converterem em um processo revolucionário.

Por outro lado, a "revolução democrática" de que falava Elias Chaves Neto, naquele seu artigo, não seria uma revolução em dois tempos, mas um processo progressivo movido por um conglomerado pluriclassista reunido em torno de dois objetivos estratégicos: a erradicação da miséria das massas camponesas (a "maioria da população", a rigor, as *massas nacionais*, "estruturalmente" empobrecidas) e o controle dos *trusts* internacionais. Como ele próprio dizia, fazendo a sua leitura das reflexões que tiveram lugar no PCI após o XX Congresso do PCUS: "Não se trata de uma revolução burguesa seguida de uma revolução socialista, mas de um movimento único de democratização do País em progresso para o socialismo" (idem).

Repita-se que essa proposição, caiopradiana em última instância, que verbaliza Elias Chaves Neto ainda é bastante "imprecisa" e contraditória. A rigor, aquela idéia de revolução democrática reúne passagens formulativas que não se completariam no autor. Elas fazem parte de um movimento que se visibiliza em trechos dos artigos que o jornalista e, principalmente, o intelectual Caio Prado Jr. (este, sim, portador de uma obra estratégica para tanto) publicam na *Revista Brasiliense*; em todo caso, são passagens de um movimento que, como o dos dissidentes de 1956/57, de algum modo também influencia certas formulações do PCB no pré-64.

Com efeito, a nova presença do "grupo" caiopradiano, a partir da *Revista Brasiliense*, vai ser notada na práxis agrária do PCB, à medida que este evolui para o associativismo rural de tipo sindical e, à sua maneira marxista-leninista, também incorpora a tese das "reformas parciais" como peça-chave de uma nova concepção política. Esta idéia de reformas parciais tem exemplo já no tempo da atuação de Caio Prado Jr. na Assembléia Constituinte de São Paulo, reaparece na monografia caiopradiana de 1954 e, logo após as discussões sobre o estalinismo, na idéia de "tática das soluções positivas", depois de 1959, afirmando-se nos textos pecebistas. Mesmo sem reconhecer um pertencimento formal ao *constructo* caiopradiano (como se verá no próximo capítulo), finalmente, vai ser através dessa concepção de "reformas parciais" que os formuladores políticos do PCB perfilarão o seu reformismo. Será vista como a mais consentânea com a idéia de sucessividade de governos nacional-democráticos, que se afirmara no PCB a partir da experiência posterior à morte de Getúlio.

Quanto à valorização do constitucionalismo de Elias Chaves Neto, ele será vivido pelo PCB como um caminho de pedras que vai desde a virada na conduta dos comunistas – de adversários do "governo de traição nacional" de Getúlio, antes do suicídio, a tributário das alianças antigolpistas no imediato pós-54 – até a sua completa identidade com a frente democrática durante o regime militar. Poder-se-ia dizer que, depois de 1954, aquela idéia de progressividade da política econômica e de governos pluriclassistas adquire consistência com a questão da democracia que, por um lado, Elias Chaves Neto trazia do XX Congresso do PCUS e do PCI, e que, por outro, também provinha dos temas do antiestagnacionismo, da frente única real e da idéia do Partido-organizador da política para fora, que chegavam dos debates de 1956/57 (Santos, 1988). Esses temas continuaram no tempo nacional-desenvolvimentista, até o próprio PCB acrisolar elementos de uma nova mentalidade, após o golpe de 1964, notadamente em sua vida no contexto do MDB, passagem para a qual ajudaria o clima intelectual da nova revista – a *Revista Civilização Brasileira*. O PCB ia em direção a uma outra cultura política, para onde caminharia, anos mais tarde, ao dar vida a uma espécie de *aggionarmento* da sua política de frente democrática, como se vê em alguns documentos do Comitê Central no exílio e, sobremaneira, pode-se ler na ensaística dos "eurocomunistas" brasileiros.

Certamente os artigos de Elias Chaves Neto aqui resenhados constituem uma movimentação que não teria plena passagem no PCB, mesmo que com ele compartilhasse a mesma linguagem. Seria ainda mais difícil esperar que sobreviesse em seu partido acolhida ao próprio Caio Prado Jr. quando ele operava na zona gris da "questão do método" tentando compreender a dialética da formação social a partir da interseção passado/presente. O seu marxismo – de forma distinta pelo significado substancial dos seus chamados *deslizes* – não era, afinal, uma *raison d'être*. Ideologia de socialismo real à parte, muito mais do que resultado de uma defesa como um fim em si, o marxismo caiopradiano, que é um marxismo político, pressupõe e se afirma através das dissertações específicas sobre a contemporaneidade brasileira, assistidas pelo método marxista, como ele próprio propõe. Poder-se-ia dizer que aí estava a raiz do imbróglio político caiopradiano. Enquanto o seu circulacionismo jamais deixou de ser um ponto ambíguo, mas seminal, da sua sociologia marxista, a resistência de Caio Prado Jr. em discutir o tema do caráter da revolução pôs a descoberto uma metodologia de formulação da práxis revolucionária estranha, logo percebida pelos seus críticos como um erro característico do autor, como será referido no próximo capítulo.[60]

[60] Apesar do oficialismo da sua filosofia ideologizada de *Dialética do Conhecimento*, em algumas passagens de outros textos filosóficos, Caio Prado Jr. deixa pista sobre a sua curiosa maneira de conceber a revolução brasileira, como, por exemplo, em duas proposições que aparecem na obra de 1966. A primeira, em que se lê: "Isso porque do simples conceito de revolução dessa ou daquela natureza nada se poderá extrair em matéria de norma política e de ação efetivamente praticável. A qualificação a ser dada a uma revolução somente é possível depois de determinados os fatos que a constituem, isto é, depois de fixadas as reformas e transformações cabíveis e que se verificarão no curso da mesma revolução" (Prado Jr., 1966: 15). A segunda: "A teoria da revolução brasileira, para ser algo de efetivamente prático na condução dos fatos, será simplesmente – mas não simplisticamente a interpretação da conjuntura presente e do processo histórico de que resulta. Processo esse que, na sua projeção futura, dará cabal resposta às questões pendentes" (idem: 19).

CAPÍTULO 7

INTERPRETAÇÕES DE *A REVOLUÇÃO BRASILEIRA*

O que Caio Prado Jr. propõe em *A Revolução Brasileira* é muito mais do que uma arenga intramuros com o seu partido. O objeto da reflexão do livro de 1966 – a "conjuntura de 1964" vista de uma interpretação de Brasil – pretende ser, antes de uma sociologia do "colapso do populismo", a caracterização de uma cultura política que, segundo ele, marcava profundamente o PCB. Lendo-o da perspectiva de hoje, tem-se a impressão de que o autor insiste em seu labor desconstrutivo do imaginário do pré-64 também pensando que ele reforçava, em outros grupos da esquerda, a idéia de revolução disruptiva com o esgarçamento social e crise política.

É nesse sentido que o livro busca a raiz da causa do desenlace de 1964 na modalidade particular de capitalismo que se incrustara no aparelho de Estado e se tornara parte da vida política nacional, recriando-se numa lógica de "causa e efeito", formando um mundo "sem bases sólidas." Marcado por "agitações estéreis", esse mundo desabara em 1964, encerrando uma experiência, como Caio Prado Jr. descreve em *A Revolução Brasileira*, de "inconsistência política, da ineficiência, em todos os setores e escalões, da administração pública; dos desequilíbrios sociais, da crise econômica e financeira, que vinha de longa data e mal encoberta durante curto prazo – de um a dois decênios – por um crescimento material especulativo e caótico; (que) começa agora a mostrar sua verdadeira face; da insuficiência e precariedade das próprias bases estruturais em que assenta a vida do país" (Prado Jr., 1966; 1978: 12-13).

Essa colocação do problema sugere distinguir na crítica caiopradiana ao "erro teórico" de 64 duas dimensões interligadas: a) de um lado, há propriamente a argüição do autor à "teoria da revolução brasileira", como ele insiste em dizer, uma teoria estruturada sobre a base do protagonismo de "classes inexistentes" – basicamente classe empresarial e campesinato –, e da qual proviria a excessiva confiança do PCB no desdobramento revolucionário do processo político do pré-64; e 2) de outro, tem-se um autor que confere muita importância ao mimetismo das esquerdas, ao se deixarem levar pelos estilos daqueles atores revolucionários "clássicos", exemplar no seguidismo à "aventura janguista", o PCB pressupondo um antiimperialismo burguês suficientemente forte para levar adiante lutas políticas e sociais, em muitas áreas, inclusive pecebistas, pensadas ainda ao modo terceiro-mundista.[61]

A recusa de Caio Prado Jr. à política de frente única nacional-popular retorna no livro de 1966 mais centralizada nos excursos sobre o industrialismo, cujos pontos aparecem agora um pouco mais desenvolvidos em torno daquilo que o autor chama de "capitalismo burocrático". Ou seja, aparece mais as-

[61] Ainda no começo dos anos 80, no contexto do VII Congresso do PCB, notavam-se os últimos registros sobre esta velha tradição do PCB de caracterizar a formação social brasileira, a que se refere Caio Prado Jr. (entre outros, PCB, 1984; Vianna, 1981).

sociada a uma caracterização daquele grupo de burgueses que ganhara força nas estruturas estatais, assumindo protagonismo vistoso, em alguns momentos se colocando no centro dos acontecimentos, como se fosse um ator industrialista à frente da modernização burguesa. Essa aparência levara Caio Prado Jr. a realçar uma hipótese sobre o modo de constituição dessa burguesia que, afinal, o faria tanto negar os seus atributos de classe *produtiva* quanto qualificar a função precária dos "dispositivos partidários" – PSD-PTB – que dominavam a cena pública, dissimulando um capitalismo de baixa incorporação social, escassa sociabilidade e avesso à institucionalização democrática.

Talvez por ser crítico de longa data desse capitalismo de "simples negócios", em nenhum momento Caio Prado Jr. toma a sua afirmação à *outrance* como pressuposto da revolução brasileira. Não deixa que a linguagem da doutrina marxista encubra a sua teorização da contemporaneidade brasileira, armada na história nacional, em dissidência inclusive com os cânones do próprio marxismo teórico. Por isso, é possível se lerem com muito interesse trechos de *A Revolução Brasileira* que comumente aparentam ser meras repetições. Por exemplo, quando, nas páginas do capítulo "A Realidade Econômica Brasileira", o historiador descreve a estruturação do Estado Nacional, registrando o valor de ele ter à época generalizado despesas públicas, trazido ativação econômica e financeira e provocado efeitos na renda nacional e no consumo (Prado Jr., 1966: 83); ou, ainda, quando ele vê ali o início propriamente de uma integração nacional, pensada em termos da incorporação da "maioria da população", cujos "primeiros passos decisivos" (sic), como diria, só adviriam com a seqüência das ações abolicionistas da segunda metade do século em diante.

Levado para o interior da cultura política de esquerda, esse tipo de descrição faz diferença conquanto o interesse do autor pelo tema da "integração" converte-se em verdadeira "obsessão". Ali, na formação do Estado Nacional e na Abolição, Caio Prado Jr. radicava a sua idéia sobre a "grande transformação" que precisava ser ultimada para superar o dualismo empresa mercantil/força do trabalho que vinha da gênese do país, e que persistira, depois, mesmo com a formação do mercado de trabalho livre e o industrialismo. Vê-se o autor dizer que a diversificação econômica e social do país constituíra um "grande progresso", embora este fosse "um progresso que, pela maneira como se realiza, ou se realizou até hoje, se anula em boa parte e se autolimita, encerrando-se em estreitas perspectivas", enquanto permanecesse em larga medida travado pela conservação do "nexo colonial", dependente da função exportadora e, em tempo mais recente, sob a liderança das empresas multinacionais (idem: 91-92).

Essa visão sobre a natureza acanhada do capitalismo nacional se qualifica melhor em *A Revolução Brasileira* mais adiante, quando o autor alude a uma burguesia que, desde a sua origem, se afirmara sem ruptura com o passado ("sem óbices econômicos, sociais e políticos de monta"), mais bem se servindo dos "traços escravistas" para acumular os seus capitais, a intimidade de relações amalgamando agrários e industriais numa "classe única" (idem: 116). Aqui se tivera uma burguesia que, ao longo do tempo, não resistira à penetração do grande capital estrangeiro; penetração, aliás, realizada "automaticamente", inclusive fora ele quem, pelo contrário, a iniciara "na grande vida de negócios do mundo contemporâneo" (idem: 118). Essa burguesia não só arrastara as suas raízes agrárias e assentara a territorialização dos seus negócios na contemporaneidade, como sobremaneira atualizara a "tradição burocrática" da monarquia portuguesa "no processo de formação e acumulação privada de capital através do favorecimento pelo poder público de interesses particulares" (idem: 122). Na República e no pós-30, ela convertera associações fortuitas em verdadeiro sistema, criando "uma esfera especial de negócios privados proporcionados pelo poder público, promovidos pelos detentores desse poder em benefício próprio e de indivíduos e grupos a que se ligam e associam" (idem).

Como uma categoria "à parte e suficientemente caracterizada" (sic), o "capitalismo burocrático" nascera na estufa do Estado Novo, notadamente quando a presença do Estado se tornara instrumento poderoso de formação de capitais e acentuara a diferenciação da burguesia. Esse tipo de capitalismo se afirmara à época da volta do país ao regime constitucional e prosperara durante o pós-guerra prolongado que praticamente se estende até 1964. Segundo a descrição de Caio Prado Jr., na era juscelinista, ele vai se servir largamente do segundo segredo dos "50 anos em 5" – os tempos do "entreguismo e inflação" (sic) –, vivendo de "negociatas e oportunidades de bons negócios à custa do Estado e da Nação", realizando em tempo curto uma acumulação e concentração de capitais de grande monta jamais vistas até aquele período, tendo sido a própria construção de Brasília o marco maior desse encubamento e imbricação de interesses (idem: 25-26).

Essa espécie de *nova classe* se irradiara "e penetrara mais profundamente a vida política brasileira", na qual procuraria mascarar a própria natureza por trás de um poder público manobrado como um ente que "pairaria acima das classes e representaria os interesses gerais do país" (idem: 125). Não lhe seria incômodo até mesmo invocar o "interesse nacional e geral" para solidarizar-se com os trabalhadores, mas "sem se expor diretamente e comprometer seus interesses" (idem); ou seja, coabitar com o populismo estatal-burguês, mas sem arcar com os seus custos fiscais, que iriam onerar o outro grupo burguês de caráter mais produtivo que havia se formado no curso do industrialismo sem as compensações que aquele auferia.

Caio Prado Jr. chamava esse último setor da burguesia de "ortodoxo", justamente para realçar que, ao contrário do "capitalismo burocrático", este corria os riscos do mercado e se deparava diretamente com os trabalhadores. Diverso da burguesia de "negócios fáceis", esse grupo "regular" tinha uma visão da intervenção estatal na economia também tradicional, "unicamente como promoção dos interesses gerais do capital e da iniciativa econômica privada. Não é mero acaso que essas duas posições freqüentemente entravam em choque" (idem: 126). Assim, enquanto o "capitalismo burocrático" tirava desse estatismo "largas oportunidades de grandes negócios" e até estimulava uma imagem do seu próprio privatismo como se ele fosse uma espécie de "capitalismo de Estado" brasileiro, progressista e de resguardo da soberania nacional, a outra fração via na ação do poder público aspectos recessivos "e que priva a iniciativa privada, ou pode privá-la de oportunidades lucrativas" (idem). Resumindo este ponto do comportamento político das duas burguesias, o historiador indicava que aí estava uma das razões do porquê, afinal das contas, os "burgueses regulares" haviam ido militar nas hostes conservadoras (idem).

Era essa diferenciação da burguesia que tinha relevância para o marxismo político de Caio Prado Jr.. Ela se tornara um condicionamento estratégico da política brasileira que devia ser levado na devida conta. O tratamento "insuficiente" do tema levava à inversão de perspectiva, descentrando a atenção dos protagonistas realmente decisivos na cena brasileira, realçando o papel político de uma burguesia sem projeto de capitalismo, incrustada no Estado (mas também, dizia ele, angariando apoios nas classes médias "e mesmo nos trabalhadores"). Essa inversão ofuscava o fato de se ter um setor produtivo "regular" alinhado com as denúncias da UDN contra o "favoritismo" e a "corrupção" do governo. Ela se cristalizara no "método de interpretação" marxista-leninista, no dizer de Caio Prado Jr., altamente apriorístico, que primava entre as esquerdas durante o segundo governo Vargas. Aliás, esse fora o momento em que o "capitalismo burocrático" "se consolidara e adquirira livre trânsito em todas as esferas do poder público e da administração". Também fora após a morte de Getúlio, em 1954, quando se consagrara a idéia de uma aliança entre essa burguesia política e as esquerdas, concedendo-lhe no PCB, mas não só nele, atualidade como uma burguesia nacional.

Esse modo de ver o protagonismo burguês na vida nacional levara Caio Prado Jr. a creditar grande parte da culpa pelos sucessos de 1964 à "teoria da revolução brasileira", principalmente à de seu partido.[62] O erro prático fora deixar que se embaralhasse o curso político, não se impedindo o bloqueio da concretização da revolução na forma política que, pelo menos desde 1945, o historiador está sempre chamando de "polarização de forças", permitindo-se que se interditasse o trabalho "em profundidade" e se conformasse uma cena pública a partir de correlações de forças não-fundamentais. Segundo o autor, o equívoco das esquerdas, notadamente o PCB, fora tomar aquele "capitalismo burocrático" como uma classe progressista e reconhecer aquela conjuntura política, tal como se apresentava no imediato pré-64, como um teatro de manobra apropriado para uma estratégia de reformas que eram formuladas de modo ambíguo e ainda pensadas como ações revolucionárias de poder para aquele terreno "sem alicerces políticos".

Entende-se melhor o argumento do autor de *A Revolução Brasileira* se se remonta ao seu emblema "1945", ou seja, ao significado que ele confere à *virada* nas alianças políticas que gestavam o movimento em favor da constitucionalização no fim do Estado Novo. Aquela fratura entre dois vetores políticos fundamentais naquela hora de transição influíra na normalização do país. Os liberais iriam ficar cada vez mais longe das esquerdas, e estas, depois dos anos de repressão e isolamento, quando voltaram progressivamente à superfície, após a morte de Getúlio, começariam a operar alianças com dispositivos po-

[62] Evidentemente Caio Prado Jr. distinguia a importância da percepção que o ator político tinha sobre sua circunstância ("Foi ela certamente um dos fatores que contribuíram para levar as esquerdas por caminhos errados e cheios de ilusões que deram no desastre de abril de 1964", cf. Prado Jr., 1966: 74) de outras causas mais determinantes, como ele mesmo dizia: "Tais acontecimentos e evolução política têm evidentemente causas muito mais concretas e profundas" (idem).

tico-partidários que, segundo Caio Prado Jr., novamente iriam cristalizar uma cena pública também de marcada "inconsistência", reproduzindo noutro tempo o traço da "política brasileira" de não expressar relações congruentes entre partidos e classes sociais.

Para Caio Prado Jr., era a partir dessa problemática que se deveria examinar a conjuntura do pós-64 como um "complexo histórico-social da presente conjuntura". Em lugar de buscar o sentido da revolução no Brasil nos temas da acumulação capitalista, da formação da ordem competitiva e, depois, do "mercado capitalístico" (cf. Cardoso, 1973; 1974), ou valorizar os atributos disruptivos da mobilização rural, indo noutra direção, Caio Prado Jr. vai assentar os "fundamentos econômicos" da revolução na singularidade da contemporaneidade brasileira. Em *A Revolução Brasileira* ele punha, como questão crucial do pós-64, não mais a dramaticidade da irrupção das massas populares na política sem institucionalidade consolidada (como em 1945, nem a debilidade dos "alicerces políticos" quando do impasse da radicalização do pré-64), mas a exaustão de um "crescimento material especulativo e caótico". O centro da sua atenção passa a ser o modelo de bases "insuficientes e precárias" e sem forças para fazer face "às novas solicitações e estímulos proporcionados por uma grande coletividade" que requeriam muita urgência à "integração social e organização nacional" (Prado Jr., 1966: 82).

Fora essa problematização que levava o autor a insistir na recusa do "modelo de revolução" com a qual, ele supunha, o PCB ainda operava no imediato pós-64 e a tornar a pensar na sua fórmula da conformação da nacionalidade mediante a "valorização do trabalho" (sic). A desconsideração daquele excurso estratégico sobre o capitalismo burocrático induzira a se ver como de "ascenso e avanço revolucionário" um processo que tinha forma "aparatosa", mas não passava de "agitação superficial", sendo, na verdade, um processo movido mais à base de "slogans" de "pequenas minorias" e "cúpulas", sob o estímulo de um "convulsionado governo" (sic). Em suma, para Caio Prado Jr., aquele momento "nada mais serviu(ra) que para preparar o golpe de abril e o encastelamento no poder das mais retrógradas forças da reação" (idem: 23).

Caio Prado Jr. trazia para a discussão sobre a "burguesia nacional" que se disseminou na militância de esquerda logo após o golpe de 64, como seu ponto distintivo, os temas da debilidade da teoria em relação às classes burguesas realmente existentes no país e do seguidismo daí decorrente a forças "dúbias" e "aventureiras". A primeira fragilidade havia sido a principal responsável pela ilusão bastante generalizada, nos primeiros anos 60, segundo a qual "o país estava vivendo momentos revolucionários profundos e decisivos" (sic). Quanto ao segundo ponto, cite-se a opinião severa do autor a propósito do "desastre de 64": "As esquerdas não lograram nunca atinar, afora uma agitação no mais das vezes completamente estéril, com outra saída para o seu isolamento que a triste contingência de aliança com quaisquer dispositivos partidários que aceitaram (aceitassem) seu apoio e concurso em troca de migalhas de pequenos favores políticos muito mais de natureza pessoal que outra coisa qualquer" (idem: 24-25).

Segundo o historiador, a movimentação popular e trabalhista daqueles anos resultava mais da aliança das esquerdas com o "capitalismo burocrático" que mantinha, "nos anos de inflação e reajustes salariais seguidos", o sindicalismo em um "estado de mobilização quase permanente". Sem conseguir mobilizar as "verdadeiras forças revolucionárias" e desenvolver os verdadeiros "impulsos revolucionários" da época, ela era uma ação política, nas palavras de Caio Prado Jr., "unilateral e de perspectivas mínimas para o proletariado e nulas praticamente para a revolução, servindo antes para ter os trabalhadores à mão e prontos a atender rapidamente ao chamamento para o desencadeamento da agitação, sempre que necessário às manobras políticas de seus pretendidos aliados, mais na realidade senhores e caudilhos. Agitação essa tanto mais facilitada porque contava naturalmente com a complacência, senão cumplicidade, da própria autoridade pública associada àqueles aliados" (idem: 177).

Mas, em *A Revolução Brasileira*, o autor não só lamentava a perda das "circunstâncias favoráveis à maturação do processo revolucionário" naquela conjuntura da passagem dos anos 50 para a década dos 60, como radicalizava a "revisão da teoria da revolução" que, ao longo do tempo, ele vinha tecendo com a finalidade exclusiva de balizar a práxis política e definir um programa ocidentalista que atualizasse a revolução brasileira à 1888, a partir do seu marxismo político afirmado na história nacional.

A REVOLUÇÃO AGRÁRIA COMO DESENVOLVIMENTO

No livro de 1966 há alusões aos "alcances profundos" da dimensão *agrária* da revolução brasileira vivida pela movimentação trabalhista dos empregados rurais,[63] à qual Caio Prado Jr. confere uma espécie de qualificação *econômico-propositiva*, no sentido de verdadeiro *take off* do desenvolvimento. O autor de A *Revolução Brasileira* retoma o tema agrário segundo o antigo axioma da carência endêmica da população em tanto óbice à "construção de uma nação moderna" que só se removeria com a revolucionarização da economia nacional "em bases sustentadas" (sic). A radicação do *ponto nevrálgico* da problemática brasileira no mundo rural reaparece, agora no livro de 1966, não apenas como uma decorrência direta da dissertação agrarista de grande empresa, empregados e sindicatos, como também de

[63] "Embora se reconheça, diante da evidência dos fatos, a necessidade dessa luta, não se apanha o seu alcance e significação profundos, porque isso é embaçado por concepções teóricas em que ela não se ajusta convenientemente e tem de ser incluída através de artifícios e aleitamentos mais ou menos arbitrários. Ou então se deixa simplesmente ao acaso das improvisações" (Prado Jr., 1966: 61/62).

uma imposição de ordem "mais econômica" (usando termos que aparecem na obra), devido à exaustão do modelo industrialista de mercado restrito, já completamente esgotado em sua forma substitutiva, pelo menos desde 1962.

Não é raro ver Caio Prado Jr. mobilizando, num mesmo *constructo*, excursos das dissertações agrária e urbana, mas, no livro de 1966, aparece mais incisivo este tipo de conexão. Cite-se esse trecho de *A Revolução Brasileira*, no qual ele falava da "inaptidão das atividades econômicas do país de oferecerem ocupação regular e adequada à força de trabalho disponível – o que aliás, embora suprido parcialmente por ocupações mais ou menos parasitárias e marginais, se faz sentir também em outros níveis e setores, mas que na população originária do campo se manifesta de maneira mais acentuada – tem suas raízes na própria feição específica e nas características essenciais de nossa economia, e se liga em última instância ao insuficiente entrosamento das atividades produtivas (que é onde normalmente se gera ou deriva gerar-se o essencial das ocupações) com as atividades próprias da população engajada, ou que deveria estar diretamente engajada naquelas atividades" (idem: 154).

Agora, no pós-64, mola da revolução, o movimento trabalhista dos empregados rurais viria prosseguir o caminho da Abolição e continuar as "grandes transformações" que haviam sido a criação do mercado de trabalho livre e o próprio industrialismo, como ele costumava dizer, em termos de soerguimento da "massa da população" do velho "estatuto de trabalho e produção a serviço da empresa mercantil" e da constituição plena de uma "coletividade socialmente integrada e organizada nacionalmente" (idem: 137). Essa ênfase no fator trabalho marcava a sua fórmula de "reestruturação da economia nacional em função das necessidades do país e da massa da população" que voltava a ser qualificada com as lições das greves canavieiras de Pernambuco de 1963, um exemplo, para Caio

Prado Jr., que só perdia em importância para a própria Abolição. Ele o cita inúmeras vezes em *A Revolução Brasileira* como uma mobilização que reunia, num verdadeiro emblema, uma lógica progressiva ao mesmo tempo de luta, transformação produtiva e sociabilidade, lógica que o autor estimava poderia vir a se estender por toda a formação social.

Por trás da linguagem e às vezes da própria ambigüidade, percebe-se no livro de 1966 que o autor já não buscava no mundo rural apenas um protagonista social possuidor de impulsos para alicerçar as "forças sociais" da revolução na "generalidade do país", mas uma movimentação, cujo potencial de sociabilidade poderia se concretizar com uma estratégia para tirar "consideráveis parcelas da população" do marginalismo. Em uma chave bem diferente das demais esquerdas, Caio Prado Jr. extraía do sindicalismo agrário, naquele exemplo do Nordeste do pré-64, um modelo para pensar um processo de ampliação do mercado interno que reorganizasse a economia, e que pudesse, como sempre dizia, alicerçar o entrosamento das atividades produtivas com as necessidades da "massa da população". Antiga, como que essa idéia voltava para se atualizar por meio da função positiva das demandas trabalhistas em generalizar a conversão das "necessidades potenciais" ("que não se apresentam assim no mercado") em "demanda solvável". O autor esperava que daí surgisse um mecanismo de autogênese que viesse a romper com aquele "círculo vicioso" a que ele se refere usando o aforismo "não temos produção porque não temos consumo, e não temos consumo porque não dispomos de um nível adequado de atividades produtivas" (idem: 158).

Longe do naturalismo das ilusões "desenvolvimentistas" e sem se atualizar no marxismo pós-Cepal, o historiador iria permanecer à margem da Economia Política marxista brasileira contemporânea (ver Carneiro Leão, 1994). A propósito, em seu comentário a *A Revolução Brasileira*, "Caio Prado não Disse

Tudo", do começo de 1968, Florestan Fernandes dizia lamentar que o historiador não "tenha (tivesse) tentado discutir as linhas assumidas pela formação e pelo desenvolvimento do capitalismo no Brasil", que ele chamava de "subcapitalismo" ou de "capitalismo periférico e dependente" (Fernandes, 1968; 1980).[64] Em 1988, no prefácio que escreve à segunda edição de *História e Desenvolvimento*, Florestan Fernandes também reclamava que Caio Prado Jr. não tivesse aproveitado os estudos de Paul Baran e "outros autores marxistas" sobre a "economia política do desenvolvimento" (sic). O mestre da USP dizia agora que, ao dar combate (uma reação "constructiva") "ao uso e abuso do modelo do tipo ideal como equivalente do concreto" (coisa que nunca passou pela cabeça dos cientistas sociais alemães que utilizaram os tipos ideais na investigação histórico-sociológica, esclarecia Florestan), Caio Prado Jr. animou-se e passou a ver "na historiografia o recurso para explicar causalmente, mas com base empírica sólida, a natureza e os limites do desenvolvimento que o colonialismo e o imperialismo forjaram para as 'nações emergentes'. Isso abriu este livro (o livro de Caio Prado Jr., *História e Desenvolvimento*, RS) para uma reflexão sobre o capital mercantil, que une as primeiras e as últimas conclusões de Caio sobre o assunto" (Fernandes, 1988). O pesquisador paulista criticava o historiador por ele ter estendido a importância do capital mercantil a duas épocas mais recentes, "que não comportam as ilações elaboradas, embora sugiram antinomias e problemas (Florestan não deixava de valorizar o sentido do equacionamento caiopradiano) que exige novas indagações e explicações" (idem).

No livro de 1966, Caio Prado Jr. realça a questão da debilidade do industrialismo, tema de outros excursos em que ten-

[64] O reparo de Florestan: "A este respeito, parece que a tendência a focalizar a unidade de produção escravista como 'empresa capitalista' é tão falaciosa quanto a tendência oposta, de projetar o feudalismo na estrutura da sociedade brasileira. Doutro lado, até hoje não se examinou, objetiva e completamente, as vias pelas quais o capitalismo foi absorvido internamente, o que permitiria explicar como e porque a emancipação coincide com novos vínculos de dependência em relação ao exterior" (idem: 86).

tara caracterizá-lo como um capitalismo pouco produtivo e de mercado restrito, modelo que o autoritarismo militar iria radicalizar em termos de um desenvolvimentismo a todo custo. Essa teorização do capitalismo tardio implicava num cotejo da experiência brasileira com o primeiro industrialismo para conceder, por assim dizer, importância *lato sensu* à "dimensão agrária" da modernização/revolução brasileira. No exemplo clássico: revolução industrial, autogenia, concentração demográfica, interação entre salários e tecnologia, em suma, uma estruturação para a qual o lucro e a iniciativa privada foram a mola de um sistema que terminou desencadeando um processo "geral e amplo de crescimento contínuo e acelerado" (Prado Jr., 1966: 164). Na formação social brasileira: uma situação de desentrosamento entre economia e população, que aqui se cristalizara desde as origens como uma marca estrutural que não se atenua sequer com a formação do mercado interno e o industrialismo; pelo contrário, se reproduziria sob sua forma substitutiva, com a cena pública – estatal e política – passando a ser ocupada progressivamente pela *nova classe* dos burgueses burocráticos.

Lendo-se as anotações de Caio Prado Jr. sobre o tema da exaustão do modernismo superficial, tem-se forte impressão de que o autor, menos interessado em uma análise estruturalista do modelo do pós-64 para prever o seu colapso, está mais voltado para a definição de um programa reformador de todo o sistema, "a fim de impulsionar o seu funcionamento no sentido de um desenvolvimento geral e sustentado" (idem). O historiador repunha essa tese antiga em *A Revolução Brasileira*, às vésperas de o país entrar nos anos de chumbo, pensando numa grande transformação que adviria de estímulos "de fora" – de um ente de universalidade como o Estado –, externos à lógica de desprestígio do trabalho que resultara da "escolha" que a classe econômica havia feito no passado e que, arraigada, ainda se arrastava, mantendo um industrialismo deformado e impotente para se generalizar. Voltava o postulado "keynesiano" de

1954. Enquanto no modo clássico o desenvolvimento tivera o seu impulso na *produção*, gerando um processo de causa e efeito que levara ao crescimento continuado, "No Brasil, ele (aquele impulso) deve ser essencialmente o da *distribuição*. E assim o papel que o lucro capitalista (que provê muito bem à *produção*, pois dela se alimenta e com ela se mantém) desempenha no capitalismo originário, não está em condições de desempenhar numa situação em que é a *distribuição* que sobreleva. E a iniciativa privada, que tem no lucro e somente nele a sua razão de ser, não é suficiente assim para assegurar um desenvolvimento adequado" (idem).

É nesse tipo de economia política que Caio Prado Jr. vai pensar a centralidade agrária da revolução brasileira. Por um lado, definindo-a em função do significado que ele atribuía ao consumo da grande maioria da população – ali onde ainda eram profundos os estigmas da herança colonial e radicava a "carga pesada" que "embaraçava" o desenvolvimento –, mas, para onde, insistia, o mercado interno podia se alargar rejuvenescendo a economia. Por outro lado, esse processo incorporador, sob suas formas de movimento reivindicatório e de associativismo ampliado, lastreava o elemento de autonomia do ator político que, afastado das estruturas do poder público pelo advento da ditadura, podia operar desenvolvendo, mesmo agora, novas iniciativas.

Comentando a função das reivindicações na "imensa tarefa" de alicerçar a economia nacional, Caio Prado Jr. dizia: "E é dessa integração da massa do campo, e em conseqüência, do papel que ele passará a representar, que se pode esperar o encaminhamento e decisivo desencadeamento da transformação revolucionária da estrutura econômica e social brasileira" (idem: 168). Este sentido de incorporação sociopolítica da mobilização agrária, pensada em padrões diferentes dos da esquerda da época, não perpassa elementos disruptivos à idéia que Caio Prado Jr. tinha de revolução. Em outra passagem de *A Revolução Brasileira*, quase imediata àquela, lê-se: "O poder público, levado por aquele imperativo e pressionado pelo novo equilíbrio de forças resultante da ascensão política do trabalhador rural (mediante o associativismo, R.S.), se orientará então no sentido de promover e dirigir as atividades produtivas, e pois de forçar as inversões e o encaminhamento dos recursos relativamente limitados de que o país dispõe (e que por isso precisam ser poupados e bem dosados) de acordo com uma escala de prioridade em que já não se tratará mais, em primeiro e principal, senão único lugar, como hoje ocorre, de promover simples 'negócios' e proporcionar 'lucro', e sim se cuidará – embora sem eliminar aqueles estímulos do interesse privado, mas antes utilizando-os na medida do possível para o mesmo fim – de estruturar a economia em função do atendimento das necessidades mais prementes da massa da população" (idem: 169).

À primeira vista causa estranheza que, por trás de um argumento como este, em boa medida construído segundo a linguagem e os conceitos da tradição marxista-leninista, desvele-se uma espécie de *produtivismo* que aparece no livro de 1966 – mostrando a fiação de um argumento que vem de longe – como se fosse um verdadeiro programa –, *produtivismo* programático intercambiável com a própria idéia de revolução –, revelando um autor, sem dúvida, muito ligado à tradição marxiana do "iluminismo das forças produtivas" (Habermas, 1968; 1980), mas também tributário do melhor dos clássicos brasileiros e do seu estilo de pensamento social.

Levado o tema do "marxismo nacional" de Caio Prado Jr. para outra direção, descobrir-se-á não só um autor não-economicista, como também um publicista que, nas palavras de Florestan Fernandes, "como marxista, não realizava as tarefas do economista".[65] Em lugar de se pensar em excluí-lo da

[65] Continuando a frase acima, Florestan dizia que Caio Prado Jr.: "Estabelecia uma síntese, que na esfera acadêmica seria entendida como uma fusão entre história, economia, geografia e sociologia. Ao mesmo tempo, nessa qualidade, tinha em mente que a história culmina na explicação do presente e que existe uma relação recíproca entre teoria e prática, conhecimento e transformação da realidade" (Florestan, 1988; 1989).

galeria dos economistas brasileiros, por ele não se ter socorrido no marxismo pós-Cepal, dever-se-ia indagar sobre o sentido mais preciso daquilo que o distancia de outras publicísticas de esquerda. De um lado, as referências caiopradianas à exaustão da economia nacional no pós-64 mantêm o historiador longe dos que radicalizavam o econômico e dele esperavam um colapso do capitalismo no curto prazo que viria abrir, segundo uns, uma crise revolucionária, ou, segundo outros, ao menos trazer uma mudança no regime de 64. De outro, ao priorizar aquele tipo de tematização em torno do elemento *produção*, Caio Prado Jr. se distinguia em relação ao politicismo de ações de poder (recorde-se que se lhe cobrava a desatenção em relação às iniciativas de resistência à ditadura), particularmente à política de frente única do PCB que, segundo ele, ainda continuava montada num "pobre esquema classista", sem mudança relevante àquela que fora praticada no pré-64.

Aqui estava uma outra aporia caiopradiana. Além da linguagem tradicional, que de por si mesma sugeria ambigüidades naqueles tempos de ênfase camponesa, a convocatória da mobilização trabalhista no mundo rural concedia pouca atenção à própria condição prévia de realização deste agrarismo de rejuvenescimento do mercado interno: a conquista da democracia e a democratização do poder público, então envolto por uma ditadura que, aliás, logo evoluiria para os anos de chumbo com um enrijecimento das estruturas estatais incomparavelmente maior.

Assim, diferente dos demais, o *agrarismo* caiopradiano de 1966, como o do pré-64, não emerge incongruente com o país já urbano e moderno dessa época, e muito menos advém como um sucedâneo à descrença das esquerdas na política, como um meio eficaz para enfrentar o regime, por ser o mundo rural estimado como lugar apropriado para se pensar operações político-militares (ver Debray, 1967). O agrarismo de *A Revolução Brasileira* consistia numa mobilização que tinha como fundamento a função da "dimensão agrária" "no complexo histórico-social da presente conjuntura", segundo o autor, marcado pela "inaptidão das atividades econômicas do país de oferecerem ocupação regular e adequada à força de trabalho disponível" (Prado Jr., 1966: 154). Ou seja, ele tem o sentido de uma alternativa para operar, no contexto de esgotamento do modelo de "crescimento material especulativo e caótico", vale repetir sua expressão, com vistas a "preservar o desenvolvimento normal do país e a própria preservação de seus valores morais e materiais" (idem).

Mesmo à hora de colocar na sua formulação política o tema ortodoxo do "impulso que precisa vir de fora" para promover o protagonismo agrário, os argumentos caiopradianos não se subsumem à teoria da "aliança operário-camponesa", a qual, como se sabe, recobre, ao nível da formação social, o paradigma partido/massa. O autor segue sua tradição, fala do papel "incentivador" e "orientador" do proletariado urbano para "dirigir a massa rural", mas trata de atribuir-lhe a tarefa em razão de "circunstâncias próprias e específicas da revolução brasileira". Ele menciona estas duas conexões: a semelhança de reivindicações (melhoria de condições de trabalho e emprego) e interesses comuns no mercado de trabalho (êxodo rural-urbano/depressão salarial), ponto este último sobre o qual o historiador dizia que escapara da atenção de Lênin, motivo para que o PCB dele sequer se apercebera.

Qualquer que seja o realce que se dê a essas conotações, é possível correlacionar a lógica que Caio Prado Jr. lhe conferia ao protagonismo agrário com a própria chave da "aliança revolucionária" entre a cidade e o campo (sic) (em certo momento do livro de 1966, entendia-o como "a afirmação e progresso das reivindicações rurais" que geravam, "numa perspectiva imediata", "pressões decisivas no sentido do desencadeamento da revolução"). Ou seja, em lugar de outra consideração ao estilo da tradição ("força social" como expressão do núcleo operário-camponês, garantia para a hegemonia proletária, transição ao socialismo, etc.), Caio Prado Jr. preferia referir aquela combinação rural-urbana basicamente a uma organização de tipo sindical. Apesar da crítica que ele fazia ao sindicalismo urbano de orientação pecebista (alguns termos: deformações, movimento de "minorias efetivamente ativas", disponibilização de "massa de manobra", etc.), o seu agrarismo sindical do pós-64 não transmitia sentido rupturista à idéia de revolução, o qual, com a exceção do PCB (partido inclusive já também dividido nesta questão), quase todas as demais correntes das esquerdas brasileiras daquela época tinham como ponto identitário.

Em comparação à movimentação política do PCB, realmente parece estranha a postura de Caio Prado Jr. naqueles primeiros anos da ditadura. Ao se ler o livro de 1966, tem-se a impressão de que o autor não reconhece maior valor à "obsessão pela política" que se apodera do seu partido a partir da nova estratégia gradualista de "resistir, isolar e derrotar" a ditadura em torno da defesa das liberdades políticas (PCB, 1965). De fato, o historiador não aparece valorizando as articulações das quais o PCB participava visando ampliar o raio de ação da resistência, como também demonstra abstração à impermeabilidade do poder público naquele após-64, cuja ação era crucial para incorporar "um conglomerado humano heterogêneo e inorgânico, sem estruturação econômica adequada" (Prado Jr., 1966: 158). Sobremaneira parece estranho que ele procurasse associar o sentido geral da revolução brasileira com a idéia de integração do trabalhador, a partir da "ativação da economia e do desenvolvimento do mercado interno" (idem: 182), dando a entender, em várias passagens do livro, que punha, no lugar da idéia de esgarçamento social, o axioma do dualismo empresa mercantil/força de trabalho, reproposto segundo o seu conceito de revolução "agrária e nacional".

Ao invés dos temas que eram correntes nos outros grupos de esquerda da época (a maioria deles rebelados do PCB) –, tais como "caráter da revolução", "frentes de esquerda", "formas de luta", etc. –, Caio Prado Jr. novamente está falando de "clareza de objetivos", em torno dos quais ele esperava ver concretizado um processo de "polarização de forças" que, no pós-64, estaria nucleado "central e essencialmente pelas forças de esquerda" "e com elas solidários os mais amplos setores da opinião pública".[66] Leia-se neste trecho o retorno do velho axioma que para ele demarcava o campo popular-progressista do lado conservador: "Não é possível com a miséria física e moral da grande massa do povo brasileiro, e a mediocridade de quase todo o restante, construir uma grande nação moderna que ofereça para todos, num futuro apreciável, segurança, bem-estar e prosperidade" (idem). Em seu "quase truismo", o autor acreditava que, em torno dessa proposição, se abriria um "largo e transparente" campo a partir da atuação e "linha de independência" das esquerdas. Formar-se-iam "alianças sólidas" de maneira "espontânea e naturalmente", "pela base, unindo efetivamente forças aliadas", criando-se "perspectivas seguras"; "sem sectarismos, pretensões utópicas, sem queimar etapas e alcançar desde logo sucessos ruidosos e espetaculares, sem a ânsia de conquistar posições de mando à custa de quaisquer incoerências e inconveniências, concessões e abdicações" (idem).

Ainda que muitos de seus pontos sejam pouco claros, pode-se dizer que os principais excursos caiopradianos se desenvolvem pontilhando uma concepção de revolução *sui generis*, que o autor definiria, afinal, não em razão de atributos de grupos sociais imaginados aprioristicamente, como ele costumava dizer, referindo-se ao PCB, embora tal tipo de sociolo-

[66] Segundo ele mesmo dizia, esse "apoio", "simpatia e receptividade" e, no pior caso, "neutralidade e expectativa" dos mais vastos setores da população aos trabalhadores só dependeriam da transparência. "O que se faz mister para isso – e é o que tão freqüentemente a dogmática, confusa, demagógica e sectária posição das esquerdas tem impedido – é a clara definição e compreensão da realidade brasileira e dos seus reflexos diretos ou indiretos sobre a imensa maioria da população" (idem: 182).

gia política também apareça – de um ou outro modo – em outros registros, inclusive acadêmicos, até bem entrados os anos 80. Em um tempo em que ainda era forte a idéia de revolução, Caio Prado Jr. não a concebia em função dos seus meios, como a insurreição, como ele mesmo dizia na "Introdução" do livro de 1966, preferindo radicar o "significado próprio" do conceito na dimensão de mudança que ela implica "e não no processo imediato através de que se realiza" (Prado Jr., 1966: 11). Nessa passagem de *A Revolução Brasileira*, ele ainda distinguia as transformações de marcha mais lenta, de relativa estabilidade e aparente imobilidade, daquelas outras de curso concentrado no tempo e com forma de rápida transição, como aquela que o país vivera durante a época de Juscelino e Jango, e novamente estaria vivendo, mesmo depois de 1964 ("momentos de ativação da vida política e social e bruscas mudanças em que se alteram profunda e aceleradamente as relações sociais", idem). Note-se que, nesta parte do livro, Caio Prado Jr. também se recusava a conceituar a revolução brasileira a partir da "previsão histórica" do socialismo no Brasil, da qual dizia ele que não abria mão como marxista, mas esclarecia que esse tipo de projeção "não interfere (assim) diretamente ou não deve interferir na análise e interpretação dos fatos correntes, e muito menos na solução a ser dada aos problemas pendentes ou uma determinada linha política a ser seguida na emergência de situações imediatas" (idem: 16).

Ao invés de recorrer a um sociologismo de classes revolucionárias ou buscar o "capitalismo em geral" no país para fundamentar o "caráter da revolução brasileira", Caio Prado Jr. voltava a sua atenção para os traços específicos do industrialismo brasileiro, extraindo do tema das relações entre economia e sociedade a tese sobre a precariedade da vida política nacional. Em suas análises de conjuntura, ele leva essas correlações às "últimas conseqüências", chegando até mesmo ao paradoxo de ver um (único) "lado positivo" em "1964", pelo fato de o golpe militar ter derrotado o "capitalismo burocrático", interrompido o sistema "em que o movimento operário se viu envolvido e em que se comprometia cada vez mais" (idem: 178).

Livre do "aliado espúrio que lhe conduzia os passos", era possível "recuperar o tempo perdido" (idem: 177). O "campo desimpedido", doravante o movimento operário poderia começar a se reorganizar "em novos moldes capazes de lhe proporcionar uma estrutura orgânica e um dinamismo próprios e adequados às tarefas que enfrenta. Em especial aquela que na presente etapa da revolução, ou antes pré-revolução, que se mostra mais urgente e apresenta maior alcance". Cite-se a continuação da idéia: "Referimo-nos ao estímulo e à orientação que lhe cabe proporcionar à massa trabalhadora do campo. É através da conveniente organização do proletariado, e somente assim, que se logrará realizar a efetiva aliança dos trabalhadores urbanos e rurais, aliança essa que incentivará e guiará a luta do campo. A começar pela organização dos trabalhadores rurais, e em especial pela organização sindical deles que se encontra ainda, quase toda ela, por realizar. Debilidade essa pela qual respondem sobretudo as formações políticas trabalhistas e de esquerda que ou se desinteressaram do assunto (embora a sindicalização rural estivesse prevista legalmente desde 1944) ou, em conseqüência de errôneas concepções teóricas acerca do tipo de relações de trabalho e produção dominantes no campo brasileiro – aquelas mesmas que criticamos anteriormente – e deram formas inadequadas à organização dos trabalhadores rurais. Disso aliás somente se cogitou de maneira séria muito recentemente" (idem: 178).

Em *A Revolução Brasileira*, há referências à questão da democracia política como criação – "no plano geral da política" – das condições "necessárias e fundamentais" para as lutas e reivindicações trabalhistas. É necessário completar a citação: "A saber, a liberdade de movimentos para as reivindicações e lutas trabalhistas, a extensão e o aprofundamento das franquias e dos direitos democráticos a fim de que a voz dos trabalhadores se possa fazer ouvir e efetivamente se ouça cada vez mais. Na medida que isso ocorrer, e as oportunidades assim criadas se aproveitem adequadamente, a revolução, ou antes, a pré-revolução e fase preparatória das grandes transformações econômicas e sociais que estão por vir, marchará inexoravelmente, mesmo que essa realidade não se manifeste na superfície dos acontecimentos e aparências com ruidosos sucessos. De 'aparências' pré-revolucionárias, acredito que já temos uma suficiente e infelizmente bem triste experiência..." (idem: 181). Onze anos depois, no posfácio de 1977, falando da exclusão dos "setores esquecidos", Caio Prado Jr. fazia certa alusão à "experiência política" que, em outras nações "de mais apurada educação política", o povo adquire ao longo do tempo (experiência que aqui não observava a "continuidade que seria de desejar", cf. Prado Jr., 1977; 1978: 250). Em seguida, aparece esta anotação: "A democracia é pela prática que se adquire, e não por geração espontânea e sem antecedentes, ou inspiração não se sabe em que" (idem).

Diferente da concreticidade política do PCB, o autor entendia o tema da falta de institucionalidade de forma "abstrata", isto é, sempre que aparece em seu texto o tema da política efetiva, ele volta à sua tese primordial sobre a vida política nacional, mesmo que o manejo desta não lhe concedesse o dom do convencimento e da clareza. Em "Perspectivas de 1977", Caio Prado Jr. demonstra pressa pela normalização institucional, chegando a dizer que já era hora de se pôr termo ao "estado de permanente suspense" em que vivia então o país, sob as "inevitáveis incoerências e vaivéns" do regime militar exaurido. Segundo ele, urgia a normalização: "Há que se institucionalizar alguma coisa, organizar, estabilizar e definir instituições" (idem). Caio Prado Jr. continuava aquele trecho desse modo: "Ou o absolutismo que aí está sob o disfarce de um complicado casuísmo pseudolegal, quando não simplesmente *de fato* – mas nesse caso um absolutismo em que se defina e caracterize o 'absoluto"; ou então algo mais de acordo com o mundo e a época em que vivemos, sua cultura e civilização: o concurso da coletividade brasileira em conjunto na determinação de seus destinos. O que nos leva à questão de como se propõe o nosso problema político atual, e como se dispõem em face dele as diferentes forças políticas do país" (idem: 251).

É difícil juntar as peças daquilo que seria uma ciência política em Caio Prado Jr., embora elas estejam visíveis no seu mundo de política e cultura política. Durante o regime de 64, ele mantém a mesma reserva que tivera diante da ânsia pelas ações de poder em 1945, à qual então o PCB se deixara arrastar, abandonando o trabalho de aliança com os liberais. É tensa a sua interpelação aos comunistas que, novamente, às vésperas de 1964, se viram envoltos no clima de "'aparências' pré-revolucionárias" (idem: 181). Pelo que se lê nos seus críticos de época, o "desinteresse pela democracia" e pela política, como meios revolucionários de poder, tampouco se resolve em Caio Prado Jr. de acordo com os padrões práticos e marxistas da sua tradição (Matos, 1962; Fausto, 1967; Tavares, 1967). Resultava difícil ao historiador convencer o seu partido a entender o longo pós-guerra brasileiro que se estende de 1945 até 1964, como se fosse uma única transição, com uma vida política ainda marcada pela "agitação estéril" e "superficialidade", época que só vai terminar com o novo abafamento de 1964, com o golpe militar, cujo ocaso virá com o esgotamento do padrão de economia "voltada para fora" e do autoritarismo.[67] Quando novamente a vida nacional se reativa na segunda metade dos anos 70, época inclusive em que já havia diminuído a sua publicística, Caio Prado Jr. vai fazer, naquele texto de 1977, um registro que

[67] Em diferentes textos, Caio Prado Jr. trabalha com essa idéia de longas transições. Com um recorte um tanto diverso, Alberto Dines também faz uma interessante menção a uma aliança partidária duradoura, quando alude a uma espécie de pacto que teriam selado Getúlio, o PTB e o PCB, em 1945, o qual, a rigor, teria começado três anos antes ("quando os comunistas resolveram apoiar o Estado Novo, desde que entrasse na guerra contra o nazi-fascismo") e que se estenderia até o governo Sarney (Dines, 2000).

aparecerá sem maior relevo – a adesão da burguesia produtiva ao largo consenso democrático que iria pôr termo à ditadura de 64 –, mas que relembrava o emblema "1945" em todo o seu significado (Prado Jr., 1977: 251-52), ponto que será retomado mais adiante.

POSIÇÕES "DIFÍCEIS DE SEREM ENTENDIDAS"

Os objetivos que o historiador tinha em mente ao reelaborar a "teoria da revolução brasileira" não apareciam assim tão evidentes aos seus leitores, particularmente ao principal deles, o PCB. Em várias áreas, o argumento caiopradiano foi recebido na sua forma de negação da teoria da "revolução democrático-burguesa", sem que, no entanto, se percebesse o significado mediato do agrarismo de grande empresa e o sentido da reorganização do capitalismo que o autor propunha. Não se escutavam atentamente as suas razões não-campesinistas, nem o seu reformismo revolucionário penetrava no imaginário dos outros grupos de esquerda. Em meio a reações críticas e ao interesse que despertava entre os dissidentes do PCB, a não ser pela sua forma desconstrutiva, e em parte pelo seu agrarismo sindical, o livro de 1966 não teve outras proposições apreciadas pelos seus interlocutores. Os temas da debilidade da estrutura organizativa do campo popular e da radicalização do pré-64 figuram nas avaliações pecebistas em associação ao enfraquecimento da política de frente única (PCB, 1965;1967), mas não em uma problematização assemelhável à tese sobre a vida política nacional com qual o historiador examinava as conjunturas.

Os comunistas do PCB polemizariam com Caio Prado Jr. não tanto em torno do valor da sua obra na cultura política, mas a partir do que tinham de *melhor* – o encaminhamento prático do problema político no pós-64 –, de onde eles vão interpelar os "equívocos" e as "omissões" do livro de 1966, como diria um deles, Assis Tavares, no seu texto "Caio Prado e a Teoria da Revolução Brasileira", publicado na *Revista Civilização Bra-*

sileira.[68] Neste texto se dizia que Caio Prado Jr. não dominava mais do que "aspectos parciais" da situação, deixando a impressão de que "deliberadamente decidiu desconhecer o que houve, assim como desconhece a situação presente, que exige uma posição política qualitativamente diversa" (Tavares, 1967). O crítico pecebista acrescentava: "E aquele que busca na obra indicações de como lutar para livrar o Brasil das garras do grupo ditatorial ficará frustado, pois disso não cogita o autor. Como se pode pensar em fazer avançar o processo revolucionário brasileiro, se não são formuladas indicações concretas de como se suplantar o tremendo obstáculo que a êle se antepõe?" (idem).

Mas há indicações sobre a interpretação de Brasil caiopradiana. Por exemplo, ao discutir a questão da natureza do capitalismo no Brasil, mesmo sem realçar o significado daquilo que distingue o historiador na questão – a tese sobre o "sentido da colonização" e a dissertação sobre os grandes domínios rurais –, Assis Tavares traz o tema da feudalidade para a equação da teoria da renda da terra. Segundo este autor, no PCB, o ponto já estaria bem desenvolvido em termos marxistas por Alberto Passos Guimarães, que seguira a tradição bibliográfica, mobillizando a noção de "relações pré-capitalistas" para indicar melhor aquilo que se queria significar com a velha expressão "restos feudais". Há uma referência ao circulacionismo do livro de 1942, o qual, de acordo com Tavares, estava na origem da tese caiopradiana de que, à hora da criação do mercado de trabalho livre, o país já exibia "elementos estruturais do capitalismo" (Tavares cita *A Revolução Brasileira*).

Mas, ao invés de ver no *deslize* o começo de uma teoria da formação social, o crítico o apresentava como fonte daquilo

[68] Em suas memórias, Marco Antonio Coelho confirma a autoria daquele artigo e relata a intenção que à época tivera de centralizar as suas discordâncias com Caio Prado Jr. "na análise e nas conclusões políticas de suas teses, por considerá-las profundamente equivocadas. Hoje, pondo de lado as questões teóricas sobre a formação histórica do Brasil, do ponto de vista exclusivamente político meu artigo não reclama nenhum retoque" (Coelho, 2000: 311).

que distanciava Caio Prado Jr. do marxismo. O próprio Assis Tavares transcrevia o trecho específico de *Formação do Brasil Contemporâneo* e estranhava, em 1967, que Caio Prado Jr. "tenta(asse) conhecer o caráter e a natureza de uma economia na análise de sua estrutura comercial e não no elemento determinante que é, para os marxistas, *o modo de produção dos bens materiais*, particularmente a forma predominante de propriedade" (cf. Tavares: 1967: 57).

Quanto à conexão do excurso sobre o capitalismo urbano com a tese da política nacional, o artigo adquiria tom muito reativo à crítica que Caio Prado Jr. fazia à consistência do antiimperialismo burguês. Exibia os exemplos das manifestações oposicionistas dos jornais *Correio da Manhã* e *Última Hora*, mencionava a posição programática do MDB, inclusive citava as trajetórias de líderes do PTB (Goulart, Brizolla, Sérgio Magalhães, etc.). Assis Tavares minimizava a teoria do "capitalismo burocrático", chamando-a de "tese absolutamente original em nossa literatura política", segundo ele, por ter Caio Prado Jr. ido buscar essa categoria dentre os teóricos chineses do tempo do Kuomitang, que então procuravam caracterizar o processo incipiente de desenvolvimento do capitalismo daquela época em seu país (idem).

É, porém, nos sentidos diversos do programa da revolução brasileira que Assis Tavares centraliza as razões do desencontro entre o PCB e o autor de *A Revolução Brasileira*. A discordância "frontal" consistia em que o historiador punha de lado o "problema da libertação nacional" e limitava-se "a apresentar a meta da melhoria das condições de vida dos assalariados agrícolas, num nível de estrita aplicação de leis trabalhistas. Além disso, formulava genèricamente alguns pontos para impulsionar-se a economia" (idem). Na formulação política da práxis agrária, os agrarismos também reapareciam nuançados. Tavares voltava a evocar, no do PCB, o tema do "fim último camponês", observando que Caio Prado Jr. não atribuía centralidade à questão da terra. Daí, segundo ele, o programa apresentado em *A Revolução Brasileira* ser "muito pouco, é quase nada"; "não leva a uma transformação *de qualidade* na agricultura, desde que não se volta para atingir o cerne do que é arcaico na estrutura agrária, ou seja, o *monopólio pré-capitalista da terra.*" (idem: 76). O crítico concedia, no entanto, razão a Caio Prado Jr. no tema do "capitalismo agrário" por ele ter chamado a atenção para o menosprezo das esquerdas em relação ao papel dos assalariados agrícolas no pré-64 ("muito mais destacado do que o da grande massa de lavradores não-assalariados" (idem).

Os pontos da crítica espelham a "obsessão pela política" do PCB, com tudo que lhe é próprio, boas intuições e ambigüidades incluídas. Em todo caso, citem-se exemplos que poderiam ser colhidos nas inquirições específicas, como a que o autor faz sobre qual seria o propósito da ausência das camadas médias e da intelectualidade em *A Revolução Brasileira*, quando Caio Prado Jr. enumera as "forças da revolução". Ou aquela outra em que Assis Tavares dizia ter a impressão de que a própria classe operária, em lugar de afirmada em sua centralidade, aparecia no livro de 1966 "em função da luta dos assalariados agrícolas", o agrarismo caiopradiano não ajudando a combater o campesinismo, especialmente quando, segundo o crítico, "renasce (como, agora, em meios estudantis) a tese de que o papel de vanguarda revolucionária só pode caber aos trabalhadores rurais. Teria sido, pois, útil que Caio Prado Jr. emitisse seu pensamento sôbre a controvérsia" (idem: 77).

Essa ciência política caiopradiana mostrava muita dificuldade para se expressar e ser compreendida. Recorde-se que o crítico pecebista da outra época advertira na proposta de "reestruturação partidária" que então Caio Prado Jr. fizera como meio para alicerçar o processo político daquele imediato pré-64 um passo confuso do historiador, "pondo o carro adiante dos bois" (Matos, 1962).

O articulista que agora criticava o livro de 1966 também estranhava o sentido político de *A Revolução Brasileira*. Em lugar de fazer outras associações entre as teses caiopradianas – o que suporia reconhecer conexões seminais entre autor e obra –, ele dizia que a teoria da revolução brasileira de Caio Prado Jr. era "abstrata" e só levaria a "grandes confusões" (sic). Inevitável, assim, que o crítico avultasse os pontos mais comuns da agenda pecebista, alguns já mencionados anteriormente: a) o primeiro deles era o da centralidade do tema da libertação nacional (da qual, repita-se Assis Tavares, dependia "não só a solução dos graves problemas dos trabalhadores e das grandes massas populares, no plano econômico e político, como o avanço de nossa Pátria rumo ao socialismo"), Caio Prado Jr. dando a impressão de que a revolução, "na presente etapa", reduzia-se ao objetivo de "'essencialmente' tornar vitoriosas as reivindicações trabalhistas" (Tavares, 1967); b) Caio Prado Jr. também desenfocava a ação política de uma referência concreta ("De um ponto de vista mais imediato, nosso objetivo consiste em derrotar os atuais governantes, que reforçam e asseguram a dominação do Brasil pelo imperialismo"); c) de acordo com o crítico, sem essas centralidades, a idéia de Caio Prado Jr. ("a mais estreita possível") de frente única resultava "difícil de ser entendida", não só por que ele tinha outro entendimento da questão democrática (o próprio Assis Tavares alude àquela passagem em que a democracia é referida como condição para a realização das "reivindicações e lutas trabalhistas"), como ainda por que o historiador não nominava de modo claro todas as classes e camadas sociais que se aliariam em frente única; e d) o autor de *A Revolução Brasileira* preferia trabalhar com aquela forma política, sem eixo, que ele chamava de "processo de polarização de forças". Assis Tavares ainda apontava dois pontos característicos do PCB: a) Caio Prado Jr. equacionava a revolução brasileira como se ela não fosse "parte da luta mundial dos povos contra o imperialismo e pelo socialismo", isto é, desde um enfoque "isolado, nacional", não-marxista;[69] e b) o crítico também associava a ausência dessa conexão ao modo caiopradiano de ver a luta pela democracia, que aparecia no historiador sem qualquer referência à "contradição principal" da sociedade brasileira ("de um lado, o imperialismo e seus agentes e, de outro, a grande maioria da nação"), a qual "reflete-se hoje na contradição entre o povo e a ditadura" (idem). De qualquer modo, para Assis Tavares, a questão estava em que o historiador não entendia as liberdades como o elo que unia "amplas camadas da população e quase tôdas as fôrças políticas de importância na vida nacional" na luta contra a ditadura, nem compreendia que a volta do país ao regime democrático não haveria de importar "exclusivamente uma 'volta'", mas um "vigoroso passo à frente na luta do povo brasileiro" (idem).

Percebendo o pouco êxito, por "não se fazer entender", o historiador escreve os dois complementos a *A Revolução Brasileira*, já anteriormente mencionados. No primeiro deles, o "Adendo" de 1967, ele mesmo dizia que tivera maior dificuldade para se expressar "no mérito" do livro, na questão de fundo, ou seja, o "capitalismo burocrático". Como já se anotou, embora inconclusa e descontínua, fora com os primeiros excursos sobre ele que Caio Prado Jr. fundamentara os artigos da *Revista Brasiliense*. Em *A Revolução Brasileira*, aquele tema aparece de corpo inteiro e constitui a própria chave da leitura caiopradiana do pós-64.

Os apêndices do livro de 1966 viriam revelar os motivos do autor ao dissertar sobre o capitalismo brasileiro num sentido que tem muito pouco a ver com a bibliografia do "novo caráter

[69] Ao invés de aceitar o lugar comum que, aliás, era *raison d'être* de todos os PCs, no "Adendo" de 1967 a *A Revolucão Brasileira*, Caio Prado Jr. comentava aquela perquirição: "Ora, uma das preocupações máximas ao longo de todo o meu trabalho, em seguimento aliás a muitos outros anteriores que já datam de não poucos anos, foi sempre de situar a economia brasileira e o conjunto de nossa história, e por tanto a problemática que aí se propõe, no quadro internacional, sem o que nada se pode compreender do país" (Prado Jr., 1967: 232). Caio Prado Jr. remetia aos capítulos de *A Revolução Brasileira* "A Realidade Econômica Brasileira" e "A Revolução e o Antimperialismo", ambos montados em dissidência àquilo que ele chamava de "literatura política" e sua "hermenêutica" de conceitos (sic).

da dependência". Em seu "marxismo nacional", Caio Prado Jr. faz suas conceituações desde a "perspectiva do passado". Antes de buscar (aprioristicamente, lembrando o termo preferido) os fundamentos de uma lógica que levasse à erosão da ordem social e política, o autor correlaciona o tema do esgotamento do modernismo mercantilista em relação ao da precariedade dos "alicerces políticos", pensando num programa ocidentalista de reestruturação da vida nacional. Ou seja, nessa tematização do capitalismo burocrático, inclusive a partir das suas raízes, Caio Prado Jr. está aludindo a uma outra bibliografia que lhe qualificava o tema das colônias de produção e da debilidade das suas burguesias retardatárias, e que o levava a pôr atenção, no caso brasileiro, na gênese mercantil da economia nacional e na maturação escassamente produtiva da indústria. Em suma, em todos os excursos que ele desenvolve sobre esses temas, o autor quer realçar aquilo que, segundo ele, era o núcleo da questão da modernização brasileira: a incapacidade desse tipo de capitalismo de realizar uma obra de integração e de homogeneização semelhante à do industrialismo europeu e americano.

Referindo-se, no "Adendo" de 1967, à incompreensão do seu partido (lamentava ele que a crítica de Assis Tavares não tivesse se centrado na linha "estrutural" da sua obra), o historiador reconfirmava os dois grandes objetivos que perseguira no livro de 1966. Em primeiro lugar, pretendera deslindar, agora no pós-64, os "fatores ou forças que no terreno econômico, social e político que estão *efetivamente* na base do dinamismo da história brasileira da atualidade, e que impelem ou são suscetíveis de impelir a marcha dos acontecimentos" (Prado Jr., 1967; 1978: 209). Caio Prado Jr. completava assim essa idéia: "... marcha dos acontecimentos no sentido da revolução. Em particular daqueles que têm o seu teatro no campo e que são, a meu ver, no momento, os principais e fundamentais, embora longe de serem os únicos" (idem). A segunda pretensão era indagar sobre os "meios e processos adequados" para operar com eficácia na circunstância, o que implicava em duas ordens de questões: por um lado, discernir as tarefas da revolução brasileira contidas na "dialética" da evolução do país e, por outro, identificar as forças sociais presentes na dinâmica histórica brasileira que "tendam a se desenvolver no sentido revolucionário" (idem).

Lendo-se o capítulo II de *A Revolução Brasileira* ("A Teoria da Revolução Brasileira") à luz do modo como o autor retoma o argumento no "Adendo", nota-se a centralidade que tem a tese do agrarismo de grande empresa na revisão caiopradiana da teoria da revolução brasileira. Veja-se nesta passagem do "Adendo" como reaparece a crítica à ideologia campesinista: "Acentuando-se a luta agrária na questão da terra, a política revolucionária inspirada coerentemente na tese ortodoxa que consideramos, apela para um fator e força social de papel insignificante, em prejuízo de outras formas realmente eficazes de luta. Interpretando erradamente as relações de produção e trabalho predominantes na agropecuária brasileira, e configurando nela, por força da mesma teoria, uma classe relativamente pequena, e de forma alguma revolucionária, que vinha a ser um campesinado cerceado e contido como força produtiva pela propriedade feudal da terra (aquilo que Assis Tavares eufemisticamente denomina 'monopólio pré-capitalista'), isto é, uma situação em que a terra se acha em parte considerável e dominantemente apropriada por uma classe particular de proprietários distintos dos proprietários capitalistas que são também empresários da produção (como se dava por exemplo na Rússia tzarista com a nobreza tradicional), a política, assim desorientada pela teoria, concentrou todo ou quase todo seu esforço e atividades no sentido de finalidades sem correspondência na situação presente nos principais e decisivos setores do campo brasileiro..." (idem: 212).

Caberia um parêntese para lembrar que, no próprio texto de *A Revolução Brasileira*, Caio Prado Jr. retomara a "questão de terras" como que respondendo às cobranças que se lhe faziam por minimizar a existência das "relações pré-capitalistas" no mundo rural.[70] Poder-se-iam repassar as passagens do livro nas quais a questão volta naquele sentido caiopradiano bem diverso da "terra reivindicada por um campesinato revolucionário" (sic). O autor se refere à presença na agropecuária brasileira de um "resíduo propriamente camponês efetivo ou potencial", afogado pela grande exploração, subproduto da formação e evolução da economia agrária e que funciona como uma espécie de economia camponesa "dispersa pelos poros da grande exploração ou nela incluída" (Prado Jr., 1966: 145). O argumento não-campesinista permanecia: sem dispor de "generalidade suficiente", continuava Caio Prado Jr. dizendo, a questão da terra não constituía "ponto de partida de amplos e contínuos movimentos de massa, que é o que realmente interessa do ponto de vista revolucionário" (idem: 146).

O espectro do pré-64 também estava presente nessas passagens de *A Revolução Brasileira*. O autor dizia que, ao invés de usar o problema da terra para "surtos esporádicos de agitação e muito mais demagógicos que de outra natureza", tratava-se de incorporá-lo no programa da revolução brasileira, no sentido econômico-instituinte que percorre o livro de 1966. Essa dimensão aparece em várias associações. Como a que liga o tema da terra à lógica da mobilização trabalhista: "A acentuação e o desenvolvimento da luta reivindicatória por melhores condições de trabalho e emprego tenderá assim a eliminar as empresas que não tiverem condições para se adaptar, pelo aumento da produtividade, à nova situação criada pelas exigências dos trabalhado-

[70] "Existe no Brasil, sem dúvida, uma questão de terras; e a forma como se distribui a propriedade fundiária rural, com o elevado grau de concentração que se observa nessa distribuição, tem por certo um grande papel na determinação dos fatos econômicos e sociais da atualidade. Sobretudo porque essa concentração da propriedade limita consideravelmente as perspectivas da população trabalhadora rural, forçando-a a se empregar, sem outra alternativa, nos grandes domínios, e fazendo pender assim, em benefícios dos empregadores, o equilíbrio do mercado de trabalho" (Prado Jr., 1966: 145).

res. A solução será então o desmembramento da propriedade" (idem: 148-49). Além disso, esse tipo de ação trabalhista traria vantagens adicionais, como a de ajudar a selecionar as áreas para reforma, as aptidões de cultivo e os trabalhadores candidatos a produtores autônomos, chegando a fornecer critérios que seriam *efetivos* tanto para a repartição da terra, quanto para a *continuidade* do próprio processo produtivo, como ele mesmo dizia, com um mínimo de "prejuízo das forças produtivas, o que constitui, é claro, circunstância essencial para o curso normal e progressivo da revolução" (idem: 150).

Tem-se um autor repetindo proposições, mas bem atento. Com efeito, com o redirecionamento das políticas públicas após o golpe militar, a modernização da agropecuária acelerara o passo, trazendo um processo de ruína de grandes proporções, com o crescimento da desocupação, principalmente no Nordeste, no interior da Bahia e de Minas Gerais (idem). Ao invés de deixar que essa percepção da deterioração da vida no mundo rural empalidecesse o seu agrarismo, Caio Prado Jr. equacionava o novo *enclousure* segundo as linhas gerais da sua interpretação de Brasil. Resistindo ao uso tático-"improvisado" do tema camponês, o autor conservava todo o eixo da sua Economia Política *agrária*, dissociando da luta pela terra a solução mais estratégica para o problema da privação dos grandes contingentes rurais que, segundo ele, residia na mobilização por emprego e condições de trabalho. Caio Prado Jr. observava que, tangidos pela falta de ocupação, os grupos sem emprego e "semiocupados e outros", não por acaso, não afluíam às regiões pioneiras que lhes estavam mais ao alcance e onde poderiam melhor exercer pressão sobre a terra, mas, dizia ele, preferiam se dirigir aos grandes centros, justamente à procura de "meios regulares de vida" (idem: 150-51).

Diferentemente, o PCB, partido pragmático, não leva às "últimas conseqüências" aquela idéia marxista-caiopradiana de "sentido geral" da questão agrária, e só incorpora, em sua práxis, o agrarismo sindical, parcialmente, sem visualizar a função que ele tem na definição de revolução brasileira do seu intelectual. Vista como elemento de "formulação" rigorosamente centralizada na "especificidade da formação social", a ênfase "agrária" caiopradiana tem em comum com outras correntes de esquerda apenas certa "aparência" de linguagem e o tom crítico do conjunto do livro de 1966, no qual ela se explicita. O sentido de um movimento de caráter instituinte de relações produtivas e sociais e de revitalização da economia nacional que Caio Prado Jr. confere à "revolução agrária" o separa definitivamente dos seus leitores radicalizados da militância de esquerda daquela época e também explica os rumos desencontrados entre o historiador e o seu partido.[71]

Esse mesmo tipo de aparências de Caio Prado Jr. também pode ser observado na sua crítica ao pluriclassismo pecebista. Ancorado na conexão passado/presente, o historiador remetia a controvérsia sobre a frente única a uma tematização específica sobre a natureza do curso burguês no país, e não apenas o requalificava em razão direta da mudança mais recente no "caráter da dependência".[72] À luz desse modo de pensar, expressões do livro de 1966 como "autonomia e independência", "preparação ideológica" – segundo o autor, os atributos importantes das esquerdas –, especialmente a idéia de "aliança revolucionária da cidade e do campo", em lugar de função retórica em seu discurso, viriam con-

[71] José Antonio Segatto registra que, logo depois que foi publicado o livro, alguns estudantes divulgaram numa revista de um centro acadêmico entrevista feita com Caio Prado Jr., na qual ficava ambígua a opinião do historiador sobre a luta armada. Na ocasião, ele enviou um desmentido, esclarecendo a sua posição de grande distância em relação à radicalização que então viviam várias áreas do PCB (Segatto, 1999).

[72] Contraposto ao orientalismo do seu partido, Caio Prado Jr. não trabalhava com a hipótese do "vazio nacional" de uma contemporaneidade cujo industrialismo estaria totalmente mundializado. Ao introduzir a conexão passado/presente na chave circulacionista, diferentemente do que sugere André Gunder Frank (cf. 1979), sua perspectiva era outra bem diferenciada das teorias do desenvolvimento do subdesenvolvimento. Aliás, é Fernando Henrique Cardoso quem, depois, irá desenvolver esse ponto, tanto na sua proposta de "análise integrada" (Cardoso, 1967) quanto na sua tematização do autoritarismo brasileiro, a qual implicava na idéia de reabilitação da sociedade como "espaço da política". Naquela conjuntura do pós-64, este autor alude ao que seria o início de uma fase de "degêlo da sociedade civil" (Cardoso, 1973; 1974).

ferir sentido específico ao que ele chamava de "polarização de forças". Em seu truísmo, Caio Prado Jr., como o PCB, tinha uma idéia de ampla unificação de forças sociopolíticas e opinião pública, mas a concebia de um modo um tanto "abstracto". Isto é, recusando o que ele chamava de esquema "descarnado" de frente única e sem definir o seu frentismo a partir do eixo exclusivo da luta pela democracia, o autor trabalhava naquela idéia de "polarização de forças" com um certo hiato a mediar o que seriam as "forças efetivamente revolucionárias" e as suas referências a uma estrutura de classes.

Essa "polarização de forças" seria uma unidade política concebida não tanto como uma ampliação progressiva do conceito de "aliança operário-camponesa" como base para uma operação de poder em situação de crise revolucionária. A "aliança revolucionária da cidade e do campo" aparece pensada em função de "circunstâncias muito especiais que, no Brasil e na atual conjuntura, apontavam e conduziam para aquela aliança", como dizia o próprio autor, facilitando o trabalho para se "recuperar o tempo perdido", principalmente na organização sindical do mundo rural. Esse tipo de mobilização e trabalho organizativo na "generalidade do país", nas cidades e no interior, figura em *A Revolução Brasileira* como uma estratégia para conformar uma "grande coletividade integrada e nacionalmente organizada". Ao fim e ao cabo, essa obsessão pela conclusão da nacionalidade retornava revelando uma idéia de revolução como uma espécie de generalização daquela "estrutura orgânica" a todo o território, como ele dizia, preenchendo os "vazios intermédios" entre os grandes centros e as cidades médias, alcançando as minúsculas agrupações "dentro de organizações trabalhistas", "a fim de dar mais consistência ao todo" (Prado Jr., 1966: 179).[73]

[73] No "Adendo" de 1967, Caio Prado Jr. comentava o "prolongado oportunismo" no pré-64, dizendo que ele "deixou as esquerdas, depois do golpe, sem base popular orgânica (que na euforia de fáceis mas só momentâneas e aparentes vitórias, fora inteiramente descurada, sem objetivos claros e idéias definidas capazes de mobilizarem a oposição popular; sem perspectivas progressistas concretas – a não ser a de simples e irrealizável retorno a um passado inteiramente superado" (Prado Jr., 1967: 222).

Caio Prado Jr. falava ainda em *A Revolução Brasileira* de "linha de ação independente e autônoma" com explicações voluntaristas, repetindo a idéia de que a autonomia de pensamento não significava isolamento, mas importava "fecundas frentes comuns" ("pela base, unindo forças aliadas" de modo sólido), sem sectarismos, "sem pretensões utópicas, sem querer saltar etapas e alcançar desde logo sucessos ruidosos e espetaculares, sem a ânsia de conquistar posições de mando à custa de quaisquer incocrências e inconseqüências, concessões e abdicações" (idem: 181). Para o autor, o que teria faltado, no pré-64, era uma teoria revolucionária "clara, aberta, sem subterfúgios e intenções disfarçadas", sem "manobras artificiosas de bastidores", um pensamento autônomo e verdadeiramente revolucionário ("que é do que mais necessitamos na atual conjuntura brasileira").

Em outras passagens do "Adendo", seguiam-se repetições da crítica anterior ao frentismo do pré-64, ao que seria a propensão do PCB de tomar interesses e grupos como uma classe burguesa, ao apoio a um "movimento falsamente revolucionário", e assim por diante. Chama a atenção a alusão de Caio Prado Jr. à sobrevida do "capitalismo burocrático", de muitos grupos seus que já pressionavam o novo regime "para reabrir as cornucópias oficiais em benefício de empresas incapazes de participarem do jogo normal do capitalismo com seus altos e baixos característicos e inevitáveis" (Prado Jr., 1967: 216).[74] Revendo passagens desse texto, nas quais os temas do "seguidismo" e do "oportunismo" "esterilizante" voltam a amparar a sua avaliação de 1964, tem-se a impressão de que Caio Prado Jr. permanecia completamente alheio àquela *reversão paradigmática* que subsumira a política à economia, de que

[74] O autor dizia que, em sua nova dissimulação, os capitalistas burocráticos procuravam "depois de largo e aventureiro desfrute dos bons momentos proporcionados pela inflação, descarregar agora os maus efeitos dela, que começam a sentir, nos ombros da nação e nos bolsos dos contribuintes do fisco" (idem: 216).

falava Daniel Pécaut, referindo-se ao clima intelectual em alguns meios de esquerda e centro-esquerda nos primeiros anos após o golpe militar.

A ênfase obsessiva de Caio Prado Jr. naquela espécie de transformismo "instrumental" a que se expuseram as esquerdas em 1945 e no pré-64[75] tem como expressão mais radical desse "pensamento autonômo" aquela passagem em que observava que, ao invés de embarcar no artificialismo "de um 'desenvolvimento' especulativo e sem bases sólidas", as esquerdas deveriam ter desmascarado aquele industrialismo "de negócios fáceis". Note-se que, neste exato ponto, o autor repete trecho semelhante de *História Econômica do Brasil*, na qual ele também se referia a uma industrialização "que vivera à custa da simples substituição desordenada de importações que nas condições do Brasil se podiam considerar, na maior parte, de luxo, pela produção 'nacional' mais cara e de inferior qualidade" (idem: 223).

Caio Prado Jr. dedica uma parte desse primeiro apêndice para distinguir a polissemia do nacionalismo à época em crescendo em relação ao *antiimperialismo burguês* de "teoria importada". Tanto no corpo do próprio livro de 1966, quanto no seu "Adendo", o tema voltava por ser um "problema prático", isto é, pelo fato de o PCB tomá-lo como um meio revolucionário decisivo, a partir de um ator inexistente. O historiador dizia que a não-existência de uma burguesia produtiva, "com contradições específicas e significativas" com o imperialismo, não

[75] Note-se que, quando em seus diários registra o contraste entre o caminho da institucionalização do país a partir da eleição presidencial e o continuismo da movimentação *queremista* em 1945, Caio Prado Jr. se refere à possibilidade de que Getúlio, após se servir momentaneamente do prestígio de Prestes, viesse depois abandonar o PCB a sua própria sorte (Iumatti, 1998). Esse é o tema que volta no tempo de Jango, quando o historiador também observava que as esquerdas haviam deixado que a sua ação política derivasse "quase exclusivamente para a defesa de interesses supostamente de uma burguesia nacional e progressista, mas na realidade de facções políticas sem outro objetivo que se empoleirarem ou conservarem nas posições de mando, e aí usufruírem as benesses do poder público; bem como de negocistas e toda uma fauna numerosa de aspirantes a favores maiores ou menores proporcionados direta ou indiretamente pelo mesmo poder público" (Prado Jr., 1967: 222).

permitia que, a nível de formulação da política, se fizesse aquela conversão do problema nacional em "fator político". Segundo explicava, a concorrência intercapitalista que atritava burgueses brasileiros a capitais estrangeiros envolvia questões de "natureza puramente econômica e nada tem a ver com a revolução", não havendo relação mecânica, de causa e efeito "entre interesses econômicos imediatos e ação política", de modo a conformar uma lógica estrutural na base do nacionalismo brasileiro. Caio Prado Jr. mencionava exemplos de expressões assimétricas, como a Campanha do Petróleo, na qual fora relevante o engajamento dos militares; a militância de esquerda dos católicos e ainda aludia a outras ações de resistência à política econômica do regime de 64, umas de motivação puramente econômica, outras de origem diversa.

Caio Prado Jr. dizia que o ator revolucionário precisava fazer "qualificações" "que somente a conjuntura de cada momento e situação podia satisfatoriamente indicar", e dar atenção à complexidade das motivações políticas ("onde a par dos interesses propriamente econômicos participam também outros e muitos impulsos, influências e valores com raízes em crenças, convicções, ideologias, e que sei mais, carreadas pela educação e tradição recebidas, ou induzidas pelas vicissitudes da experiência sofrida."). (Idem: 225-26). Mesmo passando o seu argumento pela linguagem da tradição, neste ponto, o autor recomendava deixar de lado o "descarnado esquema classista" como um passo prévio na construção de "alianças impensáveis"; alianças que abririam "perspectivas para amplas frentes políticas impulsionadoras do processo revolucionário brasileiro, sem que para isso sejam necessárias alianças espúrias" (idem: 227). Com o "truismo" característico, dizia ainda Caio Prado Jr. que, por esse caminho, se poderia "marchar de olhos abertos e passos seguros, sem a limitação de expedientes e improvisações de última hora". O resto da frase talvez permita entender o porquê de ele tanto repetir a idéia de coerência: "... é preciso ir mais além que a simples esquematização de situações momentâneas e conjunturais. Devemos considerar a totalidade e conjunto da problemática histórica brasileira na presente fase dela, que estamos vivendo; e aí situar a nossa política de alianças, como aliás tudo mais que diz respeito à revolução" (idem: 228).

Certamente resultava estranha essa revolução que Caio Prado Jr. desenhava em contrapartida ao período "malfadado" (sic) e acidentalizado do pré-64, cheio de "favores e barganhas", "agitação e complacência" e de "senhores e caudilhos". No clima de violência e tensão do imediato pós-64, soava "incompreensível" falar em "um processo seguro de polarização de forças, com o atamento das alianças que ele implica e que levarão à precipitação da revolução brasileira e às transformações profundas de nossas instituições econômicas, políticas e sociais que nela se abrigam" (idem: 230). Ainda mais quando o autor parecia amparar essa bipolaridade na "pregação teórica e ação prática" das esquerdas explorando a "incapacidade congênita" do modelo de crescimento, que se acentuara nos últimos tempos. Repetindo proposições antigas, Caio Prado Jr. descrevia esse modelo em sua nova fase como um sistema "centralizado na generalizada propriedade privada dos meios de produção e na livre iniciativa particular; em outras palavras estruturado essencialmente por relações de negócio" e "incapaz de promover, em ritmo compatível como as exigências presentes, o desenvolvimento material e cultural do nosso país" (idem).

Aliás, era nesse tipo de "transparência" entre os atores e a sua circunstância que, segundo o historiador, radicava a base das alianças que nasceriam "natural e espontâneamente sem necessidade de nenhum acordo ou conchavo oficialmente formalizado, se as esquerdas souberem, em cada momento e situação, propor as questões nevrálgicas pendentes e em jogo, com oportunidade, sem sectarismo e precipitação pseudo-revolucionária e aventureira, mas igualmente sem oportunismo; e de maneira a fazer sentir, na prática, a inviabilidade de qualquer solução satisfatória e cabal dentro dos quadros e com os instrumentos do atual sistema vigente" (idem: 231). Esse "truismo" percorre a obra caiopradiana sob diversas formas. Enquanto em "1945" e também no pré-64 a sua crítica à "política brasileira" se fazia pelo desencontro do social com as instituições políticas, em *A Revolução Brasileira* a política se renovaria a partir da reconstrução dos seus "fundamentos" (usando a expressão tão ao gosto do autor), como no passado, ainda fincados numa sociabilidade débil, agora sob o processo da mais completa exaustão do mercantilismo radical do regime militar.

Não por acaso, esse tema do escasso produtivismo voltava na parte final daquele texto de 1967 como uma marca definitiva do autor. Era o fio que guiara toda uma interpretação de Brasil até chegar à revisão caiopradiana da "teoria da revolução brasileira". Radicado em *Formação do Brasil Contemporâneo*, ele logo se arma como uma problematização do divórcio entre *produção* e *consumo* e recorta a tese sobre a indústria em *História Econômica do Brasil* e aparece num pequeno texto também de 1945 e em "Problemas de Povoamento e a Divisão da Propriedade Rural" (1946). Inclusive já é notado nos "diários de 1945", nas entrelinhas das análises políticas sob a chave do desencontro entre sociedade e política. No texto de interpelação a Keynes, de 1954, adquire maior visibilidade, que também se vê em outros escritos. Aparece no livro de 1966 compondo as faces do seu *constructo*: na querela a respeito da política classista de frente única do PCB e na interpelação da "modernização conservadora" de industrialização de "simples negócios" do regime de 64.

MÉTODO DE INTERPRETAÇÃO E CAPITALISMO

Em *A Revolução Brasileira*, Caio Prado Jr. menciona duas versões sobre a ordem burguesa no Brasil. Desde logo, a do "marxismo pobre" (como se diz na bibliografia acadêmica) da tradição comunista no Brasil que não só não dispunha de uma teoria sobre a formação social, como inclusive subsumia a idéia de "revolução brasileira" numa concepção internacionalista, definindo-a em grande medida como "parte integrante" de uma espécie de prolongamento de um pós-guerra socialista, pertencimento que lhe conferia a força adicional das "eras" e "épocas" revolucionárias. Aparece também a referência à "intoxicação" de "neo-ufanismo desenvolvimentista" das novas gerações, igualmente eludindo a centralidade do tema da especificidade da formação social, como ele próprio dizia, "comprometendo tão gravemente a verdadeira compreensão do país" (Prado Jr., 1967: 229).

É a esta "verdadeira compreensão" das coisas brasileiras que Caio Prado Jr. dedica as palavras finais do "Adendo" de 1967. Em suas explicações do sentido último da dissertação sobre o "capitalismo burocrático", ele associa aquilo que, "em última instância", havia querido desenvolver em *A Revolução Brasileira*, a "escritores marxistas e mesmo não-marxistas mais recentes" (sic) que se ocuparam do tema do "papel político" desse capitalismo nos países "dependentes e de economia rudimentar", só citando um nome, aliás, brasileiro.

Aqui, a particularidade desse capitalismo residia no fato de, "por força especial" do baixo nível econômico, a acumulação de capital ("essa mola mestra da vida econômica e social, e também, portanto, da vida política num regime capitalista") tinha fundamento nos negócios propiciados pelo poder público, "ao contrário do que ocorre em países altamente desenvolvidos", repete ele o argumento do livro de 1966 (idem: 233). Notava-se aqui o "destacado papel político" de uma "categoria de indivíduos" que vicejava fazendo das funções públicas um "negócio privado" para o próprio enriquecimento. A debilidade do capitalismo brasileiro provinha dessa associação entre interferência privatista no poder público e o próprio "jogo político" (imbricação que condicionava – cite-se de novo o autor – "muitas vezes de maneira substancial e mesmo decisiva tanto a marcha dos acontecimentos políticos quanto o modo como são orientados e conduzidos os negócios públicos, inclusive os de maior importância e projeção," cf. idem: 234).

É esse tema que vai estar presente à hora anterior do "milagre" brasileiro. Ali, no final do "Adendo" de 1967, Caio Prado Jr. conferia à "simbiose econômico-financeira das esferas públicas e privadas" contemporânea o *status* de cânone de "explicação e interpretação de importantes fatos da atividade política brasileira, e mesmo de nossa vida política geral". Ele mesmo dizia que aquele tema era de "grande relevo" e do "maior interesse", e que, afinal, fora sobre ele que tentara dissertar (idem: 238). O historiador reconhece que a questão merecia estudo melhor do que aquele, ainda limitado, que lhe dera em seu livro. Era preciso um outro tratamento "muito mais complexo e profundo" como gostaria de ter desenvolvido, chegando até a dizer que o sentido da sua tematização sobre o "capitalismo burocrático" eqüivalia à "questão mais ampla do Estado Cartorial brasileiro que Hélio Jaguaribe abordava em seus trabalhos".[76] Citem-se as próprias palavras de Caio Prado Jr., com as quais dizia que o que ensaiara em *A Revolução Brasileira* "se liga e em parte se confunde mesmo" com os estudos de Jaguaribe (idem). Essa identidade tem especial valor, se se atenta para a própria queixa que o autor fazia, naquela passagem, por não se ter continuado a abertura analítica do isebiano mediante estudos "mais precisos e em profundidade" (multidisciplinares,

[76] O próprio Caio Prado Jr. fazia menção específica ao livro de Jaguaribe *O Nacionalismo na Atualidade Brasileira*, no qual se lê, entre outras, esta definição do conceito citado pelo historiador: "Caracteriza-se o Estado Cartorial por ser o instrumento de manutenção de uma estrutura econômico-social fundada numa economia primária de exportação e nos privilégios de classe a ela correlatos. Sua nota distintiva reside no fato de que o serviço público, em lugar de consistir no atendimento das necessidades coletivas, é um mecanismo de manipulação das clientelas eleitorais destinado a perpetuar os privilégios da classe dominante, proporcionando, sem a contrapartida da prestação de serviços efetivos e socialmente necessários, empregos e favores à clientela dos grupos dirigentes" (Jaguaribe, 1958).

principalmente de ciência política), não se aprofundando "uma preciosa chave para a melhor compreensão e interpretação mais autêntica da realidade política brasileira" (idem).

Caio Prado Jr. revelava também que a sua dissertação sobre o "capitalismo burocrático" tivera a natureza "de súmula e esquematização". Diferentemente da tese do "sentido da colonização" que, anunciada em 1933, seguiu-se de extensa descrição no livro de 1942, a dissertação sobre o capitalismo urbano teve forma tópica espalhada por vários textos. Talvez se possa dizer que, sem o arcabouço teórico que Hélio Jaguaribe trazia, fincada em uma equação geral – modernização de débil vínculo entre economia e população –, a dissertação de Caio Prado Jr. sobre o "capitalismo burocrático" se particularizava pelas comparações com o modo produtivo de estruturação do capitalismo clássico, sendo aqui a generalização do progresso e a institucionalização da vida associativa, pública e política bem limitadas. Diversamente daquela tese historiográfica e do agrarismo de grande empresa, este último excurso sobre o mundo urbano deixaria marcas menos identificáveis na formulação política da "revolução brasileira", não obstante partilhar do mesmo objeto de estudo: a questão da população "historicamente determinada".

Nessa leitura de Caio Prado Jr., o capitalismo brasileiro não tinha forças para dinamizar, pluralizando e democratizando, a vida nacional. Tampouco havia aqui um campesinato mobilizado pela aspiração à terra nem uma classe urbana (ou parte dela, a "burguesia militante", de que falara Lênin) ávida de mercado e disposta a devassar o mundo interior e combater a pobreza endêmica. A própria idéia de "revolução burguesa de novo tipo" (Lênin) teria aqui natureza matizada, tanto pelo sentido do programa reestruturador da vida nacional (como dizia ele, a começar pelas "reformas institucionais de vulto que a atual conjuntura impõe"), quanto pela função institucionalizante que deveria ter a movimentação dos atores sociais.

Caio Prado Jr. se propõe outra metodologia de formulação da política diversa da de sua tradição. Em lugar de colocar o tema obrigatório, pelo menos, naqueles anos 50 e 60, do "caráter da revolução" – democrático-burguesa, revolução socialista, etc. –, Caio Prado Jr. trabalhava com o "olhar do passado", com a tese do "sentido da colonização", quando punha as vistas na história propriamente dita, ou com o tema do industrialismo escassamente produtivo e de vida política precária, quando o interesse se voltava para o mundo moderno-urbano. Com esses *rounder points*, o objetivo da sua "teoria da revolução brasileira" não era buscar, como ele dizia, as "essências", *o que é* (sic), mas procurar saber *o que se passa*, revelando Caio Prado Jr., neste enunciado de formulação política, um uso da dialética que desgostara muito alguns críticos (Fausto, 1967; Gorender, 1989). Ele se mostrava bastante *outsider* em relação à tradição, ao dizer no começo do livro de 1966: "Precisamos saber que acontecerá, ou pode e deve acontecer no curso da revolução brasileira. E não indagar sobre a sua natureza, daquilo que ela é, da sua qualificação, definição ou catalogação" (Prado Jr., 1966: 15). Sobremaneira estranho pela proposição na qual dizia que, para que a teoria da revolução brasileira chegasse a ser "algo efetivamente prático na condução dos fatos", ela deveria ser "simplesmente – mas não simplisticamente a interpretação da conjuntura presente e do processo histórico de que resultava. Processo esse que, na sua projeção futura, dará cabal resposta às questões pendentes. É nisso que consiste fundamentalmente o método dialético. *Método de interpretação*, e não receituário de fatos, dogmas, enquadramento da revolução histórica dentro de esquemas abstratos preestabelecidos" (idem. 19).

Talvez se possa dizer que, mesmo sem um eixo, como a obra de 1942, há no conjunto dos excursos caiopradianos uma espécie de trânsito, de um uso eficaz do *método de interpretação* com o qual Caio Prado Jr. decifrava a formação social e conferia sentido às "grandes transformações", para um ensaio de ciência política que se voltara tanto para o tema da estruturação dos seres subalternos quanto para a análise de conjuntura. O seu compromissamento ideológico com o socialismo real – diante do qual, certa vez, quando muito jovem, dissera que o socialismo "nunca passará de um programa: uma sociedade sem classes é impossível" (Prado Jr., 1934: 234) –, ao fim e ao cabo, não ofuscava a sua idéia de nova sociedade, pensada mais na referência à modernidade ocidental, nisso dando seqüência aos termos já equacionados pelos clássicos brasileiros: a catarse da população em nacionalidade plena. Dificilmente Caio Prado Jr. conseguiria se fazer entender neste problema da passagem da interpretação – de uma "colônia de produção" "historicamente determinada", de uma industrialização substitutiva e da "nova dependência" que tinham forma pela política – para a definição do programa das "grandes transformações" de fundas raízes históricas. Seria sobremaneira difícil que os seus leitores vissem com interesse os ajustes que ele fazia no seu marxismo, mesmo que, como um Lukács, em nenhum momento se dessolidarizasse com o mundo intelectual do marxismo-leninismo e da URSS.[77]

***

No posfácio "Perspectivas de 1977", Caio Prado Jr. também vê a crise do "milagre" econômico do regime de 64 como um retorno do país à "normalidade amarrada ao passado", do

[77] Causa estranheza ao leitor que hoje se compare o "marxismo nacional" de Caio Prado Jr. com a sua militância totalmente alinhada com o Movimento Comunista Internacional. Há dois aspectos desse traço da trajetória do publicista que aparecem expressivamente registrados em dois de seus livros. Num primeiro, *Dialética do Conhecimento*, de 1952, em meio a suas extensas 736 páginas de incursão bem ilustrada sobre filosofia, em alguns momentos, o autor faz citações de autoridade recorrendo a um dicionário de filosofia soviético oficial e até mesmo ao compêndio *História do Partido Comunista da União Soviética*. No segundo, *O Mundo do Socialismo*, de 1962, o autor apresenta a sociedade da URSS na mais completa abstração do XX Congresso, ignorando a crise que ele provocara no seu partido em 1956/57 e o movimento de renovação que se iniciara entre alguns partidos comunistas europeus, particularmente no PCI.

mesmo modo como vira esgotar-se o modelo das substituições de importações "fáceis", após se esvaziarem as conjunturas internacionais que estimulavam esse industrialismo.[78] Agora, passados os "momentos de prosperidade", a normalização também desnudava a "fragilidade da estrutura socio-económica brasileira", exibindo a superficialidade do crescimento dos anos de chumbo, segundo ele, um "moderno" "que se caracteriza pelo extremo afastamento material e cultural, entre si, de categorias sociais, com a grande massa da população reduzida a ínfimos níveis. O que se reflete, como conseqüência, e não podia deixar de ser, na mediocridade do conjunto, com a exceção mínima dos reduzidos setores no ápice da pirâmide social" (Prado Jr., 1977; 1978: 240). Este é o sentido de uma outra passagem deste texto (inclusive já citada pelos intérpretes), na qual Caio Prado Jr. dizia que, se comparado com a modernização auto-estimulante dos centros do progresso industrial moderno, o desenvolvimento econômico sob o regime militar representou "muito pouco, quase nada"; a intensa urbanização do pós-64 sendo muito mais uma contrapartida de estagnação e decadência do mundo rural, o crescimento da dívida externa, por sua vez, mostrando o "atoleiro" daquele crescimento; tudo revelando as bases especulativas e de "desperdício" (sic) do "milagre" econômico.

À ilusão desenvolvimentista que a "modernização conservadora" havia criado, Caio Prado Jr. opunha o tema do "alargamento do mercado interno como saída para a economia", ou seja, a velha problemática da população que, ele novamente dizia, precisava ser retomada "em profundidade" a partir da questão da "extrema pobreza da massa da população brasilei-

[78] Caio Prado Jr. repetia aqui a mesma passagem do *Post Scriptum* de *História Econômica do Brasil*, de 1976, na qual alude ao colapso do "milagre" alimentado pela "inflação dos eurodólares" que ferveu o mundo naqueles anos, recobrindo a "tendência estrutural" do sistema capitalista, desde os acordos de *Bretton Woods*, à estagnação. Neste seu texto, Caio Prado Jr. remetia o leitor ao livro de Paul Baran *Monopoly Capital* (1966) (Prado Jr., 1976).

ra". A menção deste "estatuto colonial" já não refletia apenas a subalternidade da economia especializada,[79] aludia ao espírito *pouco produtivo* das coisas na "colônia de produção" (antiga e contemporânea), à debilidade com que se reproduzira um industrialismo que – tornava a lembrar a diferença em relação ao modelo clássico –, além de incompleto, não conseguira "disfarçar" e "amenizar" (sic) a natureza do sistema econômico, estruturado aqui como um sistema onde "a mercancia sobreleva as necessidades humanas feitas em simples meio ou pretexto para aquele negócio" (idem: 247). Ou seja, justamente por não haver o "entrosamente local e interior do *negócio* realizado na produção para a venda" – voltava a explicar o autor – "com as *necessidades* dos participantes em geral da produção; não somente os dirigentes dela e do negócio que proporciona, mas também daqueles que para ele contribuem com sua força de trabalho", diferentemente das sociedades em que o capitalismo havia se afirmado como "resultante de transformação, por um processo interior, de outros sistemas anteriores" (idem).

Nessa última passagem do texto de 1977, Caio Prado Jr. retornava à tematização dos primeiros textos para caracterizar o espírito mercantilista do "milagre" brasileiro: a) de novo ele aludia a sociedades, como a brasileira, que eram formações que haviam aparecido "de início e a partir do nada", de povoamento exógeno e estruturadas na base do *negócio*, a força do trabalho integrada a um processo de "realização do negócio objetivado", a produção "voltada para a venda, e não para

[79] Ainda arrastando o tema do passado, dando "ênfase ao atraso", o autor dizia: "É certo que deixamos de ser, em nossos dias, o engenho e a "casa grande e senzala" do passado, para nos tornarmos a empresa, a usina, o palacete e o arranha-céu; mas também o cortiço, a favela, o mocambo, o pau-a-pique, mal disfarçados, aqui e acolá, por aquele moderno em que minorias dominantes e seus auxiliares mais graduados se esforçam com maior ou menor sucesso por acompanhar aproximadamente, com o teor de suas atividades e trem de vida, a civilização de nossos dias. Essencialmente, com as adaptações necessárias determinadas pelas contingências do nosso tempo, somos o mesmo do passado (cf. Prado Jr., 1977; 1978: 240).

o atendimento das necessidades do produtor";[80] e b) ele também lembrava as raízes fundas da subestimação das demandas dos trabalhadores brasileiros "e a tendência histórica para a conservação da massa da população sem outro papel e perspectiva que o fornecimento de força de trabalho no mais baixo nível material e cultural possível" (idem: 247).

Em lugar de deixar que a sua dissertação se subsumisse ao exercício de demonstração do "capitalismo em geral" no país, com a ajuda da bibliografia mais contemporânea ou da equação marxiana do "mercado capitalístico", como em outras análises (por exemplo, Cardoso, 1973; 1974), com aquelas referências trazidas do passado, Caio Prado Jr. retematizava o problema do mercado interno, conferindo-lhe o sentido de uma reversão radical do espírito escassamente produtivo do desenvolvimento brasileiro, capitalismo que – certamente ele sabia – avançara no Brasil contemporâneo, como se vê, aliás, nos registros que vinha fazendo pelo menos desde a obra de 1945. Era o tema da incorporação social sob o ponto de vista da valorização do trabalho que o fazia crítico severo dos industrialismos "de substituições fáceis" e de "momentos de aparente prosperidade", principalmente do "milagre" econômico dos militares.[81] O que o historiador recusava era a substituição do tema do mercado interno e das "largas e essenciais transformações" pelo *wishful thinking* da meta do desenvolvimento a todo custo. Ou seja, uma expansão das forças produtivas nacionais que não mudava o padrão de dualismo histórico-cultural que havia dissociado

[80]Recorde-se que o historiador levava esse tema até à conceituação da terra como "terra de *negócio*" (a expressão é dele) e terra como base instituinte da vida do trabalhador (ver o texto de 1946 "Problemas de Povoamento e Divisão da Propriedade Rural"). Note-se que essa tematização volta no segundo debate agrarista de "1980" (Santos, 1998).

[81] Caio Prado Jr. referia-se ao "bolo" do "milagre" como um tipo de crescimento que ocorrera "por uns breves momentos de aparente prosperidade que assim mesmo não beneficiou mais que setores relativamente reduzidos do país, sem reforçar com nada de sólido e durável a estrutura básica da economia, e sem trazer nenhuma contribuição significativa para a melhoria ponderável, e solidamente instalada, das condições gerais de vida da grande massa da população brasileira" (Prado Jr., 1977: 248).

economia e população e, ao longo do tempo, cristalizara aquela dualidade como um óbice histórico que não permitia que os grandes contingentes deixassem de ser "simples motivo de reações estéticas ou sentimentais" (Prado Jr., 1977: 249).

Nesse seu último texto, Caio Prado Jr. retornava ao tema do capitalismo tardio, agora realçando um ponto *novo*: uma mudança na trajetória do setor produtivo da burguesia no ocaso do regime militar. Ele reabria o tema, anotando que, no modelo econômico de 64, o crescimento das empresas estatais, cujo objetivo era "predominantemente mercantil", não descontinuava a lógica econômica do "capitalismo burocrático". Redivivo, agora à sombra dos militares, com o apoio da "subcúpula" dos escalões ministeriais, como se fosse um "apêndice" seu, aquele capitalismo, "sem consistência própria", vicejava ainda mais, parasitando o "Estado e a Nação sem trazer em regra nada de mais consistente e capaz de acrescentar algo ao processo histórico em curso, abrindo-lhes perspectivas para a solução dos grandes problemas econômicos e sociais pendentes" (idem: 264). Caio Prado Jr. chegava a dizer que o "capitalismo burocrático" tivera a sua realização integral à altura do ano de 1968 quando sobrepujara "em influência política" o outro setor da "burguesia ortodoxa."[82]

Agora, à saída dos anos de chumbo, essa burguesia econômica iria explorar o espaço aberto entre o Estado autoritário e a sociedade, dando início a uma disputa para reorientar a intervenção do poder público para o "interesse geral", segundo Caio Prado Jr., entrando em "luta aberta" contra a "dúbia forma" do capitalismo de Estado do pós-64. O historiador relembra que, tendo sido "a principal idealizadora e preparadora" de 64, a burguesia ortodoxa se contentara no começo dos governos militares com o abafamento das reivindicações trabalhistas e

[82] O autor se impressionava com o tamanho que passou a ter a ação do Estado e com a multiplicação desmedida de negócios que ele promovia, chegando a localizar a nova expansão do "capitalismo burocrático" naquilo "que já se tornou generalizadamente reconhecido e mesmo merecedor do qualificativo específico, pelo qual é reconhecido: 'estatização' da economia brasileira" (idem: 253).

com a política econômica de orientação conservadora dos Robertos Campos, Otávios Bulhões e Delfins Netos, não atentando para a má troca que fizera, ganhando com o fim da "ameaça comunista" e da "demagogia janguista", mas ajudando a criar o regime de tutela da corporação militar, a ele se acomodando; só muito depois, quando se modificara a conjuntura internacional de afluxo de capitais que aqui vieram alimentar o "milagre" econômico, é que a burguesia terminara vendo que os militares tinham uma idéia de desenvolvimentismo própria e objetivos de poder nacional e grande potência. Sobre essa abdicação, Caio Prado Jr. fazia duas outras indicações: a) a burguesia era frágil "pela formação defeituosa" do modelo que a forjara, no qual o poder público passara a ser o "controlador de parcela considerável, e mesmo decisiva, das disponibilidades financeiras do país" (idem: 265); b) mesmo que, no pós-guerra e nos anos 50, tenha tentado liderar a industrialização intensiva, ela se tornara apenas "simples pedinte de favores"; c) no pós-64, mostrava-se sem a "necessária autonomia, influência e autoridade junto aos círculos do poder, posição de que abdicara ao se alhear da ação política, confiante, sem mais, num tipo de regime que lhe assegurava sossego em suas relações com os trabalhadores empregados a seu serviço" (idem: 266).[83]

Como sempre fazia em seus escritos de Economia, em "Perspectivas de 1977", Caio Prado Jr. voltava a fazer a distinção entre o industrialismo brasileiro e as revoluções industriais – aqui a indústria vivendo de benesses governamentais que

[83] Caio Prado Jr. alude à evolução do golpe de 64 para um regime em que os militares "foram progressivamente absorvendo todo o poder e autoridade, com o afastamento gradativo dos setores civis que com eles tinham cooperado – e mesmo iniciado – na derrubada do governo afinal deposto. A saber, em particular, a burguesia ortodoxa, aliás principal idealizadora e preparadora do movimento que seriam naturalmente os militares a desencadear e realizar" (idem: 258-59). Enquanto não havia nada "que perturbasse os seus negócios, e antes pelo contrário tudo os favorecia, pouco importando assim – é como julgavam a sua situação – o crescente e afinal o seu total alheamento político" (idem: 262). Somente quando começou a viver a época do "aperto geral", após a crise de 1973 (a vitória eleitoral do MDB será em 1974), ela percebeu o verdadeiro "alcance do regime de tutela a que se reduzira o alheamento político que passivamente aceitara" (idem).

embaraçaram a concorrência e interditaram a disputa capital/ trabalho, na maior parte do tempo escorada no autoritarismo do regime político. O resultado fora que a burguesia brasileira deixara de estimular uma lógica auto-sustentável de melhoria progressiva tanto da produtividade quanto da vida dos trabalhadores, renunciando a liderar o avanço tecnológico ("optou-se entre nós pelo conforto de um regime repressivo que, abafando as reivindicações populares, assegurasse com isso uma mão-de-obra de baixo custo... porém menos eficiente e produtiva" (idem: 266-67). Como burguesia "de país retardatário", a brasileira preferiu a exclusão política, "sacrificando com isso – porque uma coisa não vai sem a outra no nível em que nos encontramos – a sua própria participação, dela burguesia" (idem: 267). Em um trecho seguinte, o historiador fechava o argumento, lembrando o industrialismo ocidental e fazendo o contraste com os casos clássicos para mostrar que, aqui, a classe econômica que se beneficiara da modernização não tratou de estimular a construção de uma institucionalidade democrática. "Uma democracia", dizia ele, explicando em que acepção usava o termo, "que significa essencialmente participação efetiva dos governados na ação e comportamento do governo, uma democracia só para a burguesia e os aspirantes a burguês, pretensão de muitos, não é realizável. Ou será de todos ou de ninguém; e se terá então um regime como este nosso em vigor, a experiência pela qual passamos faz isso suficientemente claro" (idem).

A última página deste texto dedicado à exaustão do desenvolvimentismo mercantil do regime de 64 chama a atenção por uma passagem na qual Caio Prado Jr. "requalificava" a política de "frente única", valorizando, agora em 1977, a "grande contribuição" que, segundo ele dizia, representava a participação da burguesia ("ou pelo menos seus setores mais evoluídos (que) ganharam algo com a experiência destes últimos anos") no movimento de "opinião pública" "para aplainar um caminho que de uma ou de outra forma terá que ser percorrido" (idem). O autor se referia à transição já em curso naquele momento e que ele queria que fosse – citem-se suas palavras que completam a menção anterior – "Melhor que o seja, e assim esperamos, pelo entendimento de todos" (idem). Uma "novidade" que não deveria estranhar o leitor da obra de 1966, pois ele está aludindo a um consenso (na forma política da "polarização de forças") que, como também esperavam o seu partido, o MDB principalmente, e outras áreas da oposição, que viesse a se formar e dar outro rumo ao país ("E não a presente monopolização do poder e direção dos negócios públicos já não se sabe mais ao certo nas mãos de quem e para que fim") (idem). Como ele mesmo dizia nas últimas palavras, que abrisse novas perspectivas para que tivessem passagem as "grandes reformas que nos elevem como nação, e para ela toda, aos níveis do progresso material e cultural do mundo de nossos dias; e que não se atingirão com o simples crescimento dos índices do PNB do desenvolvimentismo. Disso já temos agora uma larga experiência. Haveremos de aproveitá-la" (idem).

O que Caio Prado Jr. afirmara acerca do pré-64 na *Revista Brasiliense* a partir do emblema "1945" – precariedade e "agitação estéril" como vida política – e em *A Revolução Brasileira* dissera sobre o pós-64 à luz do espírito do "capitalismo burocrático" – modernização de "simples negócios" e "miserabilidade" de imensos contingentes sob *apartheid* de "estatuto colonial"– podem ser lidos como uma única proposição que o autor tecia sobre a formação social bloqueada nas duas grandes transições da contemporaneidade brasileira.

A primeira transição inconclusa começava no pós-guerra e se estendera até 1964. E logo no seu início, na passagem do fim do Estado Novo para a democracia, vivera a atomização dos liberais que se haviam reunido na luta contra a ditadura em aliança com a esquerda, e apenas experimentara o curto governo do Judiciário, que se formara em torno de José Linhares, para cumprir as tarefas daquele trânsito em tempo demasiadamente exíguo.[84] Para Caio Prado Jr., o fim do Estado Novo implicava em urgência na institucionalização democrática para viabilizar a constituição das classes populares que então irrompiam na cena pública. No decênio restante dessa primeira grande transição – 1954/64–, Juscelino e Jango, segundo Caio Prado Jr., seriam outras oportunidades perdidas. É esse emblema "1945" que estimula o autor, durante esses governos, na tarefa de balizar uma política que, antes de meras ações de poder, deveria se orientar para o assentamento de "alicerces políticos" firmes e de governos partidariamente constituídos, como teatro de operações para realizar as "reformas dos anos 50 e 60", que Caio Prado Jr. considerava de grandes dimensões.

Na segunda transição que começa com o golpe militar, "1945" dá passagem a um novo emblema, que é o que se poderia chamar de "idéia de revolução do pré-64". No transcurso do livro, o imaginário do pré-64 vai dando lugar à "nova" obsessão de Caio Prado Jr.: o tema da economia exangue, sem a mínima condição para converter a incorporação social inconclusa em autogênese de um capitalismo que nascera e crescera artificial e que fora levado às últimas conseqüências pelo regime de 64. Agora, essa "revolução brasileira" de Caio Prado Jr. seria reproposta a partir da ênfase no produtivismo que aparece em *A Revolução Brasileira*, com todas as suas outras aporias, como a da democracia política, a que já se fez alusão. Pensada ao estilo do pensamento social, ela continuava tendo por *fim últi-*

[84] Em seu livro, Paulo Iumatti reproduz passagens dos diários de 1945 nas quais Caio Prado Jr. valorizava a isenção e o sentido de institucionalização com que atuava o governo de José Linhares naqueles momentos delicados entre a destituição de Getúlio e o pleito presidencial (Iumatti, 1998). Entre outras, lê-se esta nota do diarista: "Enfim, não ha duvida que o governo tem um nitido caracter liberal, anti-ditatorial e antiestado-novista; e que está tomando todas as providências para que as eleições de 2/12 decorram em ordem e com respeito da opinião publica e manifestação das urnas. As instruções do Ministro da Justiça aos interventores são mais uma prova disto" [recorte de jornal apenso)". (Idem).

mo completar a constituição plena de uma nacionalidade sem base "orgânica" econômico-popular, mediante processos que não abafassem as reivindicações da maioria da população, mas que potenciassem produtivamente o trabalho a partir da reforma do capitalismo, atualizando a Abolição e reinaugurando a República.

À época de *A Revolução Brasileira*, Florestan Fernandes percebeu a natureza do programa "socialista de reformas capitalistas" que realmente diferenciava Caio Prado Jr. tanto do seu partido, quanto em relação aos demais grupos de esquerda. Então ele dizia estar em desacordo com Caio Prado Jr. somente na questão do programa político: "Não descobri nele uma irrefutável substância socialista. Existe uma intenção socialista, sem dúvida, mas o programa proposto seria perfeitamente exeqüível por uma burguesia nacional bastante autônoma, inteligente e criadora para combinar, em bases puramente capitalistas, alguma sorte de *welfare state* com crescimento econômico acelerado" (Fernandes, 1968: 87; 1980). O sociólogo de São Paulo estava se referindo ao papel do ator socialista – tema que ganhará visibilidade no "Prefácio" que ele escreve para uma reedição de *Que Fazer?* (1978) –, dizendo naquele então que o elemento revolucionário não devia ficar a "reboque das influências capitalistas que atuam na 'revolução brasileira', mas lutar para introduzir o socialismo como 'força histórica' dentro desse processo, para fazer com que a mesma revolução adquira outro destino social" (idem: 87).

IV PARTE

Considerações Finais

CAPÍTULO 8

O LUGAR DE CAIO PRADO JR. NO PECEBISMO CONTEMPORÂNEO

Desde que, em 1973, Enrico Berlinguer a formulou, mediante suas reflexões sobre o que havia fracassado na "via política" de Allende, a "questão comunista" tornou a percorrer a Europa e outros lugares mundializados. Então, ao cabo de mais de 125 anos de vigência do paradigma oitocentista de revolução, novamente ela se anunciava como atualidade de um projeto de reforma social que não se resolvera com a experiência de 1917, nem encontrara resposta satisfatória no socialismo do *Welfare State*. Para Berlinguer, a nova "questão comunista" significava um conjunto de problemas de valor universal, resumido em sua fórmula de "compromisso histórico" entre culturas políticas democráticas e republicanas no projeto de melhora da sociedade italiana: a possibilidade da existência de uma esquerda *como partido de governo* nas condições do capitalismo amadurecido e do Estado democrático de direito consolidado. Uma esquerda descendente das revoluções de 1848 e que já havia retomado o sentido libertário de 1789, mas que, após ter incorporado a questão das alianças pluriclassistas duradouras e aceito plenamente o tema das liberdades políticas, ainda teria de renovar os princípios últimos. Uma esquerda que se propunha a governar, na tolerância entre maiorias e minorias no Estado, mediante a conquista e a estabilização da democracia política, concebendo agora o socialismo como um processo desdramatizado de reforma da sociedade, que se construiria numa dialética complexa e de muitas mediações entre gradualismo e ruptura, a partir da plena aceitação da alternância no poder, em processos falibilísticos de avanços e recuos.

Visto da hora da exaustão da sua forma PC, em 1992, acompanhara o PCB o novo *aggiornamento* que se iniciara no PCI? Até que ponto o pecebismo faria parte dessa cultura política de esquerda que nascia quando se encerrava uma era a que já se haviam referido, primeiro, Engels em suas notas sobre o tempo das "revoluções econômicas" "pelo alto" (termos da "Introdução" a *As Lutas de Classe na França*, de 1895), e, depois, Gramsci nas suas reflexões sobre a crise de 1929 e as novas características da política sob o capitalismo desenvolvido?

Quando se avalia a trajetória do PCB pelos momentos de sua maior gravitação na vida nacional, os resultados mostram, como se viu anteriormente, uma práxis comunista em muitos pontos diferenciada do marxismo-leninismo que o configura. Os impactos das duas outras grandes revoluções do século não se tornaram elementos tão constituintes quanto a tradição de 1917. Do exemplo histórico (ver o agrarismo de tipo povo-exército-nação) à sociologia das contradições, a revolução chinesa esteve marcando, por tempo considerável, documentos pecebistas, enquanto o influxo cubano, também já relevante no imediato pré-64, exerceu forte influência nas dissidências do PCB, no contexto do VI Congresso de 1967, sobremaneira após o completo fechamento do regime em 13 de dezembro de 1968. Mas aos olhos das últimas duas gerações da classe política brasileira, o PCB era o pecebismo de frente única centrado na democracia política, para o qual evoluíra, com muita dificuldade, após o XX Congresso do PCUS de 1956, a partir da própria intuição e de certa sagacidade dos seus quadros mais influentes ao lerem no *leninismo político* a melhor inspiração para a sua própria práxis. Também, desde então, nota-se uma pequena, mas recorrente, influência dos temas do PCI em alguns círculos ligados ao núcleo dirigente do PCB. Sempre constitui uma atração a idéia de se avaliar a "obsessão" do PCB em "fazer política", no contexto do MDB, a partir de onde se difunde uma espécie de *gosto pela política* além de objetivos corporativos e eleiçoeiros, em termos de valores e atitudes que se espalham em camadas da opinião pública muito além do mundo pecebista (Santos, 1997).[85]

O pesquisador de cultura política de esquerda ainda tem diante de si a tarefa de reconstituir o debate dos primeiros anos do regime de 64, nos quais se dera uma espécie de "batalha das idéias" no campo da esquerda e da centro-esquerda, antes de o país submergir nos anos de chumbo. Assim como no pré-64 centralizara os debates à esquerda do espectro político, nessa época – recebendo as críticas pelo fracasso –, o PCB referenciava boa parte desse tipo de discussões. Mas o pesquisador só reconhecerá a relevância desse momento discursivo se apurar a vista nas controvérsias em torno da crise do socialismo e da própria natureza do marxismo, que eram trazidas à superfície de arejamento, principalmente pelas editora e revista de Ênio Silveira, entre 1965/68, pelas quais também passavam os temas da oposição ao regime de 64.

[85] Apresentando o livro de memórias de Marco Antônio Coelho, Armênio Guedes fez este comentário a propósito da militância que viveu aquele pecebismo entre os anos 50 e 70: "Pode-se agora avaliar com maior clareza o papel desempenhado por ela na formação de uma boa parte dos quadros que estão hoje ocupando postos de direção na vida política do país" (Guedes, 2000; in Coelho, 2000).

No que se refere ao PCB, nesses anos, notam-se os contornos mais definitivos do movimento, descontínuo, que vinha constituindo aquele pecebismo. De um lado, estão as démarches elaborativas do "grupo pragmático", ou de alguns membros seus – seguindo o lastro da tática das "soluções positivas", do método das reformas parciais, da política dos governos de coalizão e da chamada "via pacífica ao socialismo" –, agora se voltando para a defesa da tática de frente única na luta interna que esgarçava o PCB. Certamente a memorialística ainda continuará lançando luz sobre a trajetória da política democrática desse grupo de dirigentes comunistas. De outro, estava o influxo da movimentação de abertura do marxismo brasileiro nos leitores das páginas da editora e da revista *Civilização Brasileira*. Ainda não se reconstituiu, em detalhes, como essa discussão no "espaço público" das publicações de Ênio Silveira repercutiu nos grupos de esquerda e centro-esquerda, em particular no PCB, possivelmente dando elementos valiosos a algumas áreas suas para sobreviver às tempestades daqueles anos difíceis.

As publicações da *Civilização Brasileira* traziam os "sinais dos tempos" que, nos partidos comunistas, continuavam a germinar sob os efeitos do XX Congresso do PCUS e, especialmente, da Primavera de Praga que, de fato, impedia a esterilização do campo da esquerda comunista e marxista. Em modos diferentes, os "novos rumos" ora vinham anunciados pelas discussões que alguns PCs ocidentais faziam sobre as conseqüências (falava-se, à época, do domínio da energia nuclear, das explorações cósmicas e da cibernética) da Revolução Técnico-científica, principalmente no mundo do trabalho, ora chegavam com a elaboração do "caminho democrático ao socialismo" do PCI e através de outras movimentações que evocavam os *Manuscritos Econômico-Filosóficos* do jovem Marx, polarizando parte da intelectualidade européia entre o que às vezes se chamava de humanismo marxista e o estruturalismo, que vinha da resistência de Althusser à renovação do marxismo.

Mas eles eram apenas uma ponta daquele mundo de idéias e cultura. A própria Igreja recebia os "sinais dos tempos": encíclicas eram refundidas no espírito do Concílio Vaticano II e conferências vinham testemunhar o "diálogo da Igreja com o mundo moderno", usando a expressão com a qual, aqui, Alceu de Amoroso Lima chamara o seu artigo de abertura do primeiro número da revista *Paz e Terra*, empresa levada adiante, naquele tempo, por alguns "homens de boa-vontade", católicos e comunistas que se aproximavam, seguindo o programa inscrito no subtítulo da própria revista: "Ecumenismo e Humanismo. Encontro e Diálogo".

Naqueles primeiros anos do pós-64, o PCB vira-se obrigado a redefinir a sua política de frente única em meio a uma discussão que se processava em duas frentes. A primeira, aquela que ele próprio, por assim dizer, levava adiante no campo propriamente da política – intramuros e, mais tarde, à volta do MDB –, e a segunda, na esfera intelectual, na qual também se faria presente. Num contexto como aquele, de uma crise das estruturas do socialismo que se propagava para dentro do próprio marxismo, notava-se que a batalha pela reabilitação da política, necessária para resistir à ditadura, também passava pela discussão das teses estruturalistas sobre o papel do indivíduo na história, do determinismo e das certezas gerais; e pelo debate sobre a formulação da política e as possibilidade e os limites da iniciativa na ação imediata.

Em clima tão intenso e de urgência, esmaeciam-se ainda mais as fronteiras entre o labor intelectual e a militância. Uma iniciativa desse tipo fora a fundação do jornal *Folha da Semana* que, por um tempo breve, reuniria colaboradores como Otto Maria Carpeaux, Paulo Francis, Luis Carlos Maciel, Sérgio Cabral, Alex Viany, Maurício Azedo, José Arthur Poerner, Oduvaldo Vianna Filho, Jaguar e Otto Lara Resende, e que começara a circular em 1965. Segundo o registro de Leandro

Konder, então um de seus articulistas, o jornal iria representar um respiradouro para as correntes pecebistas mais alinhadas com a política de resistência e acumulação de forças. O seu fechamento, em dezembro de 1966, teria representado um fortalecimento das posições radicalizadas no PCB (Konder, 1980a).

Seria interessante seguir os passos do dirigente comunista Luiz Maranhão Filho, cuja trajetória é emblemática do modo como o PCB chegava, desde o campo da política, àqueles "sinais do tempo". A biografia que desenha Maria da Conceição Pinto de Goes mostra um personagem que, desde cedo, caminha em direção ao horizonte das frentes políticas – a militância revolucionária como uma ação pela democracia –, com aproximações com a Igreja que, no caso de Luiz Maranhão, vinham de longe para se tornar, no pós-64, diálogo e cooperação na causa comum pela recuperação das liberdades (cf. Pinto de Goes, 2000). O veterano Marco Antônio Coelho também relata um desses (pequeno) fatos expressivos. Relembra este que, tendo ouvido, certa vez, uma menção à importância que Garaudy conferia ao "engajamento na batalha das idéias", pedira ao seu Partido uma licença de três meses para elaborar um balanço sobre a nova situação criada com o golpe de 64. O resultado fora um texto de 120 páginas, do qual saíram o artigo "Causas da Derrocada de Primeiro de Abril" (publicado na *Revista Civilização Brasileira* nº 8, de julho de 1966, assinado por Assis Tavares), um comentário a um texto de Paul Singer (publicado na revista nº 4, de setembro de 1965, que, segundo o próprio autor, dizia coisas um tanto anacrônicas) e o artigo sobre *A Revolução Brasileira* (publicado no nº 11/12, de dezembro de 1966); e ainda relembra ter ajudado a João Luiz B. de Araújo a preparar o artigo "A Experiência Cubana e a Teoria dos Focos Revolucionários", que foi publicado na revista nº 14, de julho de 1967.

As iniciativas de Ênio Silveira têm significados múltiplos e cumulativos, ao "atualizar" os seus leitores aos "sinais dos tempos". Com efeito, desde o seu primeiro número de março de 1965 – sob o lema "sem liberdade no mais amplo sentido não será possível retirar a Nação e seu povo do limbo em que se encontram", – a *Revista Civilização Brasileira* (RCB) iria acolher um considerável número de artigos (traduções e de brasileiros) expressivos de uma busca por uma melhora do marxismo brasileiro. Eram artigos tanto de marxismo teórico quanto textos que traziam enfoques e temas novos; artigos que refletiam sobre as questões internacionais, discutiam o país e sua cultura, incluídos editoriais, notas e manifestos sobre os impasses da conjuntura daquele imediato pós-64.

O contato com um marxismo *diversificado* era intermitente, indo das traduções da Editora aos textos instigantes da própria *Revista Civilização Brasileira*, a qual, aliás, dedicou dois volumes (preparados por uma equipe coordenada por Cid Silveira e Luiz Mário Gazzaneo) ao tema da crise e renovação do comunismo. O Caderno Especial nº 1, *A Revolução Russa – Cinqüenta Anos de História*, de novembro de 1967, traz textos de Trotsky e Lênin; Garaudy (trad. de Leandro Konder), Deutscher, Henri Chambre, Kolakowski, Louis Aragon e a famosa carta sobre o estalinismo que Lukács preparara para o debate da revista *Nuovi Argumenti* (trad. de Leandro Konder). Nesse volume, ainda havia outras seções, com destaque aqui para duas delas: "Problemas da Economia", com toda uma série de reflexões que economistas e professores italianos haviam feito durante uma viagem à URSS, em dezembro de 1966; e a seção "Revolução e Cultura", na qual aparecem brasileiros, dentre eles, Carlos Nelson Coutinho com o artigo "Problemas da Literatura Soviética" (datado de 1966 e no qual mobilizava a sociologia da literatura de Lukács) e Mário Pedrosa, com o seu artigo "Revolução e Cultura". O terceiro Caderno Especial, sobre o processo de renovação do socialismo da Tchecoslováquia (RCB nº 3, setembro de 1968), dedica cerca de 2/3 de suas páginas à informação documental (cronologia da crise, posição dos PCs, conversações soviético-tchecoslovacas para impedir a invasão, discurso de Dubcek) e traz um dossiê com os textos do próprio PC Tchecoslovaco. As seções de economia e cultura deste volume reproduzem vários artigos, entre outros, de Ota Sik e de Kosic; e entrevistas com o Secretário-geral do PCI, Luigi Longo, e com Garaudy, incluindo ainda dois manifestos de condenação à intervenção soviética: um dos intelectuais franceses e outro de brasileiros, este, desde logo, assinado por Ênio Silveira e outros intelectuais do PCB.

Embora haja registro de que a iniciativa estivera contracorrente, a empresa de trazer Gramsci para o Brasil naqueles anos espelha o clima de procura de ampliação do marxismo do empreendimento de Ênio Silveira.[86] Dir-se-ia que, se os livros de Gramsci não eram aproveitados politicamente, como o faziam alguns dos seus tradutores, era mais provável que os títulos menores tivessem alguma relevância para a abertura do marxismo brasileiro. Por exemplo, a tradução do capítulo de *Gli Intellettuali e l'Organizzazione della Cultura*, versão chamada também pelo seu tradutor, Leandro Konder, de "A Formação dos Intelectuais" (publicada na *RCB* nº 5/6, de março 1966). Pelas mãos de Ênio Silveira, Leandro Konder teria assim proporcionado ao grande público mais contemporâneo o primeiro texto de Gramsci, antecedendo o artigo "A Vida de Gramsci", que Otto Maria Carpeaux iria escrever para recordar *the right to disent* (a liberdade) na trajetória de um dos maiores intelectuais do século XX (sic), do qual – relembrava Carpeaux – inclusive Croce falava "com respeito e com afeto" (publicado na *RCB* nº 7, de maio 1996; ver site *Gramsci e o Brasil*, www.artnet.com.br/Gramsci, 1999).

[86] Foram traduzidos, em 1966, *O Materialismo Histórico e a Filosofia de Benedettto Croce* (sob o título *Concepção Dialética da História*) e *Cartas do Cárcere*; em 1968, *Os Intelectuais e Organização da Cultura e Literatura* e *Vida Nacional* (uma versão reduzida) e *Maquiavel, a Política e o Estado Moderno*, que saiu bem no final desse ano. Marco Aurélio Nogueira registra que a iniciativa não encontrara acolhida, em boa medida devido ao clima de indiferença que se difundira em áreas significativas da esquerda ante uma estratégia gradual e de acumulação de forças como a que sugeria a leitura de Gramsci (Nogueira, 1988). O livro tivera parte de sua tiragem encalhada.

É muito interessante a percepção do crítico literário ao dizer neste seu texto que a "personalidade poética" (usando uma noção crociana) de Gramsci, pensador e homem de ação, continuava bem atual, inclusive para os brasileiros, naquele tempo difícil. Carpeaux sublinhava do Gramsci leninista, "mas não estalinista", a recusa deste à ditadura do proletariado e chamava a atenção dos brasileiros para o fato de que o comunista italiano, apoiado em "trechos raros de Lênin" (sic), substituiria aquela fórmula por uma versão de hegemonia proletária transitória. Carpeaux chamava-o de "pai do comunismo libertário e da democracia operária (conselho de fábrica)", valorizando um Gramsci reservado diante da evolução que o PC russo tomava após a morte de Lênin; "o mentor do caminho italiano para o socialismo", concepção esta indissociável do "italianismo essencial" de Gramsci, no qual, aliás, se revelava o seu universalismo (sic). O crítico literário mencionava como pontos cruciais da agenda gramsciana: a *questione meridionale*, este tema da aliança dos "operários do Norte" com as "massas rurais do Sul" como problematização (de validade universal) do par moderno/atraso; a debilidade da "revolução burguesa pós-1789" no *Risorgimento*, aí aludidos a questão agrária inconclusa, o jacobinismo frágil e a fragilidade da democracia na Itália.

À primeira vista, não há nesse debate intelectual textos pecebistas propriamente que trouxessem a controvérsia estruturalista para o ponto de vista prático. Mas aí estava a exceção daquele jovem intelectual que, de fato, se apresentou posicionando-se do lado da política, da iniciativa e do valor da subjetividade na história, inclusive fazendo recensões sobre a obra de Althusser e alguns dos seus ecos no Brasil: o mesmo Leandro Konder que fazia as traduções para Ênio Silveira. Em certo sentido, os textos deste militante pecebista espelha aquela época de descrença na política como tal e aqueles tempos de redução da política à economia e a seus "movimentos catastróficos de ativação da história" (Santos, 1996a).

É possível acompanhar alguns dos seus primeiros passos em *Estudos Sociais*, a revista aberta pelo PCB, em 1958, após o encerramento dos debates sobre o estalinismo. Ali estava Leandro Konder, aos vinte e poucos anos, fazendo registros bibliográficos sobre Fernando Pessoa, Álvaro Vieira Pinto, Mário Chamie; resenhas sobre revistas (*Convivium*, publicações da PUC-RJ e da Universidade de Pernambuco) e ainda comentando livros sobre o catolicismo, aliás, tema que o interessaria a ponto de vir a traduzir Roger Garaudy (*Marxismo do Século XX*, publicado pela Editora Civilização Brasileira). Chama a atenção a resenha "Sartre, suas Contradições Formais e seus Méritos" (*Estudos Sociais* nº 9, outubro 1960), na qual o jovem ensaísta resistia em seguir o filósofo francês na dificuldade deste em aceitar plenamente a doutrina de Marx por considerá-la uma "filosofia sem filósofo" (perguntando-se ainda Sartre: "como pode um materialismo ser dialético?"). Mas concordava com a sua convocatória para que, dizendo no espírito da época, "não se pensasse" o Materialismo Histórico enrijecido, desconhecedor do acaso e das escolhas dos atores, prescriptor de uma "história de natureza fortemente mística" (Sartre). Resistindo ao "pós-marxismo" sartreano, o jovem tradutor se valia da abertura, mas preservando o essencial da tradição, que, para ele, nesse momento passava pelo marxismo de Garaudy. Leandro Konder recusava a passagem da condição de "revolucionário a de mero revoltado", à qual levavam as aporias irracionalistas e existencialistas que ele via no autor de *L'Être et le Néant*, sem deixar de valorizar a obra literária, sobremaneira as posições políticas do polemista de *La Critique de la Raison Dialectique*. Ainda são dessa época os artigos "Sobre a Questão dos Intelectuais" (que ele publicaria também no semanário *Novos Rumos*, 20 a 26/04/62) e "Rousseau e o Liberalismo" (*Estudos Sociais* nº 14, setembro 1962) (Santos, 1999b).

Em meio aos "grandes nomes" brasileiros,[87] publicar na *Revista Civilização Brasileira* nº 2, de maio de 1965, o seu artigo "Marxismo e Alienação",[88] era apresentar-se no "empreendimento Ênio Silveira", tomar parte no processo de "saída do 'congelamento' em que se encontrava o marxismo'", renascimento que começava, como ali dizia aquele jovem publicista do PCB, com a retomada dos *Manuscritos Econômico-filosóficos de 1844* (Konder, 1965). Esse novo olhar sobre esta obra marxiana trazia de volta a discussão (já valorizada por Lukács, em 1922, no seu renegado livro *História e Consciência de Classe*) sobre a fecunda evolução de Marx do "hegelianismo de esquerda" para a "concepção crítico-prática", mostrando no tema da alienação a raiz do sistema marxiano, ponto de onde, continuava explicando Leandro Konder, o seu caráter "poliscópico" (então ele usava um termo de Henri Lefebvre) permitiria denunciar toda veleidade reducionista e a propensão a ver o marxismo como uma "teoria economicista".

Vale a pena descrever mais alguns traços da trajetória de Leandro Konder, a partir do seu interesse pelo tema da dialética e da filosofia da história. Em um ano, em 1966, ele publicou na revista três resenhas bem expressivas – uma sobre a edição italiana do *Dialettica del Concreto*, de Karel Kosic (RCB nº 7, de maio 1966); outra sobre a versão brasileira da *Introdução à Metafísica* de Martin Heidegger (RCB nº 8, de julho 1966); e uma terceira dedicada ao livro de José Arthur Giannotti *Origens da Dialética do Trabalho* (RCB nº 13, maio 1967).

[87] No primeiro ano das duas revistas, aparecem artigos: na revista *Civilização Brasileira*, de Otto Maria Carpeaux, Celso Furtado, Nelson Werneck Sodré, Ferreira Gullar, Octávio Ianni, Paulo Francis, Carlos Heitor Cony, Antonio Houaiss, Franklin de Oliveira, Jamil Haddad, Florestan Fernandes, Fernando Azevedo, Darcy Ribeiro, José Ramos Tinhorão, entre outros; na revista *Paz e Terra*, textos de Alceu de Amoroso Lima, José Honório Rodrigues, Padre Henrique C. de Lima Vaz, Lauro de Oliveira Lima, entre outros.

[88] Esse artigo era conseqüência da publicação pela mesma editora Civilização Brasileira do seu livro *Marxismo e Alienação*, o qual o próprio Leandro Konder dizia ter três eixos principais: a) o tema das relações entre a teoria da alienação e a concepção marxista da história; b) o (eterno) problema da superação do primado do econômico na estruturação da vida humana; e c) o papel desalienador do marxismo, o qual, desde logo, pressuporia pensá-lo não-imune à "parcialidade inevitável", aludida por Lucien Goldman (Konder, 1965).

Leandro Konder via o texto de Kosic como uma contribuição de muito valor "para o desenvolvimento da filosofia marxista". Os pontos realçados na resenha: a) a crítica às mistificações do mundo da *pseudo concreticidade* e da *praxis* reificada ("o misticismo é exatamente a impaciência do homem por conhecer a verdade" – Kosic); b) a retematização do caráter globalizante do conhecimento que Kosic realizava a partir do seu trânsito do Lukács de *História e Consciência de Classe* (tornando-se "mais resolutamente materialista" que este, observava Konder) para uma posição gramsciana, vale dizer, para o marxismo compreendido como *filosofia da práxis*. Kosic, por sua parte, também vai conceber a práxis de modo mais amplo que o trabalho, como "momento *laborativo* e como momento *existencial*" (sic), nisto representando uma abertura ao reconhecimento do caráter *ontocriador* da práxis, uma revalorização do tema da intencionalidade e da relação passado/presente/futuro, "incorporando temas" de Husserl e a importância dos *Manuscritos Econômico-Filosóficos* de 1844 (Konder, 1966a).

Leandro Konder lembrava a controvérsia sobre o que ele chamava de *sociologismo* recorrente, "que encara a economia e a situação social como se elas criassem a atividade do homem e não o contrário", a propósito citando o mesmo Kosic: "a economia não engendra a poesia, quer direta, quer indiretamente... é o homem que cria a economia e a poesia como produto da *práxis* humana" (idem). O resenhista não deixava de mostrar, porém, o ponto crítico dessa flexibilização de *Dialettica del Concreto*, procurando sublinhar como, no seu *constructo* em torno do tema da *supratemporalidade* da obra-de-arte como expressão da "*temporalidade* perdurando como atividade", Kosic dava um passo adiante muito problemático. Leandro Konder observava que, ao se apoiar numa referência "a um caráter humano genérico, que existe como condição geral de cada fase histórica e, ao mesmo tempo, como produto particular de cada época" (Kosic), ele se aproximava de uma das pontas que procurava criticar – pensar uma totalidade abstrata. Justamente quando buscara fundar a noção de valor meta-histórico no tema da *temporalidade* de uma obra-de-arte "que consegue perdurar como influência ativa", neste ponto o filósofo tcheco se afastara de Gramsci e da concepção que este último tinha do marxismo como *historicismo absoluto*, realizando um movimento de caráter *substancialista* (idem).

Em sua opinião sobre o livro de Heidegger, Leandro Konder observava que o pensador alemão não deixara passar o sinal dos tempos e registrara que a evolução da filosofia contemporânea "tem colocado as questões ontológicas num plano inferior ao das questões gneoseológicas", do "ouvir a voz do ser". Preocupado com a perda do sentido ("os filósofos já não *pensam*, no sentido profundo da palavra, e sim se ocupam da filosofia como professores de lógica"; o homem se afastou do Ser), Heidegger falava da crise do mundo contemporâneo "do qual os deuses fugiram"; um mundo já sob o império da massificação, "o espírito reduzido à inteligência e subordinado à ciência". Sem eximir o "filósofo em 1935" (momento em que ele escrevera a *Introdução*) da ilusão nas "novas forças espirituais históricas" que Heidegger enxergara no nazismo, Leandro Konder, não obstante, observava que o livro deixava esta indagação: "a concepção de História, elaborada em polêmica implícita contra o marxismo, ancorada em um movimento de desvalorização da razão e de esvaziamento do sentido da história, tem condições que lhe permitiam servir de base para a definição dos valores do humanismo e da democracia?" (Konder, 1966b).

Em duas outras recensões – a do livro de Giannotti, de maio de 1967, e a que escreverá sobre a tradução brasileira de Louis Althusser "A Análise Crítica da Teoria Marxista" (*Pour Marx*), publicada no começo de 1968 (RCB nº 17, jan.-fev. 1968), Leandro Konder fecha, por assim dizer, o tema da filosofia e da alienação para novamente abri-lo, ou seja, "trazer" a discussão do marxismo teórico *para dentro* do marxismo brasileiro, exibindo a face de características políticas da sua ensaística. Expressão da época, o nome dessa passagem é a "questão Althusser", o problema Hegel/Marx.

Pondo-se do lado da "solução Lênin" – o qual recomendava "aprofundar a assimilação crítica da herança hegeliana" –, Leandro Konder se voltava contra a movimentação althusserianista "que exige o aprofundamento da ruptura de Marx com Hegel", fórmula que então exibia enorme atração. Entre os grandes nomes: Althusser, Galvano della Volpe; e, no caso brasileiro, José Arthur Giannotti, este também avaliando a obra juvenil de Marx, considerando os *Manuscritos de 44* um texto cheio de "figuras flácidas e imprecisas" e marcado de "humanismo abstrato e moralista" (sic). Como Althusser, o filósofo paulista realçava a ruptura Marx/Hegel e pendia para "uma metodologia de tipo estritamente estruturalista" que repassasse cientificidade ao marxismo. Na sua pequena resenha, Leandro Konder não negava a importância do livro brasileiro, mas manifestava divergência com a sua "orientação geral", mesmo sem desenvolver os seus argumentos. Vale a pena relembrar o registro que o resenhista fazia, citando esta opinião de Giannotti a respeito dos *Manuscritos de 44*: "Os textos do jovem Marx possuem, em suma, a mesma verdade de um romance de Balzac", dizia o autor de *A Dialética do Trabalho*, reclamando da ausência neles da (verdadeira) cientificidade de *O Capital* (Konder, 1967)

Em seu registro sobre a tradução brasileira de *Pour Marx*, Leandro Konder lamentava que o principal opositor do filósofo francês fosse Roger Garaudy ("polemista ágil mas superficial, ensaísta brilhante porém muitas vezes retórico, abstrato e demagógico") e não autores melhor apetrechados para o embate, como seriam os de inspiração lukacsiana. O *coupe épistèmologique* althusserianista, rejeitando a ensaística marxiana do pré-45, introduzia numa obra por definição teórico-prática a polaridade ciência/ideologia e estigmatizava a relação orgânica da filosofia com a política. Althusser se acautelava tanto dessa "contaminação", a ponto de chamar a "filosofia científica" de Marx de "Teoria", "equiparando-a à ciência em geral", observava Leandro Konder, numa direção parecida àquela que Adolfo Sánchez Vázquez desenvolveria em seu livro sobre o marxismo althusserianista (Vázquez, 1978). Muito longe de uma unanimidade na época, Leandro Konder chamava a atenção para o fato de que a "operação Althusser" se expunha aos perigos da "morte positivista da filosofia" (sic) e ao pragmatismo no campo da política (Konder, 1968).[89]

Se se olha para outros escritos – "A Concepção Marxista da História" e "A Rebeldia, os Intelectuais e a Juventude" –, o primeiro publicado na revista *Paz e Terra* nº 2 (setembro 1966) e o segundo, na revista *Civilização Brasileira* nº 15 (setembro 1967), é possível se ter uma idéia bastante aproximada do sentido publicístico de Leandro Konder na "batalha das idéias" desse imediato pós-64. Não por acaso, o primeiro artigo versava sobre a diferenciação história humana/história natural e realçava o tema do *para si*/consciência humana, a qual "pode não ser 'uma descompressão do ser' – como pretendia o Sartre de *L'Être et le Néant* – "mas é seguramente uma descompressão do Ser Natural". A concepção marxista da história, segundo Leandro Konder, "parte do franco conhecimento da liberdade como característica essencial da história (auto-construção) humana"; uma história dotada de sentido e de desenvolvimento sujeito a leis e a uma direção necessária. Ou seja, tratava-se de retematizar as relações entre os pares sempre reexaminados pelo

[89] No prefácio ao seu livro lukacsiano sobre Lévi-Strauss, Foucault e Athussser, Carlos Nelson Coutinho registra a influência do estruturalismo no Brasil, "talvez mais intensa" que em outros lugares: "O estruturalismo, em suas várias versões, conquistou – sobretudo a partir de 1968 – não apenas setores substanciais da nova geração intelectual, mas inclusive alguns significativos representantes da geração anterior" (Coutinho, 1971; 1972: 1).

marxismo como um destino inacabado: *rarité*/autonomia, particularismo/universalidade; passado e economia, fatalismo/ voluntarismo e futuro. Mas sem a "ampliação ontológica" descabida do Materialismo Histórico "que o amputa da dialética", para a qual pendiam os "marxistas preguiçosos" (na expressão sartreana citada) que, na verdade, partindo de um "universal abstrato", só podiam chegar ao fetiche de um "pseudo concreto" (Konder, 1966c).

Leandro Konder lembrava Lênin e Gramsci como os melhores críticos dessa redução do Materialismo Histórico ao econômico. O primeiro, porque resgatara o papel dos grupos sociais e da subjetividade, recusando o objetivismo do sentido da história; o segundo, pelo "elogio fúnebre" (sic) que fazia ao fatalismo, do qual Leandro Konder não se furtava de citar: "A crença na inexorabilidade mecânica do movimento da história é fonte de confiança para os revolucionários nos momentos mais difíceis, de repressão: ela os consola e reanima. Contudo (é ainda Gramsci quem o dizia), essa crença não constituía o terreno mais propício para obrigar os revolucionários a tomarem plena consciência de sua responsabilidade na promoção do processo revolucionário; e não os incita a tomarem todas as iniciativas que é lícito esperar deles" (idem). O reverso da moeda corrente da época da controvérsia althusserianista seria o voluntarismo reativo à teoria e avesso ao tema da "racionalidade da história", supondo-a livre, ao jogo da irracionalidade e do arbítrio. Para Leandro Konder, citando o próprio Lukács, boa seria a fórmula exposta em *História e Consciência de Classe*: "Fatalismo e voluntarismo não são contraditórios senão em uma perspectiva não dialética e não histórica" (idem).

Assim, "saindo" de uma problemática – o sentido da história e da crítica "racional" a suas deformações, parte do debate estruturalista –, Leandro Konder se envolvia com um outro tema, este filho direto da circunstância e da situação de ditadura: o voluntarismo, quer o que ele chamava de versão romântica do tipo "retorno à natureza", quer o da revolta "instintiva" e "individualista", à margem, senão contraposta, do "trabalho social revolucionário" (sic), único que era capaz de levar a rebeldia a produzir todos os seus efeitos positivos (idem).

Muito antes destes atuais tempos do "fim da história", Leandro Konder participara de uma querela parecida – então o existencialismo e o humanismo interpelavam o marxismo –, valendo-se de Gramsci. Tanto para rejeitar as posições que suprimiam a inteligibilidade/racionalidade da história quanto para recusar as soluções que procuravam fundar o movimento histórico na transcendência. Leandro Konder se apoiava em Gramsci e na sua concepção da "filosofia da práxis", "que só comportava o reconhecimento de uma única forma de transcendência: o futuro" (idem: 106). Futuro concebido como um movimento não-predeterminado mecanicamente pelo passado e pelo presente. Aliás, dizia Leandro Konder na recensão de Sartre mencionada anteriormente: "Apreendido o sentido do movimento que o passado nos mostra, apreendida a situação geral em que está estruturado no presente o complexo de contradições com que nos defrontamos, podemos saber qual a direção do futuro" (Konder, 1960). Este seu texto continuava assim: "Das leis gerais do movimento da história, da resposta necessária ao colocado pelas condições sócio-econômicas até a manifestação empírica da realidade histórica apreendida nos fatos imediatos vai um caminho longo e tortuoso, cheio de mediações" (idem). Em suma, Leandro Konder pedia cautela aos marxistas ante a "única ciência da história" (relembre-se que, em *A Ideologia Alemã*, Marx assim chamara o Materialismo Histórico) e toda a sua atenção ao navegarem neste campo intelectual no qual até as melhores vozes oscilavam. Segundo a advertência: ora elas pendiam para a perda do seu "rigoroso imamentismo", substituindo-o pela aceitação de uma força histórica "transcendental e inteligível superior à *práxis* humana", com isso dando passagem para os vários tipos de salvacionismos; ora, em ponta oposta, algumas delas reverenciavam uma força "transcendental e ininteligível", levando a um certo "irracionalismo imanentista" que passava a ver a história como um movimento desprovido de sentido, carente de governo e projeto universalista (Konder, 1966b).

Se o PCB dessa época não vivia apenas de pura intuição, ler e acompanhar todo esse movimento de idéias através das revistas *Civilização Brasileira* e *Paz e Terra* – esses espaços privilegiados da "área culturalmente iluminada da sociedade", no dizer de Álvaro Vieira Pinto (1956)[90] –, possivelmente significava influir no interior do PCB. As suas resoluções políticas, assim, tornar-se-iam lugares textuais nada desprezíveis para se observar o grau de percepção das influências dos intelectuais-militantes no seu próprio partido.

São dessa época os textos "Resolução Política do Comitê Central do PCB" (maio de 1965) e o "Informe de Balanço do Comitê Central dos debates do VI Congresso", de 1967, com os quais o PCB confirmava a sua política de oposição à ditadura como uma política de "resistência, isolamento e derrota", definida a partir de uma frente única centralizada agora na defesa da democracia. Os pontos mais altos do pecebismo, no entanto, seriam a "Resolução Política do Comitê Estadual do PCB da Guanabara" (1970) e "O Trabalho de Entendimentos Políticos" (aprovado na reunião do Comitê Central de setembro de 1971). Como já se fez menção no começo desta monografia, o primeiro examinava o quadro político, à Gramsci, combinando a análise da conjuntura (o endurecimento do regime militar no pós-68) com a consideração dos "fatores permanentes"

[90] Já em seu tempo, descrevendo a irrupção das massas na cena pública, Árvaro Vieira Pinto fazia a seguinte observação: "... há um lado da problemática imposta pelo desenvolvimento material que devemos apreciar. A proliferação quantitativa determina a pressão ascendente das massas, que se traduz pelo ingresso de um número cada vez maior de indivíduos no que poderíamos chamar de 'área culturalmente iluminada' da sociedade. E, se cresce assim a quantidade dos que ingressam nessa área, ainda mais numerosa é a multidão dos que se vão colocando em torno dela, assediando-a, numa pressão crescente para nela penetrar. Ora, o alargamento quantitativo da área de cultura é acompanhado por um movimento qualitativo de transformação de consciência. Esse fato é de importância decisiva." (Pinto: 1956; 1959).

de médio e longo prazos (conflitos do regime com a classe política, a crise econômica, etc.) para definir a política como previsão; enquanto o segundo trabalhava o tema da perspectiva para balizar a política corrente e a estratégia das "miudezas" de contatos, diálogos, acordos até os grandes movimentos de opinião, no caso, como começar a concretizar as possibilidades de atuação com a Igreja (setores e como instituição), o MDB e com todos aqueles que discordavam, total ou parcialmente, de um ou vários aspectos, do regime de 64, naqueles anos de descenso e terror oficial.

Esse modo pecebista de pensar a política em sua especificidade e virtualidades se consolidará no processo de construção da frente única democrática no MDB, experiência emblemática para o *aggiornamento* da própria política em um momento em que esta parecia impotente. Esse pecebismo vai reaparecer mais perfilado na chamada elaboração do exílio, formada por uma série de resoluções e textos (1976/79). Já num momento de "novas" influências, inclusive sob o influxo do temário eurocomunista daqueles PCs com os quais se relacionaria a parte da direção que migrara para a Europa,[91] um dos seus pontos altos é a "Resolução Política do Comitê Central" de dezembro de 1978, publicada no jornal *Voz Operária* juntamente com o artigo "A Questão Democrática", de Josimar Teixeira (bem próximo da discussão italiana) e com um outro texto sobre o patrimônio de política de frente democrática, este último assinado por Jaime dos Santos. Identificado com ele, Leandro Konder chamava esse movimento da maioria do Comitê Central de "retomada da reflexão sobre a questão democrática" (Konder, 1980a: 123).

Talvez as primeiras manifestações formais de uma discussão "eurocomunista" no Brasil sejam o artigo *A Democra-*

[91] Na coleção da *Voz Operária* do exílio (1976/78), encontram-se alguns registros desse relacionamento, como, por exemplo, a notícia de um encontro entre o PCB e o PCI ("PCB-PCI: um Traço de União na Proposta de Democracia e Socialismo", cf. PCB, 1978).

cia como Valor Universal, que Carlos Nelson Coutinho publicou na nova revista *Encontros com a Civilização Brasileira* nº 9, de março 1979, e a entrevista que alguns membros do Comitê Central do PCB, ainda nos seus últimos meses do exílio, concederam ao *Jornal do Brasil* (Caderno Especial "O PCB Encara a Democracia", domingo, 20/04/79). São dois "eventos-texto" pequenos, mas que podem ser considerados pontos de referência – tal a reação que provocou o "eurocomunismo" que começava ali a ser exposto, não só no interior do PCB como entre outros grupos comunistas. Na contracorrente da cultura política da esquerda brasileira, Carlos Nelson Coutinho apresentava no seu artigo os fundamentos da concepção de uma estratégia de "sociedade socialista fundada na democracia política" (estas estão entre as últimas palavras do texto), trazendo a discussão internacional, convergindo com a "questão comunista" que chegava naquele imediato pós-anistia através do discurso de alguns membros do Comitê Central do PCB, num recomeço da vida de superfície que iria ter desfechos que lhe interrompem o ímpeto, como a controvérsia com Prestes e, por fim, a própria realização do VII Congresso em 1981/82, não se radicalizando a elaboração do exílio, como queria Leandro Konder.

Em suma, era esse movimento de idéias, de política e cultura, de curso contraditório, com correntes nuançadas, que chegava à hora em que aquela formulação berlingueriana tomara novo curso quando o eurocomunismo se estendera além dos três PCs europeus como problema de renovação da esquerda contemporânea. Aqui, o PCB havia vivido mais o mundo empírico e da política, tendo as liberdades democráticas se tornado a sua esfinge a mostrar-lhe caminho à frente – levando-o a um reformismo pluriclassista centrado na democracia política –, ao qual ele vinha chegando mediante penosa experiência. Um caminho que não fora construído a partir de dissertações sobre a formação social, como queria Caio Prado Jr., nem consolidado plenamente com novas investigações sobre a contemporaneidade, como aquelas com as quais se envolveria parte de sua área mais intelectualizada de meados dos anos 70 em diante.

Urgido, de um lado, pela necessidade, e, de outro, pelo tempo do seu dilema, o PCB terá de negar boa parte da tradição e repensar a própria identidade. Seu percurso, com avanços e recuos, terminou – era aonde o levava o seu "praticismo ilustrado" – no reconhecimento do papel específico da política na renovação de uma sociedade como a brasileira, uma sociedade que, como lhe diziam os seus intelectuais, modernizara-se atrasada em relação à economia e sem construir uma institucionalidade democrática adequada à sua pluralização (Caio Prado Jr., e também Sodré, depois, por exemplo, Luiz Werneck Vianna). Como certa vez dissera um deles, o PCB ouvia os seus quadros intelectuais, numa espécie de divisão de trabalho (Coutinho, 1986;1989b), até onde a aceitação daquela tese geral da relação economia/política na contemporaneidade brasileira não importava compartilhar a missão definidora da política, que o núcleo dirigente se reservava para si (idem) (sobre o reconhecimento político dos seus intelectuais, ver PCB, 1991 e Freire, 1999). Diante da própria tradição de desconfiança em relação às instituições, desde 1954 o Rubicão a atravessar consistia em abandonar a visão tática da democracia política apenas como recurso eficaz, para considerá-la um valor estratégico, como se dizia num começo, e, depois, tomá-la como lastro capaz de desenvolver um novo tipo de protagonismo social e político, pluralista, aceitando-a como via de processamento dos conflitos e mecanismo de melhora da sociedade; respeitando e inclusive recebendo impulso de valores e culturas as mais variadas. Com uma trajetória de traumas, desgarramentos e ainda muitas incongruências, em suma, o PCB viveria um paradoxo – quanto mais negava a matriz identitária e a própria face de máquina organizacional, mais se constituía em agente influente da política, uma duplicidade – própria à origem de "Minotauro" dos seres partidários – que o segue até o fim, quando a política de frente única obtém êxito na eleição de Tancredo/ Sarney e logo começa a última fase de vida da sua forma PC.

Ou seja, aqui a "questão comunista" do PCB – tendo passagens discursivas e seus intelectuais – ainda *espelhava mais* e teve como pontos *mais fortes* as virtudes da moderação e da responsabilidade política, evocando as duas principais balizas da sua atuação prática. A primeira, já se fez menção, aquela expressa em sua postura política no pré e no pós-64, ou seja, quando ele procurou exercer, mesmo sem êxito, inclusive com problemas em suas fileiras, a função de "esquerda positiva", no dizer de Santiago Dantas, aquele homem de governo que reclamava clarividência ao campo de centro-esquerda às vésperas do golpe de 64; e quando se recusou a abandonar a via política de resistência ao novo governo militar. A outra, a obsessão na montagem da frente única no pós-64, exercendo sua função, como certa vez chamou Alberto Aggio, de "partido de serviço", notabilizando-se pela sua habilidade de "costura política", emblemática no episódio da defesa da continuidade do MDB nos piores anos, naqueles tempos em que uma referência de superfície era essencial para respirar e resistir.

De qualquer modo, o caminho de pedras por onde iria o PCB até chegar à "questão comunista" berlingueriana mostra um conjunto de elementos, às vezes com partes sem muita congruência entre si, que vai desde o empenho incansável pelo objetivo último, no caso, conquistar a democracia – objetivo a que tudo subordinava, inclusive a sua própria identidade,[92] até a convocatória de uma constituinte de uma "nova formação política" que ele propõe, já sob o impacto do colapso do comunismo, antevendo tanto o seu fim próximo quanto a necessida-

[92] Nesta frente, o PCB foi coerente, inclusive, ainda na hora em que todos se apressavam a afirmar a nitidez dos seus partidos, havia áreas suas que lhes custavam deixar o PMDB, sensíveis à idéia de que todavia se precisava garantir o aprofundamento da transição no contexto do governo Sarney.

de de uma refundação da esquerda, como está registrado na resolução do IX Congresso do PCB, de 1991. Esse fora o seu derradeiro gesto, a lembrar os bons tempos do MDB, antes de se dissolver como velho "Partidão"; de fato, deixando oferecido o que havia amealhado ao longo de sua trajetória, em termos de cultura política democrática, como sua contribuição à hora, como se dizia há quase dez anos, de se recriar a esquerda como uma nova formação de natureza política (PCB, 1991).

Mesmo tardiamente, o PCB viria dizer que já havia passado o tempo para lutas sem quartel contra "revisionistas" e "esquerdistas", como na tradição do partido único, que não era mais época para continuar pelejando pela afirmação de si mesmo como partido portador único de missão histórico-universal ou representação operária. Agora, se o objetivo permanente não era, e em principal lugar, cultivar-lhes a unidade, teria quanto menos de conviver, generosamente, com outros grupos de esquerda que se multiplicavam. Um deles, o PT, até mesmo já se vinha tornando hegemônico, quer no mundo do trabalho, onde mobilizava o tema do interesse e se convertia numa via de incorporação social eficaz, quer no mundo da intelectualidade, onde se afirmava largamente sem se reconhecer na tradição e no melhor do comunismo brasileiro, dissociando a nova da velha esquerda.[93]

Uma relação mais íntima entre o tema da democracia e o socialismo só viria no decorrer da segunda metade dos anos 70, quando a "questão eurocomunista" foi posta sob a chave de uma tentativa de releitura da contemporaneidade brasileira promovida pelos últimos intelectuais afinados com aquele pecebismo. Do mesmo modo que se pode estimar que os "textos intelectuais", que à época teriam inspirado alguns membros do núcleo dirigente do PCB ao formularem a tese da frente demo-

[93] Para esse tema das duas culturas políticas de esquerda, ver o texto de Luiz Werneck Vianna "Nova Esquerda e Cultura Política", publicado no penúltimo número da revista *Presença* ("Cem Anos de Gramsci"), nº 17, de nov. 1991/mar. 1992.

crática, estariam no "espaço público" de Ênio Silveira, a largueza de vistas do seu "praticismo ilustrado" do último tempo, *malgré tout*, encontrar-se-ia amparada em passagens dos textos de alguns daqueles intelectuais comunistas. Bem parecidos a Caio Prado Jr., embora dele não se reivindiquem descendentes, eles também serão portadores da dupla face de publicistas, ou seja, ao mesmo tempo que procuravam, como o historiador, substantivar a política pecebista, incompreendidos, nos últimos tempos militavam no seu partido quase como dissidentes. Embora também procurassem se distanciar do modo formulativo da política prática do PCB mediante uma leitura nova da formação social, ensaiaram uma espécie de *aggionarmento* da política de frente única quanto menos ao nível discursivo.

Assim, diferente de Caio Prado Jr., eles partiam da própria tradição (Konder, 1980a). Formados nos últimos anos do pré-64, alguns à volta da frente cultural do movimento estudantil, vários desses intelectuais, como se viu anteriormente, haviam estado no movimento de "arejamento do marxismo" da editora e da *Revista Civilização Brasileira*. No início da década de 70, alguns deles continuavam, por assim dizer, buscando caminho à frente no Lukács que haviam trazido da filosofia e da literatura.[94] Sua perfilação, dentro e fora do PCB, viria logo após a anistia, quando aparecem articulados com diversos núcleos militantes (PCB, 1983) e alguns dirigentes (ver PCB, 1979), conformando um pequeno grupo de certa visibilidade àquela hora que o PCB saía à superfície, inclusive com uma publicação própria (*Voz da Unidade*) e iniciava os preparativos do VII Congresso que se desenvolveriam entre 1981/82. Esses intelectuais não só iriam participar no espaço público interno,

[94] A coletânea *Realismo & Anti-realismo na Literatura Brasileira* pode ser uma pista dos primeiros passos dessa área de transição que alguns jovens lukacsianos procuravam. Escritos em 1972, os ensaios são: "O Significado de Lima Barreto na Literatura Brasileira" (Carlos Nelson Coutinho), "Contradições do Modernismo" (Luiz Sérgio Henriques), "A Vitória do Realismo num Poema de Drummond: A Mesa" (Leandro Konder), "O Alegórico em Guimarães Rosa" (Gilvan P. Ribeiro) e "Depois do Modernismo" (José Paulo Neto). (Cf. Coutinho, 1974).

sendo marcante a sua presença na primeira fase do novo jornal pecebista, como ainda se mostrariam nesses anos bem ativos na grande imprensa.[95] Encerrado o VII Congresso, à margem, esses intelectuais passaram a editar, em 1983, a revista de "política e cultura", *Presença*, que existirá pelos dez anos seguintes.

Alguns desses jovens intelectuais iriam se tornar conhecidos pela sua releitura da contemporaneidade brasileira, tomando a tese do "prussianismo brasileiro" como *critério de interpretação*. Tudo indica que tenham chegado ao tema da "revolução pelo alto" vindo daquela fronteira que Lukács trazia em seus textos culturais.[96] Educados na tradição, eles também liam com atenção a política pecebista à luz do leninismo político, pondo as vistas em *As Duas Táticas da Social-democracia Russa*, especialmente em *O Programa Agrário da Social-democracia Russa*, alguns indo daí para o uso metodológico do conceito de "via prussiana" que extrairiam diretamente da distinção leniniana das vias de evolução do mundo rural, retendo o tema da sua relação com a conformação do político. É até possível, relendo algumas sugestões no livro de Nelson Werneck Sodré de 1962, supor que a tese sobre a democratização da vida política nacional – que os jovens intelectuais repropunham em conseqüência de seus estudos, como Caio Prado Jr. com sua tese sobre a falta de "alicerces políticos" – reflita a movimentação realizada pelo último Engels em suas indicações sobre o tema do prussianismo e na sua estratégia democrática ao socia-

[95] Aqui e ali eles apareciam com entrevistas e declarações aos jornais, artigos em revistas e livros, inclusive colaborando regularmente em um jornal de São Paulo, que circulou durante 1979, chamado *Jornal da República*. Leandro Konder, que levara outros membros do grupo a escrever no jornal (Ivan Ribeiro, Luiz Sérgio Henriques), publicou, dentre outros, os pequenos artigos: "Uma Sociedade Civil Fraca", "Via Prussiana", "Uma Ideologia Dominante Profundamente Anti-democrática" , "Um Elitismo Contagioso" e ainda sobre a trajetória contemporânea do PCB.

[96] Até hoje Carlos Nelson Coutinho se remonta ao conceito de "intimismo à sombra do poder" que Lukács fora buscar em Thomas Mann para descrever o processo de subalternização dos intelectuais (Coutinho, 2000). No seu ensaio "As Categorias de Gramsci e a Realidade Brasileira", o mesmo autor apontava na noção de "via prussiana" a limitação de ela se concentrar nos aspectos infraestruturais, daí sendo necessário completá-la com o conceito de "revolução passiva" que, justamente, viria incorporar aquela dimensão super-estrutural minimizada (Coutinho, 1986; 1989b).

lismo expressa na idéia de democratização da República como *forma específica* da ditadura do proletariado em países como a Alemanha (Engels, 1891; 1975).

Embora *ex-post*, aquele comentário de Carlos Nelson Coutinho sugere o tipo de problematização com que se deparavam os autores daquele *constructo* de "revolução pelo alto". De fato, uma parte desses intelectuais evoluiria para Gramsci, mas, por conta da origem um tanto nuançada, em modos diferentes: a) enquanto alguns iriam se notabilizar, nos primeiros anos do regime civil, pelo uso do conceito gramsciano de Estado ampliado e por colocar em discussão o tema da *ocidentalização* do país (Coutinho, 1986); b) outros, dentre os mais sensíveis ao leninismo político, iniciariam um tipo de abertura analítica que ia da noção de prussianismo do opúsculo leniniano de 1907 às possibilidades do conceito de revolução passiva, associando-os, todavia, à problemática da assimetria entre economia e política (também tema do pensamento social brasileiro clássico e caiopradiano), em contexto de trânsito do tradicional para o moderno (Sodré), aludindo a uma bibliografia da história comparada mais contemporânea.

Daí, alguns deles passaram a ver a tática "antifascista" do seu PCB já não apenas como uma chave para correlacionar industrialismo/democratização (como vinha da tradição da Declaração de Março), mas também começaram a perceber, na natureza da resistência à ditadura, o alcance mais universal que as liberdades democráticas desempenhariam em uma formação social como a brasileira, que se modernizara sob os auspícios da política, sem os processos político-institucionais que permitissem à classe econômica exercer sua hegemonia no ordenamento sociopolítico (Vianna, 1976). Depois, esse núcleo argumentativo se qualificaria problematizando a relação entre a intensificação do crescimento das forças produtivas nacionais levada adiante pela "contra-revolução" não-recessiva de

1964 e a natureza da transição iniciada na passagem dos anos 70 para a década de 80, sob a lógica da assimetria entre economia e política e, sobremaneira, a partir do desempenho dos atores políticos, como mostrava a história recente da frente democrática. Essa ensaística discutia o tema do esgotamento do regime de 64 como problema político *novo*, do tipo daquele descrito pela bibliografia de História Comparada que trazia o caso daqueles países que se modernizaram tardiamente por vias autoritárias sem criarem uma institucionalidade política adequada: à hora do colapso das ditaduras contemporâneas, criava-se uma situação na qual a perspectiva da revolução subsumia a da transição (Vianna, 1983). Em suma, como anunciava Leandro Konder, a democratização política do país, já então em andamento, não só viria concluir o período autoritário, como também haveria de trazer "conseqüências progressistas de efeito quase revolucionário" (Konder, 1984).

De um modo esquemático, se poderia dizer que tanto o movimento de Ênio Silveira, que mobilizara velhos e novos intelectuais, quanto o "praticismo ilustrado" do grupo dirigente oriundo de 1958 haviam semeado o caminho para a recriação da política de resistência ao regime de 64 numa estratégia democrática ao socialismo, a partir da tentativa do Comitê Central do exílio e da abertura daqueles jovens intelectuais à reflexão do "marxismo esquecido" de Lênin, Lukács e Gramsci, com a qual eles procuravam trazer para o interior do seu partido uma nova interpretação de Brasil. Há indícios desse último movimento na Tribuna de Debates do VII Congresso do PCB e pode-se ainda perceber sinais seus nos últimos documentos do velho "Partidão", quando, novamente, o "grupo pragmático" retomou, agora tardiamente, aquele *aggionamento* da sua política (PCB, 1991).

Num começo, essa ensaística derradeira expunha "a força e as fraquezas" da política pecebista, usando aqui a expressão com a qual Leandro Konder comentava as teses que convocaram o VII Congresso do PCB de 1981 (Konder, 1981). Primeiro, porque dela se partia para produzir um *constructo* que procurava associar a compreensão dos movimentos de "revolução pelo alto", como fora sobremaneira a "restauração-revolução" iniciada em 1964, com o sentido da conexão da resistência de frente única, tal como se configura na aliança da esquerda com e no MDB. Depois, a tarefa que se colocavam esses intelectuais "eurocomunistas" consistia em substantivar a ação prático-experimental do PCB para o novo tempo democrático à luz da complexidade crescente da realidade brasileira.

A vitória de Tancredo-Sarney no Colégio Eleitoral confirmaria o êxito da política de frente democrática. Com o desempenho hábil dos atores, abria-se um novo processo político marcado pela irreconciliação de uma modernização que engendrara forças e fatores que já não se reconheciam na fachada de pardieiro em que se havia transformado o regime político de 64. Para aquela leitura *aggiornarda* do pecebismo político, este era um dado estratégico que conferia radicalidade ao processo de construção/reconstrução da institucionalidade democrática do país. Os novos agentes – proletariado do ABC, intelectuais de novo tipo e outros setores urbanos e a burguesia industrial da FIESP que incorporara os valores da democracia liberal à sua luta de oposição ao regime – seriam os componentes estratégicos a ser levados na devida conta na nova estratégia democrática radical para o país.

No entanto, os intelectuais "eurocomunistas" começariam a se diferenciar, ao fazer leituras nuançadas da própria transição quando ela começara a dar os primeiros passos e passaram a viver o seu próprio processo de dispersão. Alguns autores desse grupo chamariam a atenção para os impasses políticos da transição pactuada. Como foi registrado em um texto da época, nota-se uma primeira interpretação, que sustentava a tese mais antiga e considerava a Aliança Democrática que elegeu Tancredo e Sarney como a realização da política de frente democrática (sabendo do risco de se subsumir a democracia à vigência dos institutos liberais) e tinha a cena institucional, liberta do autoritarismo, como espaço privilegiado de atuação (Zaidán e Santos, 1985; também in Santos, 1992; 1994). Uma segunda interpretação viria enfatizar uma leitura "européia" no sentido da socialização da política sobre os efeitos produzidos na sociedade brasileira pelo capitalismo monopolista nas duas décadas da ditadura, pondo a atenção mais nas alterações estruturais que, contidas no marco de uma institucionalidade político-tecnocrático-militar, teriam dado origem a uma multiplicidade de movimentos sociais, pressionando por direitos e deveres (idem). Ainda como se registrava à época, a novidade nesta última ensaística seria a *maior* tematização dos movimentos sociais e o realce do "lado fraco" da transição, vista, como na outra vertente, pela debilidade das instituições partidárias e, sobremaneira, pela ausência de representação política dos "sujeitos coletivos" produzidos pela modernização capitalista do regime militar, com o risco de uma reconversão liberal da transição (idem).

Naqueles comentários observava-se ainda que tal tipo de dúvida sobre os rumos da transição era uma consideração substantiva, embora naquele enfoque não se oferecesse perspectiva para o futuro imediato, como vinha do *aggiornarmento* da política de frente única, que continuava em mãos da primeira interpretação. Uma conseqüência destes parâmetros, onde a divergência aparecia mais acentuada era no plano da organização. Enquanto a primeira ensaística privilegiava a reavaliação dos aspectos institucionais das estruturas democrático-liberais do Estado e valorizava o espaço da política numa articulação de forças heterogêneas, considerando a forma-partido, sem dúvida escoimada das concepções envelhecidas (o predomínio da estrutura organizacional sobre a definição da política), como requisito fundamental para a ação dos comunistas na sociedade brasileira, os autores da segunda leitura aparentavam já terem descartado, pelo menos no curto prazo e na forma PC, sua preocupação com a questão orgânica, que estaria defasada em relação à complexidade social do país, e tendiam a concentrar a sua atenção na chamada "batalha das idéias" – estratégia mais consentânea com a intrincada rede de agências da sociedade civil brasileira. Dizia-se ainda naqueles comentários que, para esta segunda vertente de intelectuais, de maior eficácia seria a atuação nos poros do tecido social brasileiro, com vistas a uma ação de longo prazo (idem).

***

Diferente daquela problematização operada a partir da reflexão sobre a "via prussiana" e as "revoluções pelo alto", vindo de mais longe, Caio Prado Jr. havia feito outro caminho para decifrar a revolução brasileira. O seu ponto de partida – conhecendo bem de perto o "estado das artes" que incluía a sociologia de *Casa Grande & Senzala* e *Raízes do Brasil* – consistirá, por assim dizer, numa comparação entre o "caminho americano" e o modo clássico de estruturação do capitalismo, quer na tematização da colônia de produção e do escravismo enquanto marca estrutural do Brasil contemporâneo, quer no tema do capitalismo industrial inconcluso. Buscando a conexão passado-presente no terreno nacional, o historiador não duvidará em refazer os cânones do seu marxismo para chegar tanto a uma Teoria Econômica "adequada" à natureza da dependência brasileira, quanto a uma ciência política de solução de contradições e conflitos e institucionalizadora em moldes democráticos. É o emblema ocidentalista dos países de economia avançada que aparece nas repetições comparativas do autor como se fosse um *programa*, a despeito da longa aceitação do socialismo real. Essa adesão traria referente ambíguo a um autor que, certa vez, intuíra que o socialismo – sempre um programa, dizia em 1934 – nunca se realizaria como uma sociedade sem classes, e que firmara ponto de vista antiapriorístico em relação à doutrina. Esse compromissamento converteria Caio Prado Jr. numa espécie de "Lukács" brasileiro.

A ausência de ruptura com o comunismo histórico constitui ponto enigmático na trajetória do autor. Talvez a valorização e a descrença simultâneas na modernização, segundo a perspectiva de afirmação do ser nacional, e a sua permanente crítica ao industrialismo de baixa incorporação, é que tenham levado Caio Prado Jr. a um tipo de elaboração em que a ortodoxia de doutrina e ideologia se acomodam à independência na interpretação de Brasil. Diverso do caminho de pedras aberto pelo núcleo dirigente pecebista em meio às discussões de 1956/57, Caio Prado Jr. não estivera na controvérsia sobre o estalinismo, dos quais participaram boa parte da intelectualidade comunista, muitos militantes e alguns dirigentes. Não se pronunciara no tempo neomarxista de Ênio Silveira, inclusive, em 1966 e depois, não incluíra em seus escritos autor expressivo da chamada "renovação marxista", e não se nota nenhuma influência do PCI, como ocorre em áreas pecebistas intelectualizadas nos últimos anos 50; nem de Garaudy, no contexto da *Revista Civilização Brasileira*, nem mesmo de Gramsci que, a partir de meados dos anos 60, já começava a circular inclusive em autores maduros, como, por exemplo, em Florestan Fernandes, na passagem da década para os anos 70.

Os intérpretes não têm ajudado muito a alargar o reconhecimento da originalidade de Caio Prado Jr. para além da historiografia e o seu prestígio no campo marxista permanece ainda devido ao uso pioneiro do Materialismo Histórico. Recentemente vem-se trabalhando a idéia de que só aparecendo a dimensão publicística como tal, é que os deslizes caiopradianos tornam-se eles próprios pontos configurativos do "marxismo nacional" que, como se fez referência, fora notado no campo da Historiografia. Assim é que começa a fazer outro sentido o que os críticos há muito vêm dizendo sobre o chamado nãomarxismo da tematização caiopradiana do consumo, a qual já fora observado em 1957 (Filho, 1957b), dez anos depois, assinalado no seu exato lugar em *Formação do Brasil Contemporâneo* (Tavares, 1967); ou ainda tratado como circulacionismo propriamente dito, primeiro, por Florestan Fernandes (1968; 1980), e, mais de vinte anos depois, por Bresser Pereira (cf. 1989). Todos esses registros estariam descrevendo, em primeira mão, o movimento do autor no uso de um critério de interpretação da formação social singular e aludindo aos passos característicos de um marxismo político, que é, em definitivo, o marxismo que o autor ensaia nos seus livros e artigos. Tal como se pode conjeturar em relação a esse "desvio" da obra de 1942, um reexame do "pecado original" que, segundo Jacob Gorender, Caio Prado Jr. teria cometido em matéria de filosófica, como se verá mais adiante, também traria outros indícios para se especular sobre o sentido *outsider* do historiador pecebista.

A reconstituição da unidade entre a obra básica e a publicística – entre circunstância de pensamento social e condição militante – não só mostraria como os textos políticos de Caio Prado Jr. não são meros opúsculos para consumo em pequenas querelas *ad hoc*, mas como quê estariam trazendo teses para a reformulação da própria idéia de política socialista no Brasil, no autor sempre pensada a partir da compreensão do conjunto da formação social em sua especificidade. Diferente da reflexão que emerge do campo pecebista à volta do Comitê Central, incluídos os intelectuais do pós-64, com os seus referenciais ampliados, o historiador desenvolve um marxismo político – esses últimos também o fariam – como uma tarefa dissertativa para reconhecer o terreno nacional, operando ajustes em seu marxismo teórico sem, no entanto, mudar o arcabouço da doutrina e a própria linguagem da sua tradição.

Forte a insinuação, poder-se-ia pensar que, em sua *ampliação* da teoria social marxista, quando Caio Prado Jr. realça o tema da circulação para equacionar a natureza da colônia de produção, em certo sentido ele estaria realizando movimento similar – *mutatis mutandis* – àquele que Gramsci opera, para, afinal, explicar o novo processo "clássico" de modernização do pós-1789, dissertado – em contexto de "vasta cultura", conexões e muitas mediações (classe/partido/Estado) na monografia modelar do *Risorgimento* italiano (Buzzi, 1969).

Como se sabe, com a crise de 1929, o programa de Gramsci se amplia da busca inicial das causas da derrota de 1917 na Europa e passa – numa investigação *für ewig*, como ele mesmo se propõe – ao tema da dialética entre economia e sociedade em formação social de capitalismo estruturalmente modificado. Gramsci dava curso ao equacionamento do "paralelograma de forças" com que o último Engels explicava o sentido da determinação do fator econômico na vida social (Engels, 1890; 1955); tema, aliás, já previsto por Marx em suas referências aos efeitos da contínua de socialização do processo produtivo no progressivo "recuo das barreiras naturais" no condicionamento da vida social contemporânea (cf. De Giovanni, 1984).[97] Com o modelo que constrói e desenvolve na sua dissertação sobre o *Risorgimento*, Gramsci se depara com aquele "complexo de determinações" a que se referem Engels e concede – no conceito de revolução passiva – às noções de "função intelectual" do Estado-Piemonte e de "transformismo" relevância na explicação sociohistórica, passando, como se sabe, a manejar o cânone marxiano a partir da ressignificação do conceito de hegemonia do leninismo político: "El critério metodologico sobre el que es necesario basar el propio examen

[97] Precárias as condições de trabalho na prisão, Gramsci está sempre partindo desta passagem do prefácio de Marx à *Contribuição Crítica da Economia Política*, de 1859: "Ninguna formación social desaparece antes de que se desarrollen todas las fuerzas productivas que caben dentro de ella, y jamás aparecen nuevas y más altas relaciones de producción antes de que las condiciones materiales para su existencia hayan madurado en el seno de la propia sociedad antigua." (Marx, 1859;1977: 344).

es este: que la supremacía de un grupo social se manifiesta de dos modos, como 'dominio' y como 'dirección moral e intelectual'. Un grupo social es dominante sobre los grupos adversarios a los que tiende a 'liquidar' o a someter también con la fuerza armada, y es dirigente con los grupos afines o aliados. Un grupo social puede e incluso debe ser dirigente antes de conquistar el poder gubernativo (y esta es una de las condiciones principales para la misma conquista del poder); después, cuando detenta el poder e incluso si lo tiene fuertemente en el puño, se transforma en dominante, pero debe continuar siendo igualmente 'dirigente'" (Gramsci, 1949; 1974: 96).

Em sua dissertação sobre o Brasil, Caio Prado Jr. se vale daquele texto marxiano quase único para autores que se vêem exíguo de tempo para trabalharem uma questão. O historiador brasileiro trazia sua referência primordial da mesma fonte, o *Prefácio* de 1859, aliás, como o PCB, que o considerava a teoria social marxiana, e inclusive como alguns isebianos que também o referiam em seus textos. Mas, no trecho anterior àquele da tempestividade sociológica das mudanças socioeconômicas.[98] É com ele que o historiador vai desenvolver os seus excursos de pensamento social sobre um ser em busca de eixo e sentido (colônia de produção com economia e população dissociadas). Ao procurar a inteligibilidade da "dialética de afirmação", Caio Prado Jr. não descurava, mas, ao contrário, remetia-a à lógica que, segundo a teoria marxiana, estrutura e governa toda formação social como obra da história da interação entre forças produtivas e relações de produção. Economia e população apareciam em Caio Prado Jr. em *ordem* diversa da chave da Economia Política, sob inspiração de Nabuco. O historiador co-

[98] Isto é: "Al llegar a una determinada fase de desarollo, las fuerzas productivas materiales de la sociedad entran en contradicción con las relaciones de producción existentes, o, lo que no es más que la expressión jurídica de esto, con las relaciones de propiedad dentro de las cuales se han desenvuelto hasta allí. De formas de desarrollo de las fuerzas productivas, estas relaciones se convierten en trabas suyas. Y se abre así una época de revolución social" (Marx, 1977: 344; ver também Prado Jr., 1933: 91).

nhecia bem o estado das artes dos clássicos brasileiros, dos primeiros e dos segundos (sendo um destes), a Cepal incluída, e o seu labor era refazer a idéia de revolução como luta de libertação nacional à Oriente, reformando para isso o seu próprio marxismo. O autor problematizava a contemporaneidade brasileira como um processo longo de conclusão da nacionalida de, radicado na valorização do trabalho e do próprio fator produção, que devia se modernizar e se estender (Santos, 1999c).

Posto em chave diversa da dos seus críticos, o "problema circulacionista" estimula a leitura da obra caiopradiana como uma historiografia "de fins políticos". Relida *vis-à-vis* do pensamento social brasileiro que vinha trabalhando os temas do "país sem povo", abrir-se-iam mais ainda os modos de interpretar os textos do historiador, tornando-se mais instigante ainda a proposição da bibliografia em atribuir-lhe a condição de hábil manejador do método marxista para explicar o Brasil. E não faltariam conjecturas sobre os livros propriamente historiográficos, divisando-se neles passagens úteis para explorar pontos seminais em dissertações específicas.

Por exemplo, é tentadora a idéia de especular, numa releitura do livro de 1933, a respeito do interesse do autor ao dissertar sobre os mais de quarenta anos da longa "revolução da Independência" que antecedem a modernização da segunda metade do século. Poder-se-ia dizer que se está diante de um relato sobre uma espécie de "Revolução de 1848" brasileira? Euclides não discorrera sobre um fragmento da Revolução Francesa no interior da Bahia? Vale a pena lembrar o relato da Independência como uma "transição" aberta com a vinda da monarquia. A circunstância emprestava ao caso brasileiro "um caráter em que faltam a violencia e os conflitos armados que observamos nas demais colonias americanas". O autor registrava o traço como um processo que, se, por um lado, poupou o país de "uma luta de proporções talvez consideraveis, a exemplo da

America hespanhola ou inglesa, tivemos doutro lado, para o estabelecimento definitivo da nossa autonomia, que arcar com dificuldades não menos sérias, ainda de outra natureza" (Prado Jr., 1933: 92). Dali se seguia a descrição desses óbices, sendo o principal deles aquele que advinha justamente da "forma pela qual se operou a emancipação do Brasil" – Carlos Nelson Coutinho já o comentou – "num ambiente de manobras de bastidores, em que a luta se desenrola exclusivamente em torno do Principe Regente, num trabalho intenso de o afastar da influencia das Côrtes portuguesas e traze-lo para o seio dos autonomistas." E continuava com este ponto bem interessante: "Resulta daí que a independencia se fez por uma simples transferencia pacifica de poderes da metrópole para o novo governo brasileiro. E na falta de movimentos populares, na falta de participação diréta das massas neste processo, o poder é todo absorvido pelas classes superiores da ex-colonia, naturalmente as unicas em contáto diréto com o Regente e sua politica. Fez-se a independencia pràticamente á revelia do povo; e se isto lhe poupou sacrificios, tambem afastou por completo sua participação na nova ordem politica. A independencia brasileira é fruto mais de uma classe que da nação tomada em conjunto" (idem: 92-93).

Citem-se mais duas passagens. Primeiro, aquela na qual o autor chamava a atenção para o fato de que, no Brasil, não fora na monarquia em que se assentara o Estado Nacional, como no caso europeu com o seu estado "autocrático", situação que não se configurara aqui pela precariedade do novo Regente brasileiro.[99] A outra é aquela que traz referências bem interessantes à organização do Estado Nacional no contexto da Constituinte de 1823. Num trecho dessa passagem, o autor falava do "partido brasileiro", na Constituinte, cuja ideologia "homena-

[99] "Talvez se pudesse chamar 'autocrático' ao poder do primeiro Imperador. Em todo caso, os oito anos do seu governo são apenas um periodo transitório e por sua natureza passageiro, e a sua própria instabilidade é a maior prova de que não se adaptava às condições brasileiras" (Prado Jr., 1933: 94).

geava" o sistema político do *Terceiro Estado* e suas classes "comercial e industrial, contra a nobreza feudal", mas diferenciava o caso brasileiro por se ter aqui uma classe de proprietários rurais que terminaria empalmando o poder, adotando as idéias de 1789 "contra a burguesia mercantil daqui e do Reino" (idem: 95). Num outro trecho, Caio Prado Jr. aludia ao fato de que, se, por um lado, essa nova classe alargava o tradicionalismo, por outro, ela criava uma situação que "indefinia" a nova ordem "autocrática" do primeiro reinado. E uma última referência: fora esse tipo de transição "aberta" que, ao final das disputas, fraquezas e incongruências das duas alas do Partido Nacional na Constituinte, dera passagem a um período de turbulências, o qual vai se encerrar, como está descrito no livro, com a vitória das forças reacionárias sobre a "agitação democrática e popular" (sic), ao final do decênio dos anos 40 (idem).

Se a leitura continuasse, sem dúvida, viria com mais força a sugestão para se situar o autor como um dos pensadores mais sensíveis à idéia das "revoluções abortadas" de que falava Mariátegui, ou, como quer Carlos Nelson Coutinho em seus comentários sobre o livro de 1933, como um dos autores dos mais atentos ao tema dos movimentos de "revolução pelo alto" nos períodos de construção do Estado Nacional.

Por esse viés, poder-se-ia também ler o primeiro volume de *Formação do Brasil Contemporâneo*, pensando que, além das possibilidades que a crítica lhe tem concedido, ele também seria o primeiro e melhor lugar onde o autor dissertaria pormenorizadamente sobre a especificidade da formação social, pondo lado a lado o caso brasileiro e a "colônia de povoamento" americana, para extrair da diferença a "categoria básica" que justamente lhe conferiria o reconhecimento na historiografia. Ali residia o *rounder point* de onde ele teceria os excursos sociológicos (publicista contemporâneo que era de Freire e de Buarque Holanda) e de ciência política (do PCB e do Iseb), sob a forma de teses que lhe instigavam a imaginação, tanto para evitar o efeito penoso do "domínio britânico na India" que a modernização trazia ao mundo rural, quanto para recusar a industrialização de "negócios fáceis", incapaz de resolver os problemas do "país de desocupados" e dissimuladora da "superficialidade" da vida política nacional.

Já interessaria voltar aos textos partidários, como o de 1947, e lançar um novo olhar sobre a repetição do argumento da obra de 1942, que ali reapareceria como tese política em alusão à problemática da "revolução burguesa de novo tipo", tal como Lênin a pensara em contexto de capitalismo tardio e dependente. Seguir-se-ia daí um fio que levaria a se pensar que não haveria um hiato entre a descrição do curso burguês sem as classes históricas – classe econômica e campesinato – e o significado que Caio Prado Jr. dava ao conceito de *política econômica de valorização do trabalho*, formulado a partir da sua "opção" pelo tema do consumo (Prado Jr., 1954); e entre a dissertação agrarista de grande empresa e empregados e a revolução agrária ao modo da Abolição e de lei trabalhista, em suma, não seriam incongruentes as duas faces da sua idéia de revolução como reorganização econômico-social e como refundação da vida nacional para lhe conferir mais consistência sociopolítica.

Doutra parte, no último movimento importante que representa *A Revolução Brasileira*, Caio Prado Jr. *recorre* àquele postulado do Prefácio marxiano de 1859, dando a impressão de estar expondo mais uma faceta do seu marxismo "problemático". Lê-se ali no livro de 1966: "É de Marx a observação tão justa e comprovada por todo o decorrer da História, que os problemas sociais nunca se propõem sem que, ao mesmo tempo, se proponham a solução deles que não é, nem pode ser forjada por nenhum cérebro iluminado, mas se apresenta, e aí há de ser desvendada e assinalada, no próprio contexto do problema que se oferece, e na dinâmica do processo em que essa problemática se propõe" (Prado Jr., 1966: 13-14). Observe-se que Caio Prado Jr. fazia referência a esse postulado preferido de Gramsci num comentário em que falava das possibilidades (irreais) de reformas sociais quando provenientes apenas do voluntarismo dos reformadores e numa passagem em que ele também teorizava a propósito do papel da "direção" e "análise" (que já constituem, "em si e por si, propriamente *fatos* que também hão de ser levados em conta") na condução dos acontecimentos rumo aos objetivos revolucionários.[100] Segundo o historiador, sua função tempestiva dependia de eles serem sempre definidos em estrita atenção às circunstâncias nas quais se contêm as "soluções cabíveis e exequíveis." ("É no mesmo processo histórico de que participamos na atualidade, em que se configura a problemática que enfrentamos, que se configura as respostas a essa problemática e as diretrizes que se hão de adotar e seguir"). (Idem: 14).

Como se viu no capítulo anterior, naquela passagem do livro de 1966, seguia-se aos comentários sobre a "dialética dos fatos históricos" a recusa caiopradiana aos "objetivos ocultos que não existem ou não devem existir na luta revolucionária": "O que é essencial e fundamentalmente se objetiva em cada incidente da luta revolucionária é a conquista das reivindicações propostas, das finalidades e aspirações na ordem do dia, objetivando o socialismo e a revolução que o há de instituir. A greve ou outro incidente da luta revolucionária não encobre finalidades secretas e excusas, não constitui manobra astuciosa que visaria a outros objetivos que não os expressos e que lhe servem de bandeira e programa" (idem: 18).

[100] Cite-se este trecho de uma passagem imediatamente posterior, na qual o autor caracterizava os "fatos históricos" ("que são acontecimentos políticos, econômicos e sociais"): "Os fatos históricos, humanos que são, diferem dos fatos físicos que são exteriores ao Homem. Neles, pensamento e ação (que constitui o fato) se confundem, ou antes se interligam num todo em que, separados embora, se compõem em conjunto. O Homem é nos fatos de que participa, simultanemanete autor e ator, ser agente e ser pensante; e é agente na medida em que é pensante, e pensante como agente. Não pode assim – e de fato não é assim que se passam as coisas – dirigir os acontecimentos, nem mesmo considerá-los adequadamente e os analisar, de fora deles." (Prado Jr., 1966: 14).

Embora aquelas e essas últimas advertências ao apriorismo se mesclem com a filosofia do advento histórico do socialismo, na qual se reconhecia Caio Prado Jr. (como autor que "considera a História de um ponto de vista dialético em que cada fato encerra um *porvenir* que o projeta no futuro e na fatal transformação da sociedade"), o sentido daqueles exercícios caiopradianos não passaram desapercebidos em áreas bem expressivas da mentalidade marxista brasileira.

Jacob Gorender também percebeu o sentido *sui generis* dessa ciência política, chamando a atenção para o "problema do idealismo" em Caio Prado Jr.. Para não ir tão longe na arqueologia, basta considerar uma alusão *ex post* desse autor que, pelo menos até 1964, foi um publicista de grande trânsito no interior do PCB. Em sua nota para o Colóquio da Unesp sobre Caio Prado Jr. de 1989, Jacob Gorender apontava para o que seria o segundo grande "deslize" do historiador: a sua filiação ao positivismo lógico. Gorender assim comentava aquela tematização de *A Revolução Brasileira*: "A primeira parte do livro afirma não ser necessário *classificar* a revolução que se fará no Brasil. A tarefa consistiria em fazer uma teoria para a conjuntura. Daí poderíamos avançar numa progressão, que nos levará ao socialismo" (Gorender, 1989). Muito mais do que desatenção passageira, um daqueles desvios freqüentes em trajetórias sob tensão militante, o comentário é incisivo em ver no autor a adesão a um "relacionalismo em filosofia": "Tem sua raiz no trabalho filosófico de Caio Prado Júnior, registrado em dois livros: *Dialética do Conhecimento* e *Notas Introdutórias à Lógica Dialética*. A meu ver, as idéias filosóficas contidas nas obras mencionadas procedem de um teoria de caráter subjetivista e pragmática, fortemente influenciada pelo positivismo lógico de Bertrand Russel e do Círculo de Viena, que teve em Carnap um dos expoentes" (idem).

Como que lembrando o *affaire* estruturalista (um parêntese aqui para registrar que o historiador escrevera dois ensaios sobre esse debate), Gorender faz a indicação mais interessante: "Caio extraiu do positivismo lógico a idéia de que só há processos e relações, configurando um *relacionalismo* que ele pretendeu fosse a formulação mais correta da dialética. Por conseguinte, não há objetos, não há isso que chamamos coisas. A mente humana organiza os processos e relações através de conceitos, que também devem ser tão fluídos como os próprios processos e relações. Sendo assim, não adianta fazer classificações, que pertencem ao âmbito da lógica formal. O que importa é a apreensão do acontecer, do conjuntural. Se o conseguimos, poderemos agir acertadamente em direção a uma revolução que se classificará *a posteriori*, com a certeza, porém, de que, afinal, chegaremos à meta do socialismo. Caio aplicou à teoria política os postulados do positivismo lógico assimilados em seus livros *Dialética do Conhecimento* e *Notas Introdutórias à Lógica Dialética*" (idem: 261-62).

Esse modo de colocar o "problema do idealismo" também indica caminho para uma primeira hipótese a propósito do fato de o autor não se deixar levar, à época de *A Revolução Brasileira*, pelo tipo de formulação da política centralizado no tema do "caráter" da revolução, como era comum segundo a doutrina econômica e os conceitos políticos dos clássicos marxistas, pelo menos como eram lidos em várias áreas. Ao invés disso, o historiador chegava a proposições políticas após ter exercitado, com sucesso, determinado método de interpretação na obra básica, manejando as análises de conjuntura a partir da sua interpretação de Brasil, como nos artigos da *Revista Brasiliense*, e como agora, no livro de 1966, voltava a ensaiar para entender a "conjuntura presente e o processo de que resulta".

Mesmo sem indícios para suportar melhor o ponto, poder-se-ia conjeturar – num exercício inusual – sobre a relação de Caio Prado Jr. com a Escola de Viena com o seu marxismo político, no sentido que Jacob Gorender buscava. O historiador não deixou muitos vestígios a propósito dessa associação. Quem sabe, é possível investigar mais e encontrar relações desse idealismo com o desvio circulacionista, que aparece no livro de 1942 como "critério de interpretação", mas que também se anuncia em outras ocasiões como necessidade do labor para especificar o sentido programático da revolução brasileira, ao fim e ao cabo, amadurecendo elementos de uma ciência política, "abstrata" em alguns pontos, noutros ambígua, mas seminal em muitas passagens, às quais aquele idealismo chegava para servir.

Aliás, esse problema da incapacidade de Caio Prado Jr. ascender da crítica ao PCB à formulação de uma "estratégia política", tão visível como aquela que singularizava os comunistas, notadamente no pós-64, teria outro equacionamento se o historiador de idéias procurasse ver a praticidade do marxismo político caiopradiano segundo a "solução racional" que Marx dera ao problema da tensão entre teoria e prática. Ou seja, que a melhor aferição de uma teoria não era a que se fazia apenas pelo critério da sua efetividade com respeito ao puro êxito, mas aquela que considerava o parâmetro ampliado que, na sua tese nº 8 sobre Feuerbach, Marx assim anunciava: "Toda vida social es esencialmente *práctica*. Todos los misterios que inducen a la teoria al misticismo encuentran su solución en la práctica humana y en la comprensión de esta práctica" (Marx, 1845; 1978).

Também aqui apareceria uma trilha para se explorar o sentido da crítica caiopradiana à política de frente única, tomando por sinais as referências fora da tradição, ou seja, a própria presença nos textos de Caio Prado Jr. de axiomas do pensamento social brasileiro. O emblema da sua circunstância estratégica "1945" já exibia um primeiro resultado do seu marxismo reajustado e encerrava o que viria a ser o paradoxo do quanto mais "economicista" era o seu marxismo – refeito por imposição da pesquisa sobre a "colônia de produção" – e quanto mais mobilizava a concepção materialista da história na historiografia, mais o marxista Caio Prado Jr. punha as vistas na política, que é de onde ele provinha como publicista do PCB. A rigor, ele é um membro do pensamento social brasileiro que usa a noção de luta de classe na política a partir de dois "parâmetros" básicos para sua ciência política de raiz nacional: a) o da pobreza da população (no tema do "país sem povo" em contexto de capitalismo em marcha) e b) o da falta de alicerces políticos da vida nacional (o tema do Brasil real/legal na chave da "dialética torta" entre sociedade e política), que seria o que, afinal, iria singularizar a sua moderação nas conjunturas críticas. Em suma, Caio Prado Jr. era sobremaneira um *outsider*, tanto em relação aos prussianismos, o propedêutico de Freire (mediante uma ação reitora do Exército) e o de natureza transicional de Jaguaribe (através de um *Welfare State* neobismarckianista à Partido do Congresso de Nehru) (Santos, 2000a), quanto com respeito à sociologia das contradições e ao frentismo pluriclassista nacional-popular do seu PCB, tal como o historiador os descreve em textos específicos para os V e VI Congressos de 1960 e 1967, respectivamente.

Somente em outra chave poder-se-ia considerar como riqueza o estilo caiopradiano de "mentalidade de pensamento social" que ecoava na definição de revolução brasileira *agrária* e *nacional*, mesmo que esta conceituação apareça bastante recoberta pela linguagem marxista-leninista da tradição, como era próprio naquele tempo de disputa pela identidade revolucionária e anos de descenso político. Mas, ao invés do dependentismo estruturalista, que servia àquelas discussões sobre o caráter e as vias da revolução, o historiador se voltava para os temas da mobilização agrária na *generalidade do país* e do atendimento das reivindicações populares como elementos instituintes de relações sociais que, em última instância, dariam partida a um processo de desenvolvimento realmente produtivo e auto-sustentado.

Mas ainda permanece a indagação: poder-se-ia associar de modo completo o circulacionismo com o problema do idealismo em um único movimento que estaria atravessando todas os textos e recortando silhuetas comuns à dissertação agrária e aos excursos sobre o mercantilismo da indústria e o privatismo do Estado? Estaria em algum ponto dessa imbricação uma área de intersecção na qual se divisaria a convergência das condenações à política brasileira, mesquinha e de agitação estéril, com o modo com que o autor conferia relevância ao tema da ordem democrática? De por si, desperta interesse a tematização das instituições e da pouca organicidade da população e ainda a atenção que o autor punha num ponto que lhe é bem típico: a falta de uma opinião pública a ser vivida pelos partidos como debate dos "grandes problemas brasileiros", para operar administrações governativas estimuladas pelos problemas da população, cotidianos e nacionais, principalmente.

Caio Prado Jr. é um autor com dificuldades no uso da fórmula estrutura/superestrutura em contexto de capitalismo de estruturação não-clássica, às voltas com o tema das relações irregulares e inconsistentes entre o moderno e o tradicional, no sentido da tese de Hélio Jaguaribe sobre o Estado Cartorial. Tal como este, ele conferirá importância à institucionalidade e à "política ideológica" isebiana, mas trabalhando com o emblema "1945", as conceberá como meios democráticos para afirmar as reivindicações populares, perigosamente manipuláveis quando emergem sem institucionalização simultânea. Nisso diferente de Jaguaribe, que põe a superação da debilidade do sistema partidário e das políticas públicas e o "privatismo endêmico" em mãos de um iluminismo econômico, como aquele dos anos 50, que podia ser bem-sucedido mediante certa política de *Welfare State* seletivo e o planejamento mannheimiano, reunidos no "partido desenvolvimentista" de Juscelino, ante cujo governo, no entanto, Caio Prado Jr., logo após o seu primeiro ano, manteve resoluta independência e crítica.

Com o golpe em 64, crisparam-se as denúncias caiopradianas à teoria orientalista da revolução, segundo ele, de serventia para operações políticas de risco e aventura, pela precariedade organizacional-popular e a superficialidade da vida política nacional. No início da era aberta pelo regime militar, repensado, volta o seu sindicalismo agrário, e o seu excurso sobre o industrialismo é retomado sob o viés do produtivismo, convergindo as duas dissertações numa fomulação de política revolucionária em moldes de uma ação estratégica que reuniria, num mesmo processo, formas novas de sociabilidade e de estímulo produtivo a partir de um eixo interno – a conexão final do *mundo rural* com o mercado interno –, que se desenvolveriam atenuando o divórcio entre população e economia e suas seqüelas sociopolíticas e culturais.

É o tema de 1942 das relações entre "Vida Material" e "Vida Social e Política" que vem de *Formação do Brasil Contemporâneo* e que percorre as tentativas caiopradianas de formular a política comunista; que lhe organiza as análises de conjuntura na *Revista Brasiliense* durante o decênio 1955-64 e que continuava bem presente em *A Revolução Brasileira* e seus apêndices.

Afastadas as "forças populares e progressistas" das esferas político-estatais, com o regime de 64, o autor passava a manobrar as três noções mais específicas da sua ciência política de um modo diverso ao de outras circunstâncias: a "opinião pública", os partidos políticos e a "polarização de forças". Estranha, mas faz conexão de sentido com a trajetória da obra. Antes de ser um resultado apenas da inclinação do autor para um dos lados – a produção e o consumo –, à hora do ajuste na ontologia (1942), para ver a importância do outro, o *produtivismo*, que ali nascia na consideração do consumo, reaparece na obra madura com um propósito de aludir a um tipo de capitalismo sem "sedimentações passivas", americano, com o seu lado tocquevilleano de igualitarismo, aqui bloqueado pelo atraso material e cultural da população (Lobato). Com esse modo de pensar a economia, a rigor, a *produção* e a população – viés diferente da busca de afirmar o capitalismo no país para concluir o seu colapso – tudo leva a crer que, sim, fazia muita diferença – e aqui estava a principal razão do desencontro do historiador com as esquerdas brasileiras – se se adotasse um estilo de luta orientada para a incorporação social dos seres subalternos – dentro da Constituição, como chegava a dizer Elias Chaves Neto –, ou outra, de natureza propriamente disruptiva, como, à época, queriam vários dos seus críticos, e que levasse a ações de poder, mesmo que estas fossem pensados para curso etapista, ou a processos revolucionários no sentido específico do termo.

Numa época em que a precisão com a linguagem usada nos enunciados era sinal distintivo, os pontos incompletos e as ambigüidades de Caio Prado Jr. não passariam desapercebidos aos críticos de *A Revolução Brasileira*. Dentre aqueles que faziam as novas releituras dos clássicos marxistas – alguns sob inspiração estruturalista – havia quem chegava até a conceder razão a algumas proposições caiopradianas mais desconstrutivas – a antifeudalidade (não propriamente a sua idéia de "revolução não-camponesa") e o mito da burguesia nacional (não o seu excurso sobre o capitalismo burocrático) – mas ao mesmo tempo punha em dúvida os pressupostos do autor, se comparados com os daquele marxismo de rigor metodológico, sobremaneira guardando completa distância em relação ao que seriam as conclusões "vagas" e equivocadas de Caio Prado Jr..

Quando *A Revolução Brasileira* saiu a lume, Rui Fausto viria apontar o erro teórico principal – segundo ele, subestimado pelos críticos do livro – que, em definitivo, distanciaria Caio Prado Jr. do marxismo, erro que "ia da política à lógica e da lógica à política" (Fausto, 1967). Este autor começava a argüição do texto de 1966 pelo seu capítulo um, ali onde estariam as definições com as quais o historiador teria quebrado a conexão, própria do discurso marxista, entre as metas imediatas e os objetivos de fim último. Segundo dizia esse crítico, Caio Prado Jr. não obtivera sucesso em sua tarefa desconstrutiva da "política pragmática" do PCB, não conseguindo preencher, pelas novas aporias do livro, os vazios deixados em seu propósito de revisar a teoria da revolução brasileira. Para Fausto, Caio Prado Jr. seguia o mesmo caminho do revisionismo clássico: "Ao separar radicalmente as duas ordens de objetivos, Caio não faz mais do que ressuscitar o velho adágio de Bernstein, o papa do reformismo. 'O fim último, o socialismo, não é nada; o importante é o movimento'. Bernstein, como Caio, não negava que o fim último fôsse o socialismo. Mas o que representaria hoje êsse fim remoto? 'O fim remoto? Pois continua a ser um fim remoto', respondia Bernstein. Quebrada a conexão que *hoje* se deve estabelecer entre os objetivos imediatos e mediatos, rompida a continuidade da praxis em proveito de uma sucessão de respostas que não poderão acumular experiências, resta por um lado uma política pragmática e, por outro um discurso vazio sôbre o socialismo" (idem).

Esse mesmo autor colocava de modo emblemático da mentalidade da época a questão do marxismo caiopradiano. Com a saída das figuras do camponês e da burguesia nacional do modelo pecebista, tornar-se-ia visível uma lacuna na crítica caiopradiana ao PCB, mostrando que aquilo que, alternativamente, "organiza o discurso de Caio" (sic) não se afirma com consistência interna. Em outras palavras, segundo o crítico: sem a centralidade daquelas categorias, sem aquele eixo – descentramento a que servia o desprezo caiopradiano ao fim socialista à Bernstein – e sobremaneira com a sua clara "visão economicista da política"[101] –, o equívoco de Caio Prado Jr. vai se expor à hora de equacionar o "problema político" da revolução brasileira. Na versão de Fausto, a impropriedade do seu

[101] "O nexo simplista que se estabeleceu entre o econômico e o político trai uma visão economicista da política, aliás explicável: a autonomia relativa do político se funda, entre outras razões, nas variações no grau de consciência das massas, precisamente o que se descartara como inessencial." (Fausto, 1967).

constructo remetia, desde logo, a um agrarismo que, mesmo não sendo de todo errada a sua tese sobre o assalariamento, "desqualifica(va) do ponto de vista político" a luta pela terra (idem). O historiador também omitira a mobilização estudantil daqueles anos, neste caso, uma subestimação devida ao forte economicismo do historiador à hora de definir os atores políticos e sociais da revolução (idem).

Esse problema da descontinuidade que haveria entre o econômico e o político no marxismo de Caio Prado Jr. estaria bem representado na noção de "polarização de forças", definida, em 1966, segundo o par "revolução e contra-revolução", conceituação da qual resultava, dizia Fausto, "um programa ambíguo que só pode fundamentar uma prática ineficaz. Se as massas não sabem ao certo com quem e contra quem combatem – se há de convir – o sucesso da luta se tornará problemática" (idem). Segundo o mesmo crítico, ao tirar a centralidade da figura da burguesia industrial do modelo pecebista, Caio Prado Jr. teria aberto "um claro na ordenação do livro". Aqui, o erro caiopradiano estava em não declarar a burguesia industrial (ou a burguesia em geral) "como uma classe inimiga": "Isso não acontece: ao expor o programa político, a análise econômica não se concretiza mas se esvazia; todo o esfôrço em formular uma nova teoria sôbre a burguesia nacional, ainda que teòricamente importante, parece inútil, porque não se extraem as suas conseqüências políticas. (Dir-se-á talvez que conforme a nossa argumentação anterior há sempre uma descontinuidade entre o econômico e o político. Sem dúvida. Mas a observação implicava precisamente na exigência de que se efetuasse a passagem de um nível ao outro, o que aqui se recusa. Essa recusa é também uma forma de economismo). E se há razões econômicas que impedem à burguesia assumir uma posição revolucionária, a elas *se acrescentam* motivos especificamente políticos: nas condições atuais de crise do sistema capitalista e particularmente nas condições revolucionárias da A. Latina, as burguesias nacionais sabem muito bem qual o limite razoável das fricções, e evitam os combates que põem em perigo o sistema. Não seria essa uma das lições do golpe de 64?" (idem).

Para o referido autor, Caio Prado Jr. e o PCB ainda estavam muito ligados, o primeiro indo para uma concepção *economicista* da política e o último, caminhando para uma recusa do economicismo "mas a serviço da política de alianças" (ortodoxia). Em uma ponta bem distante da tradição pecebista, Fausto sustentava que, numa ou noutra versão, esse marxismo pecebista se esvaía, no caso do PCB propriamente dito, "em algum ponto da trajetória que conduz do pensamento à ação"; no caso do marxismo do historiador, tal esvaziamento - dizia o crítico chegando a ponto preciso – "ameaça romper" uma das idéias centrais de Caio Prado Jr.: a originalidade do Brasil em relação ao caminho clássico de outras formações nacionais e à estruturação do capitalismo bem-sucedido. Melhor citar diretamente o autor: "De fato, se êle (Caio Prado Jr.) se mantém sempre fiel a essa tese, para o passado, o seu programa político parece torná-la inaplicável, em relação ao futuro: do programa político da "A Revolução Brasileira" – e o próprio autor parece às vêzes encarar expressamente essa 'eventualidade' (Fausto aludia às "referências vagas" ao Brasil como "grande nação moderna" e reclamava da linguagem isebiana) – só pode resultar como perspectiva estratégica a utopia de um Brasil país capitalista avançado, como etapa prévia em direção ao socialismo" (idem).

***

Incluído Caio Prado Jr. no pecebismo contemporâneo – a partir de um exercício que o ponha numa ponta e os últimos intelectuais "eurocomunistas" na outra –, talvez se possa dizer que a bibliografia agiu de modo apressado ao desqualificar o "primeiro marxismo brasileiro" que se associa ao PCB sem considerar toda a trajetória desse partido, Caio Prado Jr. e seus últimos intelectuais. Aqui não existe só o marxismo nascido na academia, na USP, na passagem da década de 50 para os anos 60, fora da política, quando então se teria amadurecido na universidade aquilo que seria o terceiro elemento de um marxismo propriamente dito – ponto que seria precário no marxismo de versão política –, para o qual Bernardo Ricupero chama a atenção: uma "linguagem específica" (Ricupero, 2000). Esse autor observa que os marxistas uspianos obtiveram sucesso ao criarem um novo clima intelectual a partir da ponte que os seus maiores quadros teórico-metodológicos estenderam até um público que se ampliava na sociedade civil, difundindo um diagnóstico da "síndrome brasileira" de inserção oblíqua e subordinada do país ao sistema mundial do capitalismo contemporâneo (idem: 105). Além desse marxismo, há outros, em particular aquele que continua no próprio PCB e aparece na ensaística dos seus intelectuais por todo o longo pós-64, principalmente a partir da segunda metade dos anos 70.

São muitos poucos os autores que valorizam Caio Prado Jr. como parte integrante do *primeiro marxismo* brasileiro. Diferente dos marxistas da USP – sobre alguns dos quais o historiador tivera ascendência intelectual (Prado, 1999) – e que se reproduzem e se perenizam na academia, com presença até na grande política, o historiador não teria formado uma tradição, havendo quem diga que não se poderia considerar como tal o agrupamento em torno da *Revista Brasiliense*. No campo intelectual do seu partido, Caio Prado Jr. ainda não foi interpelado como uma vertente do pecebismo contemporâneo. À parte os reconhecimentos historiográficos, a bibliografia pecebista é mais de reparo do que de recuperação do autor para o PCB. No resto da esquerda, ele permanece em seu lugar, na galeria de historiadores comunistas ou na bibliografia voltada para o agrário do pré-64.

É possível que o movimento de interpelação do pensamento social brasileiro dos últimos tempos, ora em pleno curso, traga, entre suas surpresas, Caio Prado Jr. como um autor igualmente portador de aberturas analíticas, como vem ocorrendo em relação a Gilberto Freire em algumas dimensões interdisciplinares, e ainda nos casos de Furtado, Bonfim, Ignácio Rangel e outros. Só muito recentemente chegam as primeiras manifestações sobre a atualidade de Caio Prado Jr., a começar pelo tema posto na ordem do dia pelas questões novamente trazidas pelo drama do mundo rural. Essa revalorização do seu agrarismo vem vindo pela bibliografia que trabalha o tema da nova ruralidade desde a fronteira do movimento social brasileiro, que inclusive vem estimulando indagações a partir do conceito gilbertiano, bem antigo, de rurbanização. Tudo isso sinaliza que as portas também estão abertas para uma releitura do publicista do PCB para além das áreas historiográficas, quem sabe, inclusive ainda nelas. Seria hora de se dizer o que parece um lugar comum: a obra de Caio Prado Jr. faz parte da cultura pecebista e, por conseqüência – aí a afirmação já não seria tão trivial –, de toda a esquerda, inclusive da esquerda atual, se esta considera importante construir sua identidade interpelando a cultura política nacional.

Mas é preciso esperar. Isso lembra um comentário de Norberto Bobbio sobre o marxismo de Gramsci, comparando-o aos vários marxismos que apareceram no segundo pós-guerra da Itália. "Houve muito fervor, mas escassa originalidade", dizia ele, repassando os diferentes influxos (existencialismo e marxismo, neopositivismo e pragmatismo, tomismo e estalinismo, idealismo e materialismo dialético, etc.) que, após os anos do fascismo, de desenraizamento da cultura nacional e de perda da matriz histórica, chegavam e morriam naqueles novos tempos e "anos do provisório, do instável, do efêmero". Bobbio lembrava que ali também nascera um marxismo de professores, "um marxismo todo de cabeça, todo teoria e nada de práxis, um marxismo do qual era difícil perceber que êxito prático poderia ter, que conclusões ou diretivas poderiam ser dele extraídas para propor uma estratégia política em vez de outra"

(Bobbio, 1975; 1999:110). Diferente, a vitalidade de Gramsci provinha do fato de ele ser um autor de marxismo político, um teórico que fizera o seu marxismo em função da política, no caso indo buscar os emblemas para as suas categorias-chave na história italiana. O próprio Bobbio dava os exemplos: do *Renascimento* (ele extraíra o tema dos intelectuais); refletindo sobre o *Risorgimento*, refundara conceitos antigos, como os de "bloco histórico" e de "hegemonia"; da história do movimento operário italiano, produzira as distinções "momento econômico-corporativo" e "momento ético-político"; e da reflexão sobre o fascismo, fizera a diferenciação conceitual entre "guerra de movimento" e "guerra de posições", que ficaria famosa na sua teoria política socialista (idem).

Evidentemente que pensar nessa alusão – pela enorme diferença que separa os dois autores –, desde logo, exige não esquecer que o que credencia Gramsci como um autor *também* de marxismo teórico são suas operações sofisticadas, dentre as quais é importante – não resulta apenas da contingência e para eludir a censura carcerária – a das relações entre conteúdo e forma. É constitutivo do seu marxismo novo a definição que se dá Gramsci de marxismo como historicismo absoluto (idem: 116). É um autor que se propõe responder a seu tempo de radicalismo marxista, naquela época de crise da concepção de história movida por uma mão invisível que dura até o colapso de 1929, trabalhando contracorrente, recusando-se a acompanhar o extremismo do estilo de cálculo político com base em considerações sobre os tremores catastróficos da economia.

Bem mais discreto e envolto por um arcabouço ideológico e doutrinal do qual não se desentende por ser o seu "pequeno mundo comunista" (Sartre), o também militante Caio Prado Jr. apresenta um exercício do método de interpretação "circulacionista" na historiografia, um ponto de partida que, se nasce para lhe equacionar o tema da gênese e da natureza da colônia de produção, termina dando andamento novo à problematização clássica da questão do povo-nação, de um modo *sui generis* para os padrões da sua cultura política radicada nas virtudes de uma classe universal de definição produtiva e na filosofia da história da tradição comunista. Algo parecido também se poderia dizer a propósito do "idealismo" filosófico que subjaz à metodologia que o historiador usa ao formular a teoria da "revolução brasileira". Este último viés abriria passagem para um tipo de colocação do problema de relações entre sociedade e política que, se muito longe de conformar teorização propriamente, é o que o leva – de modo solitário em seu campo – a não minimizar a importância dos traços da "política brasileira". Por um ou por outro deslize, fica sugerido que o marxismo caiopradiano, por mais problemático que seja, tem pelo menos uma virtude que o singulariza em relação a muitos outros: uma raiz funda na história nacional, e aí procede falar de uma "mentalidade de pensamento social da esquerda brasileira" (Antonio Candido), pela qual tanto se teria batido Caio Prado Jr., ao querer que o marxismo brasileiro fosse menos cosmopolita e organizasse práxis efetivas. Aqui, no pensamento social, certamente não se tem um Gramsci nacional, mas uma obra, sim, sobre a qual se poderia dizer aquilo que o próprio Bobbio lembrava do marxismo gramsciano, citando uma frase de Croce: "O importante em um livro está 'em ter sabido envelhecer, isto é, em ter promovido novos pensamentos'" (idem: 127).

BIBLIOGRAFIA CITADA

Amazonas, João. "Uma Linha Política Confusa e de Direita", in: *Novos Rumos*, Rio de Janeiro, 10 a 16/5/1960.

Barata, Agildo. "A Luta pela Renovação do Partido", in: *Voz Operária*, 02/02/57.

Bastos, Abguar. "Apresentação" da *Revista Brasiliense* n. 1, set./out. de 1955.

Batista Cavalcante. Manuscritos, Campina Grande..., 1983/89.

Bobbio, Norberto, "Velho e Novo em Gramsci" (1975). In: N. Bobbio, Ensaios sobre Gramsci e o Conceito de Sociedade Civil. Rio de Janeiro: Paz e Terra, 1999.

Borges, Fragmon C.. "O Movimento Camponês no Nordeste", in: *Revista Estudos Sociais* n. 15, dezembro de 1962.

Bresser Pereira, Luiz Carlos. "De Volta ao Capital Mercantil: Caio Prado Jr. e a Crise da Nova República", in: *Revista Brasileira de Ciência Política* n. 1, Brasília, UNB, março, 1989 (também em: M. A. D'Incao (org.). História e Ideal. Ensaios sobre Caio Prado Junior, São Paulo, Brasiliense/Unesp, 1989).

Buzzi, A. R. La Teoría Política de Antonio Gramsci. Barcelona: Fontanella, 1969.

Candido, Antonio. "O Significado de Raízes do Brasil" (1967), prefácio a Raízes do Brasil. Rio de Janeiro: José Olympio Editor, 11ª ed., 1977.

Cardoso, Fernando H. e Falletto, Enzo. Dependência e Desenvolvimento na América Latina (1967). Rio de Janeiro: Paz e Terra, 1969.

____________. "As Novas Teses Equivocadas" (1973). In: Autoritarismo e Democratização. Rio de Janeiro: Paz e Terra, 1974.

Carneiro Leão, Igor. A Matriz Teórica de Caio Prado Júnior: a Nação Inconclusa, Unicamp, tese, 1994.

Carvalho Costa, Luiz Flávio de. O Congresso Nacional Camponês. Trabalhador Rural no Processo Político Brasileiro. Seropédica: Editora da Universidade Rural (Edur)/Sociedade do Livro, 1994.

Chaves Neto, Elias. "Política de União Nacional", in: *Revista Brasiliense* n. 1, set./out. 1955.

______________. "Emancipação Nacional e Defesa da Constituição", in: *Revista Brasiliense* n. 5, mai./jun. 1956a.

______________. "Sentido Dinâmico de Democracia", in: *Revista Brasiliense* n. 7, set./out. 1956b.

______________. "Legalidade Socialista", in: *Revista Brasiliense* n. 8, nov./dez. 1956c.

______________. "Planificação de Nossa Economia – Solução Nacionalista", in: *Novos Rumos*, 3 a 9/06/1960a.

______________. "A Contradição Principal – Base de uma Solução Marxista", in: *Novos Rumos*, 24 a 30/60b.

______________. Minha Vida e as Lutas de Meu Tempo. São Paulo: Alfa-Ômega, 1977.

______________. "Revolução Democrática", in: *Revista Brasiliense* n. 48, jul./ago., 1963a.

______________. "Medidas Concretas", in: *Revista Brasiliense* n. 50, nov./dez. 1963b.

______________. "A Grande Revolução" (1978?), in: Elias Chaves Neto, *Sentido Dinâmico de Democracia*, São Paulo, Brasiliense, 1982.

COELHO, Marco Tavares Antonio. "A Tática das Soluções Positivas", in: *Novos Rumos*, 29 de julho a 4 de agosto de 1960.

______________. Herança de um Sonho. As Memórias de um Comunista. Rio de Janeiro/São Paulo: Record, 2000.

COUTINHO, Carlos Nelson. "Prefácio" a O Estruturalismo e a Miséria da Razão (1971). Rio de Janeiro: Paz e Terra, 1972.

______________. (org.). Realismo & Anti-realismo na Literatura Brasileira. Rio de Janeiro: Paz e Terra, 1974.

______________. "Exposição de Carlos Nelson Coutinho", in: As Esquerdas e a Democracia. Rio de Janeiro: Paz e Terra, 1986.

______________. "A Imagem de Brasil de Caio Prado Jr." In: M. A. D'INCAO (org.). História e Ideal. Ensaios sobre Caio Prado Junior, São Paulo, Brasiliense/Unesp, 1989a.

______________. "As Categorias de Gramsci e a Realidade Brasileira". In: Gramsci – um Estudo sobre seu Pensamento Político. Rio de Janeiro: Campus, 1989b (originariamente em: *Presença*, n. 8, Rio de Janeiro, agosto 1986).

________. "Intelectuais em Extinção", entrevista a Denis de Moraes, Suplemento Fim de Semana de *Valor*, 24 a 26/11/2000.

Debray, Regis. Revolução na Revolução, edição em português, 1967.

De Giovanni, Biaggio. La Teoria Política de las Clases en "El Capital" (1976). México: Siglo XXI, 1984.

Del Roio, Marcos. "Ideologias da Revolução Burguesa no Brasil", in: *Presença* n. 12, Rio de Janeiro, abril de 1991.

Dias, Giocondo. "Francisco Julião, os Comunistas e a Revolução Brasileira", in: *Novos Rumos,* agosto de 1962.

Dines, Alberto. "Bobbio, Pactos e Bom Governo", in: *Jornal do Brasil*, 04/11/2000.

Engels, Frederico. "Carta a J. Block", Londres 21-22, setembro de 1890, C. Marx e F. Engels, Obras Escogidas, Moscou, 1955.

_____________. Crítica del Programa de Erfurt (1891). Madri: Editora Ayuso, 1975.

Faria, Sylvia Gomes. Contribuições à Análise da Luta pela Terra no Brasil: as Interpretações de Caio Prado Jr. e de José de Sousa Martins, dissertação, CPDA, Rio de Janeiro, 1990.

Fausto, Rui. "'A Revolução Brasileira' de Caio Prado", in: *Teoria e Prática* n. 2, São Paulo, 1967.

Fernandes, Florestan. "Caio Prado Não Disse Tudo", in: *Jornal da Senzala* n. 1, jan./fev. 1968 (republicado sob o título "Sobre a "Revolução Brasileira'", in: Florestan Fernandes, *Brasil: em Compasso de Espera,* São Paulo, Hucitec, 1980.

_______________"Os Enigmas do Círculo Vicioso" (1988), prefácio a 7ª edição de Caio Prado Jr., História e Desenvolvimento, Brasiliense, São Paulo, 1989.

Filho, Calvino. "O Revisionismo Econômico que Revive...", in: *Novos Tempos* n. 1, Rio de Janeiro, setembro de 1957a.

___________. "O Sr. Caio Prado Júnior e a Falsa Tese dos 'Capitalistas Sóbrios'", in: *Novos Tempos* n. 2, Rio de Janeiro, out./nov. de 1957b.

Freire, Roberto. "Crise e Alternativa Democrática", entrevista à revista *Século XXI* n. 2, Brasília, maio de 1999.

Furtado, Celso. Formação Econômica do Brasil. Rio de Janeiro: 1959; 6ª. ed., 1964.

Garcia, Marco Aurélio. "1968 — Metamorfose na Esquerda Brasileira", anpocs, Águas de São Pedro, 1988.

Gorender, Jacob. "A Oposição Esquerdista e a Contradição Principal", in: *Novos Rumos*, Rio de Janeiro, 25/5 a 2/6/60a.

______________. "Algumas Lições da Vida", in: *Novos Rumos*, Rio de Janeiro, 1° a 7/7/60b.

______________. "Uma Teoria Direitista das Etapas", in: *Novos Rumos*, Rio de Janeiro, 22 a 28/7/60c.

______________. "Do Pecado Original ao Desastre de 1964", M. A. D'Incao (org.). História e Ideal – Ensaios sobre Caio Prado Jr.. São Paulo: Brasiliense/Unesp, 1989.

Gramsci, Antonio. El Risorgimento (1949). Bueno Aires: Granica, 1974.

______________. Cadernos do Cárcere, vol. 1: Introdução ao Estudo da Filosofia. A Filosofia de Benedetto Croce, ed. C. N. Coutinho, Marco A. Nogueira e Luiz S. Henriques. Rio de Janeiro: Civilização Brasileira, 2000.

Graziano da Silva, José. "Por uma Reforma Agrária Não Essencialmente Agrícola" (1996), in: R. Santos e Luiz F. Carvalho Costa (orgs.). Política e Reforma Agrária, Rio de Janeiro, Mauad, 1998 (versão resumida em *Revista Agroanalysis*, n. 16, Rio de Janeiro, março 1996).

Guedes, Armênio. "Resolução Política da Comissão Executiva do CE do PCB da Guanabara" (março de 1970), in: *Temas de Ciências Humanas* n. 10, São Paulo, 1981.

Gunder Frank, André. "Desenvolvimento e Subdesenvolvimento Latinoamericano". In: Luiz Pereira (org.). Urbanização e Subdesenvolvimento. Rio de Janeiro: Zahar, 6ª. ed., 1979.

Habermas, Jürgen. "Ciência e Técnica enquanto Ideologia" (1968). In: *Adorno, Hockheim e Habermas*, São Paulo, Abril, 1980.

______________. "A Revolução e a Necessidade de Revisão na Esquerda – o que Significa Socialismo Hoje?, in: *Novos Estudos do Cebrap*, São Paulo, junho de 1991.

Hobsbawn, Eric. A Era dos Extremos. São Paulo: Companhia de Letras, 1995.

Iumatti, Paulo. Diários Políticos de Caio Prado Jr.: 1945. São Paulo: Brasiliense, 1998.

Jaguaribe, Hélio. A Filosofia no Brasil. Rio de Janeiro: Iseb, 1952; 1957.

______________. "Etapas do Comunismo Brasileiro" (originariamente publicado nos *Cadernos de Nosso Tempo* n. 2, Rio de Janeiro, jan./jun. 1954) (Também em: Simon Schwartzman. *O Pensamento Nacionalista e os Cadernos de Nosso Tempo*. Brasília: Câmara dos Deputados/UNB, 1989).

___________. Condições Institucionais do Desenvolvimento. Rio de Janeiro: Iseb, 1958.

Kageyama, Angela. "A Questão Agrária Brasileira: Interpretações Clássicas", in: *Reforma Agrária* vol. 23, n. 3, São Paulo, 1993.

Konder, Leandro. "Sartre, suas Contradições Formais e Seus Méritos" in: *Estudos Sociais* n. 9, outubro de 1960.

____________. "Marxismo e Alienação", in: *Revista Civilização Brasileira* n. 2, maio de 1965.

____________. "Dialettica del Concreto", in: *Revista Civilização Brasileira* n. 7, Rio, maio 1966a.

____________. "Introdução à Metafísica", in *Revista Civilização Brasileira* n. 8, Rio, julho 1966b.

____________. "A Concepção Marxista da História", in *Paz e Terra* n° 2, Rio, setembro de 1966c.

____________. "As Origens da Dialética do Trabalho", in: *Revista Civilização Brasileira* n. 13, Rio, maio 1967.

____________. "Análise Crítica da Teoría Marxista – Louis Althusser", in: *Revista Civilização Brasileira* n. 17, Rio, jan./fevereiro 1968.

____________. A Democracia e os Comunistas no Brasil. São Paulo: Graal, 1980a.

____________. Lukács. Porto Alegre: LP & M, 1980b.

____________. "Força e Fraqueza das 'Teses'/A Lição do 'caso Prestes'/ O Atraso e o 'Esquerdismo'/Opção Democrática Radical", in: *Voz da Unidade*, 10/07 a 17/07/1981.

____________"O Atraso é Tanto que o Governo Tancredo Terá Efeito Revolucionário", entrevista a *Tribuna da Imprensa*, Rio de Janeiro, 24/9/84.

Laclau, Ernesto e Moufle, Chantal. Hegemony and Socialist Estrategy: Toward a Radical Democratic Politics. Londres: Verso, 1985 (trad. espanhol: *Hegemonía y Estratégia Socialista*, México, Siglo XXI, 1987).

Leão Rêgo, Rubem Murilo. "Caio Prado Júnior: Sentimento do Brasil", in: *Revista da USP* n. 38, São Paulo, jul./out. de 1998.

Lênin, W. I. El Programa Agrário de la Socialdemocracia Rusa. Moscou: Ed. Lenguas Extranjeras, 1949.

Leonídio, Adalmir. "Em Torno das Origens: Leyroy-Beaulieu e o Pensamento Social Brasileiro", in: *Estudos Sociedade e Agricultura* n. 13, Rio de Janeiro, outubro de 1999.

Linhares, Maria Yedda e Teixeira da Silva, Francisco Carlos. *Terra Prometida*. Rio de Janeiro: Campus, 1998.

Malta, César. "A 'Revolução Brasileira' de Caio Prado Jr.", in: *Revista Civilização Brasileira* n. 9/10, set./nov. 1966.

Marx, Carlos. "Prefácio" a *Contribuición a la Crítica de la Economia Política* (1859), in: *Obras Escogidas*, vol. 1, Moscou, 1977.

__________. "Tesis sobre Feuerbach" (1845), in: C. Marx e F. Engels, La Ideologia Alemana, Ediciones Cultura Popular, México, 3ª. reimpressão, 1978.

Martínez, Paulo Henrique. A Dinâmica de um Pensamento Crítico: Caio Prado Jr. *(1928/35)*. Tese: FLCH(USP), 1998.

Martins, José de Sousa. Os Camponeses e a Política no Brasil. Petrópolis: Vozes, 1981.

Matos, Almir. "Aparências e Realidades do Panorama Político", in: *Estudos Sociais* n. 12, abril 1962.

Matthias, Eric. "Kautsky e o Kautskismo" (1957). In: C. Kausty: *La Revolución Social/El Caminho del Poder*. México: Cuadernos Pasado y Presente, 1978.

Mola, "As Teses e a Questão Agrária", in: *Novos Rumos*, Rio de Janeiro, 5 a 11/8/1960.

Moore Jr., Barrington. As Origens Sociais da Ditadura e da Democracia. Senhores e Camponeses na Construção do Mundo Moderno. Lisboa: Martins Fontes, 1983.

Nogueira, Marco Aurélio (org.). PCB: Vinte Anos de Política. Documentos (1958/78). São Paulo: Lech, 1980.

____________________. "Gramsci, a Questão Democrática e a Esquerda no Brasil", in: VVAA. *Gramsci e a América Latina*, Rio de Janeiro: Paz e Terra, 1988.

Novaes, Fernando. "Introdução" a Caio Prado Jr., Formação do Brasil Contemporâneo, in: *Intérpretes do Brasil*, coord. Silviano Santiago, vol. 3, Rio de Janeiro, Nova Aguilar, 2000.

Oliveira Filho, Virgílio Roma. "Algumas Comparações entre Hélio Jaguaribe e Nelson Werneck Sodré", CPDA, manuscrito, Rio de Janeiro, 1999.

Passos Guimarães, Alberto. "A Questão das Etapas da Revolução Brasileira", in: *Novos Rumos*, Rio de Janeiro, 8 a 14 de julho de 1960a.

____________________. "As Três Frentes da Luta de Classes no Campo", in: *Novos Rumos*, Rio de Janeiro, 22 a 28 de julho de 1960 e 28 de julho a 4 de agosto de 1960b.

____________________. "Uma Falsificação e Erros Crassos na Questão das Etapas", in: *Novos Rumos*, Rio de Janeiro, 5 a 11 de agosto de 1960c.

______________. Quatro Séculos de Latifúndio. Rio de Janeiro: Paz e Terra, 1964.

PCB. "Resolução Sindical Aprovada pelo Comitê Nacional do PCB em julho de 1952", in: revista *Problemas*, Rio de Janeiro, agosto de 1952.

______________. *Problemas* n. 64, Rio de Janeiro, dez. 1954/jan. 1955.

______________. "Declaração sobre a Política do PCB" (março de 1958). In: E. Carone: *O PCB*, vol. II, São Paulo, Difel, 1982.

______________. *Teses para o V Congresso do PCB*, folheto, Rio de Janeiro,1960.

______________. Resolução Política de Dezembro de 1962, folheto, Rio de Janeiro, 1962.

______________. O Povo Exige Reformas de Base. Rio de Janeiro: Bandeiras (*Cadernos Hoje*), 1963.

______________. "Resolução Política do Comitê Central do PCB" (1965). In: E. Carone. *O PCB*, vol. 2, São Paulo: Difel, 1982.

______________. "Resolução Política do Comitê Central do PCB", Suplemento Especial da *Voz Operária*, maio de 1965.

______________. "Informe de Balanço do Comitê Central ao VI Congresso do PCB" (1967). In: Vinte Anos de Política. Documentos. São Paulo: Lech, 1980.

______________. "Por uma Frente Patriótica contra o Fascismo" (1973). In: *Documentos do PCB*. Lisboa: Edições Avante!, 1976.

______________. *Voz Operária*, dezembro de 1978.

______________. O PCB no Quadro Atual da Política Brasileira – Entrevistas Concedidas a Pedro Del Picchia. Rio de Janeiro: Civilização Brasileira, outubro 1979.

______________. Para Renovar a Política dos Comunistas, folheto, Rio de Janeiro, 1983.

______________. "Um Debate Efetivamente Democrático (Informe de Balanço do CC ao VII Congresso do PCB)", in: *Problemas* n. 10, São Paulo, 1984.

______________. "Resolução do IX Congresso/Nova Política/Novo Partido", in: *Voz da Unidade* n. 515, São Paulo, junho de 1991.

Pereira Reis, Elisa. "Elites Agrárias, *State-Building* e Autoritarismo", in: *Dados*, vol. 25, n. 3, Rio de Janeiro, 1982.

Pécaut, Daniel. Os Intelectuais e a Política no Brasil. Entre o Povo e a Nação. São Paulo: Ática, 1990.

Peralva, Osvaldo. O Retrato. Belo Horizonte: Itatiaia, 1960.

Pinheiro, Paulo Sérgio. "Apresentação" a Elias Chaves Neto, *Sentido Dinâmico de Democracia*, São Paulo, Brasiliense, 1982.

Pinto, Álvaro Vieira. Ideologia e Desenvolvimento Nacional. Rio de Janeiro: Iseb, 1956; 2ª. ed., 1959.

Pinto de Goes, Maria da Conceição. A Aposta de Luiz Maranhão Filho. Católicos e Comunistas na Construção da Utopia. Rio de Janeiro: Revan, 2000.

Pishel, Erica Collotti. "Maoísmo". In: Bobbio et alli. *Dicionário de Política*. Edunb: Brasília, 1986.

Prado, Danda. Entrevista ao Autor, outubro de 1999.

Prado Jr. Caio. Evolução Política do Brasil. São Paulo: Empresa Gráfica "Revista dos Tribunais", 1933.

____________. URSS, Um Novo Mundo. São Paulo: Martins Fontes, 1934.

____________. Formação do Brasil Contemporâneo. São Paulo: Livraria Martins Editora, 1942.

____________. Prefácio a Política Alimentar, de F. Pompêo do Amaral, 1945a.

____________. História Econômica do Brasil. São Paulo: Brasiliense, 1ª. ed., 1945b.

____________ História Econômica do Brasil. São Paulo, Brasiliense, 1945c, 36ª ed., 1988.

____________. História Económica del Brasil, 1945d (citado de "La Crisis en Marcha", 1956, da ed. argentina). Buenos Aires: ed. Futuro, 1960.

____________. "Problemas de Povoamento e a Divisão da Propriedade Rural" (1946), in: *Evolução Política do Brasil & Outros Estudos*, 10ª ed., Brasiliense, São Paulo, 1977.

____________. "Os Fundamentos Econômicos da Revolução Brasileira", in: *A Classe Operária*, de 19/02/47.

____________. *Diretrizes para uma Política Econômica Brasileira*. São Paulo: Urupês, 1954.

____________. "O Sentido da Anistia Ampla", in: *Revista Brasiliense* n. 4, São Paulo, mar./abril 1956a.

____________. "A Política Brasileira", in: *Revista Brasiliense* n. 8, São Paulo, nov./dez. 1956b.

____________. "Livre Iniciativa Econômica e Iniciativa Privada, in: *Revista Brasiliense* n. 9, São Paulo, jan./fev. 1957a.

____________. Esboço dos Fundamentos da Teoria Econômica. São Paulo: Brasiliense, 1957b.

____________. "Contribuição para a Análise da Questão Agrária no Brasil", in *Revista Brasiliense* n. 28, São Paulo, março/abril de 1960a.

____________. "As Teses e a Revolução Brasileira", in: *Novos Rumos*, 17 a 23/06/60b.

____________ "Panorama da Política Brasileira", in: *Revista Brasiliense* n. 38, São Paulo, nov./dez. 1961.

____________. "Nova Contribuição para a Análise da Questão Agrária no Brasil", in: *Revista Brasiliense* n. 43, São Paulo, set./outubro de 1962a.

____________ "Perspectivas da Política Progressista e Popular", in: *Revista Brasiliense* n. 44, São Paulo, nov./dez. 1962b.

____________. "O Estatuto do Trabalhador Rural", in: *Revista Brasiliense* n. 47, São Paulo, mai./jun. 1963.

____________. "Marcha da Questão Agrária no Brasil", in: *Revista Brasiliense* n. 51, jan./fev. 1964.

____________. A Revolução Brasileira. São Paulo: Brasiliense: 1966 (as citações são da 6a. edição, 1978).

____________. "Adendo a *A Revolução Brasileira*, in: *Revista Civilização Brasileira* n. 14, Rio de Janeiro, setembro de 1967(as citações são da 6a. edição, 1978).

____________. "Post Scriptum" (1976) a História Econômica do Brasil, 36a. ed., São Paulo, Brasiliense, 1988.

____________. "Perspectivas de 1977", anexo *A Revolução Brasileira*, à 6a. edição, 1978.

Prestes, Luiz Carlos. "É Necessário Combater e Desmascarar os Defensores e Porta-vozes do Nacional-reformismo", in: *Voz Operária*, 28/04/56.

Rangel, Ignácio. A Questão Agrária Brasileira. Recife: Codepe, 1962 (também: I. Rangel, *Questão Agrária, Industrialização e Crise Urbana no Brasil*, org. de José Graziano da Silva, ed. UFRGS, 2000).

Ribeiro, Ivan. "Agricultura e Capitalismo no Brasil" (1975) (originariamente *em Études Brasiliennes*), in: *Presença*, n. 11, Rio de Janeiro, 1988.

____________. "A Questão Agrária e a Democracia", in: *Presença* n. 1, São Paulo, 1983.

Ricupero, Bernardo. "Caio Prado Júnior: o Primeiro Marxista Brasileiro", in: *Revista da USP* n. 38, São Paulo, jul./out. de 1998.

______________. Caio Prado Jr. e a Nacionalização do Marxismo Brasileiro. São Paulo: USP/Ed. 34/Fapesp, 2000.

Sanches, Luiz Elias. Lyndolpho Silva, Trajetória de um Militante, dissertação, CPDA, 2000.

Santos, Raimundo. A Segunda Renovação Pecebista. Reflexos do XX Congresso do PCUS no PCB *(1956-57)*. Belo Horizonte: Oficina de Livros, 1988.

______________. Modernização e Política. Rio de Janeiro: Forense, 1996a.

______________. (org.). *Questão Agrária e Política: Autores Pecebistas*. Seropédica: Edur, 1996b.

______________. "Política e Cultura Política: um Estudo sobre o MDB", in: *Estudos Sociedade e Agricultura* n. 7, Rio de Janeiro, dezembro 1997.

______________. "Camponeses e Democratização no Segundo Debate Agrarista, in: F. Carlos T. da Silva, R. Santos e Luiz F. Carvalho Costa, *Mundo Rural e Política*, Campus, Rio de Janeiro, 1998.

______________. "Coletânea Mundo Rural e Política", seção de Resenhas, in: revista *Século XXI* n. 2, Brasília, maio de 1999a.

______________. "Leandro Konder: Um Anunciador da 'Questão Comunista' no Brasil", Rio de Janeiro: CPDA, folheto, dezembro de 1999b.

______________. "A Noção de Interior em Caio Prado Jr.", texto apresentado no simpósio "Espaços 'Incivilizados' e Nação em Representações Literárias", CPDA, Rio de Janeiro, 1999c.

______________. "Uma Ciência Política em Caio Prado Jr.?", in: *Estudos Sociedade e Agricultura* n. 14, Rio de Janeiro, abril de 2000a.

______________. "Prussianismos Brasileiros", in: *Dicionário Crítico do Pensamento da Direita*. Rio de Janeiro: Tempo Presente/Mauad/Faperj, 2000b.

Segatto, José Antonio. Reforma ou Revolução. As Vicissitudes Políticas do PCB (1954-64). Rio de Janeiro: Civilização Brasileira, 1995.

______________. Entrevista ao Autor, Rio de Janeiro, 1999.

Simonsen, Roberto C.. História Econômica do Brasil – 1500-1820, tomo I. São Paulo: Cia. Editora Nacional, 1937.

Sirinelli, Jean-François. "Os Intelectuais" (1988). In: R. Rémond (org.). *Por uma Nova História Política*. Rio de Janeiro: UFRJ/FGV, 1996.

Skinner. Quentin. As Fundações do Pensamento Político Moderno. São Paulo: Companhia de Letras, 1995.

Sodré, Nelson Werneck. Formação Histórica do Brasil. São Paulo: Brasiliense, 1962 (esp. "O Fenômeno da Regressão Feudal", in: Santos, Raimundo (org.). *Questão agrária e Política – Autores Pecebistas*. Seropédica: Edur, 1996).

_________________. "A Formação do Capitalismo no Brasil". In: *Capitalismo e Revolução Burguesa no Brasil*. Belo Horizonte: Oficina de Livros, 1990.

Sousa Freitas, Cláudio de. *"Realidade Brasileira" e Militância: o Diálogo de Caio Prado Jr. com o PCB*. Dissertação de mestrado, UFRRJ/CPDA, 1993.

Stalin, José. Cuestiones del Leninismo. Moscou: Lenguas Extranjeras, 1941.

Tavares, Assis. "Caio Prado e a Teoria da Revolução Brasileira", in: *Revista Civilização Brasileira* n. 11-12, Rio de Janeiro, setembro de 1967.

Vacca, Giuseppe. "Comunismo, Socialismo, Democracia". In: VV. *A Democracia como Proposta*. Rio de Janeiro: Ibase, 1992.

Vásquez, Adolfo Sanchez. Ciência y Revolución (El Marxismo de Althusser). Madri: Alianza Editorial, 1978.

Vianna. Luiz Werneck. Liberalismo e Sindicato no Brasil. Rio de Janeiro: Paz e Terra, 1976.

_________________. "Sobre a Tática e a Estratégia das Teses", in: *Voz da Unidade*, Debate n. 89, São Paulo, 1981.

_________________. O Papel da Cidadania na Hora da Transição Democrática. Rio de Janeiro: série IUPERJ, 1983.

_________________. Questão Nacional e Democracia: o Ocidente Incompleto do PCB, Rio de Janeiro, IUPERJ, 1988.

_________________. "Nova Esquerda e Cultura Política", in: *Presença* n. 17, nov. 91/mar. 1992.

Vinhas, Moisés. O Partidão. A Luta por um Partido de Massas: 1922-74. São Paulo: Hucitec, 1982.

Zaidán, M. e Santos, R. "As Idéias da Renovação Pecebista", in: *Diário da Borborema*, Campina Grande, 07/04/1985; também em *O Pecebismo Inconcluso*, Seropédica, Edur/Sociedade do Livro, 1992; 2ª ed., 1994.

Zaidán, Michel. O PCB e a Internacional Comunista *(1922-29)*. São Paulo: Vértice, 1988.

Leia também da MAUAD Editora:

Política e Reforma Agrária
Organizadores: Luiz Flávio Carvalho Costa e
Raimundo Santos

Mundo Rural e Tempo Presente
Organizadores: Luiz Flávio de Carvalho Costa,
Roberto José Moreira e Regina Bruno

Dicionário Crítico do Pensamento da Direita
Organizadores: Francisco Carlos Teixeira da Silva,
Sabrina Evangelista Medeiros e
Alexander Martins Vianna
Co-edição: FAPERJ

A Derradeira Gesta: Lampião e Nazarenos Guerreando no Sertão
de Luitgarde Oliveira Cavalcanti Barros
Co-edição: FAPERJ

Brasil, 500 Anos em Documentos
de Ivan Alves Filho

Agricultura Familiar
de Roberto José Moreira

O Enigma do *Socialismo Real*
de Luis Fernandes

A Reestruturação do Sistema Agroalimentar
Organizadores: Renato S. Maluf e John Wilkinson

Este livro, da MAUAD Editora,
em co-edição com a FAPERJ,
foi composto em Times New Roman 12
e impresso em papel Pólen Soft 80g,
na gráfica Imprinta